金融智能投顾

郭鉴旻　王文剑 ◎主编

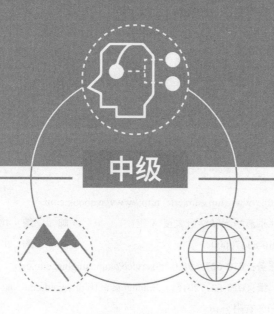

中级

清华大学出版社
北京

内 容 简 介

本书是教育部1+X职业技能等级认证"金融智能投顾"中级证书的配套教材。教材内容涵盖金融机构常见产品与行业岗位实景应用的技术，引导学生学习并掌握金融产品知识，制定综合性投资和理财规划，深入学习并使用智能投顾辅助工具。教材融合了金融智能工具应用和职业岗位实景能力实训，系统训练金融行业金融顾问、理财经理类岗位实践能力。

教材具有实践性和操作性结合、知识技能与就业岗位结合、侧重复合型人才培养等特点，可作为高等职业院校金融及营销相关专业学生，或就读其他专业但希望从事金融营销行业人士的岗前培训教材。

本书封面贴有清华大学出版社防伪标签，无标签者不得销售。
版权所有，侵权必究。举报: 010-62782989, beiqinquan@tup.tsinghua.edu.cn。

图书在版编目(CIP)数据

金融智能投顾: 中级 / 郭鉴旻，王文剑主编. —北京: 清华大学出版社，2022.8（2023.1重印）
ISBN 978-7-302-61273-5

Ⅰ. ①金… Ⅱ. ①郭… ②王… Ⅲ. ①人工智能—应用—金融投资—教材 Ⅳ. ①F830.59-39

中国版本图书馆 CIP 数据核字 (2022) 第 120892 号

责任编辑: 陈　莉
封面设计: 周晓亮
版式设计: 方加青
责任校对: 马遥遥
责任印制: 刘海龙

出版发行: 清华大学出版社
网　　址: http://www.tup.com.cn, http://www.wqbook.com
地　　址: 北京清华大学学研大厦A座　　　　邮　编: 100084
社 总 机: 010-83470000　　　　　　　　　　邮　购: 010-62786544
投稿与读者服务: 010-62776969, c-service@tup.tsinghua.edu.cn
质 量 反 馈: 010-62772015, zhiliang@tup.tsinghua.edu.cn
印 装 者: 三河市铭诚印务有限公司
经　　销: 全国新华书店
开　　本: 185mm×260mm　　印　张: 12.75　　字　数: 256千字
版　　次: 2022年8月第1版　　　　　　　　　印　次: 2023年1月第3次印刷
定　　价: 58.00元

——————————————————————————————————

产品编号: 095920-02

本教材由中国社会科学院大学教材建设项目专项经费支持。

序言

随着人均国民收入水平的提高，城乡居民可支配收入的增加，中国民众财富管理与理财规划的需求迅猛增长。金融行业本身的入门门槛低，但知识门槛、技能要求较高，加之移动技术的快速普及，造成普通民众的理财投资表现出极大的盲目性与随意性。在这一背景下，专业的复合型投资理财顾问和财富管理人才缺口显得尤为巨大，培养更多优秀的投资理财顾问和财富管理专家，不仅仅是富裕起来的人民的迫切需要，同时也是各类投资机构和金融机构的当务之急。

中国社会科学院大学商学院与金智东博（北京）教育科技股份有限公司具有长期开展实践教学合作的基础。双方根据金融行业投资理财顾问与财富管理相关岗位的技能标准，共同开发撰写了"金融智能投顾"系列教材，作为教育部 1+X "金融智能投顾职业技能等级证书"的标准教材和财经商贸类及计算机类相关专业的实践性学科教材。这套教材是校企合作、知识与实践结合的重要范例，将推动金融领域人才培养和财富管理理论的普及。

本套教材的设计与开发遵循培养拥有"三位一体"能力的金融人才的核心理念。"三位一体"具体包括以下几个方面。

(1) 知识：完备的财富管理知识体系是基础。学习者掌握主流金融产品的基础知识与框架体系。

(2) 工具：先进的投资分析智能工具提升技能。学习者把金融理论知识变为可应用的工具，并且能够借助 AI 等工具，使之更加高效适用。

(3) 方法：科学的家庭理财规划理论。学习者理解并掌握进行财富管理和资产配置的方法。

知识、工具和方法"三位一体"，能够帮助学习者满足用户各种各样的财富管理需求，顺利通过变幻莫测的金融市场的考验，成就有底蕴、有能力、有担当的专业人才。

教材的内容涵盖基金、保险、股票、债券、存款、银行理财、信托、外汇、大宗商品（含贵金属）、投资方法分析、科学规划方法以及 AI 工具等方面，每个方面都会结合基础知识框架学习、投资技能工具使用、科学财富规划方法三个维度进行拆分，尽量让学习者全面掌握财富管理所需要的知识。

本套教材根据难度分为初级、中级、高级三个等级，每个级别的侧重点和对学习者的要求不同。

初级教材偏向基础知识概念，如基金的分类、保险的基础知识和分类、股票债券的基本概念、理财规划的概述等，要求学习者能够清楚地了解相关产品要点，并了解智能投顾知识在其中的作用。

中级教材偏向金融产品投资策略，包含人寿保险和财富管理、基金投资策略、大宗商品的分类与策略、单项规划等内容。相比初级教材，中级教材侧重学习者对AI技术的运用，要求学习者能够在智能投顾平台进行投资规划、保障规划、综合规划等更复杂的操作，也要求学习者能够清晰地介绍复杂产品并掌握智能投顾工具的高级应用。

高级教材要求学习者掌握更多的专业基础知识，包含私募股权基金、宏观经济分析方法、证券投资的技术分析等，还要对全周期较复杂的家庭整体投资要点进行深入学习。同时，还要求其掌握智能投顾平台上的应用工具，并了解使用宏观经济分析模型、市场情绪检测模型等一系列投资市场辅助工具的相关操作，能够制定长期的财富管理方案、理财方案，从而服务于高净值客户。

通过系统学习本套教材，初级学员和中级学员能够掌握扎实的岗位知识和技能，具备银行初级工作人员的基本素质；高级学员能够达到银行、证券公司投研人员或财富顾问级别的人才水准。

本套教材经过众多专家的经年编撰，具有以下特色。

(1) 内容完整：整套教材保持一个完整的体系，对金融智能投顾职业技能的学习起到良好且坚实的支撑作用。

(2) 梯度明显：初级、中级、高级三个级别，内容层次递进，初级和中级难度适中，高级拔高，帮助学习者循序渐进地掌握和理解知识点。

(3) 编校质量高：读者在整个学习和阅读的过程中体验良好，并且能够作为其长期学习的一个重要的窗口和途径。

(4) 基础理论知识与实践技能有效融合，内容与实际岗位紧密结合，实用性强，并附有实践练习要求。

(5) 本套教材为1+X"金融智能投顾职业技能等级证书"的配套教材，结合线上课程、专家讲座视频、师资培训等全面指导院校相关课程教学工作的开展，针对性强。

最后，由于编者水平有限，难免出现纰漏，敬请广大读者积极斧正，万分感谢。

希望本套教材的出版能够为推动我国金融智能投顾人才的培养发挥积极作用。

编者

2022年5月

前言

改革开放以来，我国经济以平均每年9%左右的速度实现腾飞。2021年，中国居民人均GDP突破1.2万美元，部分区域居民收入达到中等发达国家收入水平；此外，2021年全国居民人均可支配收入达到35128元，家庭财富的快速积累带来了巨大的资产管理和财富管理需求。培养专业的财富管理人才，一方面能满足广大人民迫切的财富管理需求，另一方面也是金融机构提升服务质量的必由之路，财富顾问的培养成为行业面临的重大挑战。

中国社会科学院大学商学院与金智东博（北京）教育科技股份有限公司协同编写了《金融智能投顾（中级）》这本教材，作为教育部1+X"金融智能投顾（中级）职业技能等级证书"认证的考核专用教材，教材开发以提升高校金融岗位专业教学质量为使命，融数字化技术与岗位技能为一体，深度提炼金融行业岗位实践技能，配合金融科技软件，复原应用场景，体系化地培养金融行业人才需求越来越大、专业挑战越来越高的金融顾问。

本教材涵盖金融顾问所需的理财、基金、保险、商品、外汇以及另类投资等大类资产的基本知识、投资逻辑、资产配置、相应金融科技软件场景使用等知识和技能，以不同级别金融顾问的应用实践为基础，全面阐述对应的工作方法和技术，尤其是根据行业实用的金融科技软件有针对性地进行应用实训，以确保学生快速掌握对应的技能，从而符合岗位要求。

本教材紧扣"统筹建设意识形态属性强的课程教材"的重点建设要求，教材开发的专家成员重点针对相关专业核心课程，以真实岗位场景、典型工作任务、金融科技软件应用技能、实训案例等为载体组织教学单元，遵循职业教育教学规律和人才成长规律，加强社会主义核心价值观教育，促进学生德技并修。

职业教育任重而道远，教材的开发更是关乎未来人才培养的质量基础，本教材将在使用中不断完善，并不断精进。

《金融智能投顾（中级）》教材的主编为中国社会科学院大学硕士导师、金智东博（北京）教育科技股份有限公司的董事长郭鉴旻女士和河南财政金融学院的王文剑博士，在编写的过程中还得到了以下专家人员的帮助和协同编写，在此表示感谢：

中国社会科学院大学商学院张菀洺院长；

中国人民大学商学院戴鹏杰博士；

金智东博（北京）教育科技股份有限公司高级研究员张江涛博士；

金智东博（北京）教育科技股份有限公司高级研究员王浩民；

浙江金融职业学院金融学院董瑞丽院长；

上海电子信息职业技术学院经济与管理学院燕峰副院长。

另外，在此向对教材编写过程中做出积极贡献的刘佳媛女士、张引弟女士、朱忠瑜女士表示感谢。

本教材配备视频课程等教辅资源，读者可通过扫描封底二维码下载。

编者

2022 年 3 月

目录

第一篇　金融产品解析（中级）　001

第一章　基金：基金相关性策略与另类投资　002

1.1　基金投资与基金诊断　003
1.2　基金定投与财富积累　012
1.3　基金组合投资　027
1.4　另类投资　037

第二章　保险：人寿保险与财富管理　047

2.1　人寿保险的类别与优势　048
2.2　人寿保险与债务隔离　054
2.3　人寿保险与婚姻财产筹划　080

第三章　公司价值分析　092

3.1　基本面分析理念与方法　093
3.2　公司价值分析内容　094
3.3　常用公司价值分析方法　098

第四章　大宗商品与贵金属　102

4.1　大宗商品概述　103
4.2　大宗商品的金融属性　106
4.3　如何投资大宗商品　107
4.4　黄金　111

第二篇　科学规划应用　117

第五章　单项规划：税收、养老与传承规划　118

5.1　养老规划　119
5.2　家族财富传承与遗产规划　130

第三篇　智能投顾应用　　　　　　　　　141

第六章　智能获客和智能客服　　　　　　142

　　6.1　目前市场主要的四种智能获客解决方案　　143
　　6.2　智能客服关键技术　　146
　　6.3　招商银行信用卡智能获客系统分析　　149

第七章　用户画像　　　　　　　　　　　154

　　7.1　用户画像的定义和特征　　155
　　7.2　金融企业使用用户画像的基本步骤　　157
　　7.3　用户画像的常用算法　　160

第八章　智能投顾　　　　　　　　　　　165

　　8.1　智能投顾产生的原因　　166
　　8.2　智能投顾理论基础　　171
　　8.3　智能投顾运作流程　　175
　　8.4　智能投顾在财富管理市场中的典型案例　　178
　　8.5　智能投顾目前面临的法律问题　　185

参考文献　　　　　　　　　　　　　　　191

第一篇
金融产品解析（中级）

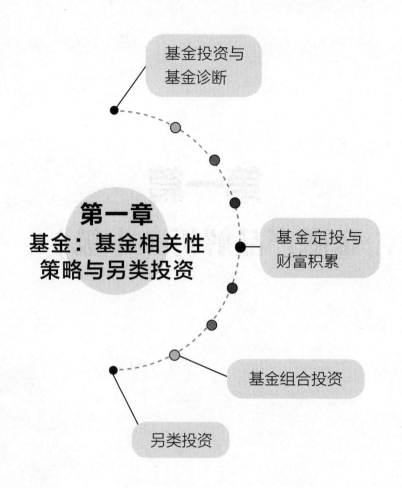

第一章
基金：基金相关性策略与另类投资

- 基金投资与基金诊断
- 基金定投与财富积累
- 基金组合投资
- 另类投资

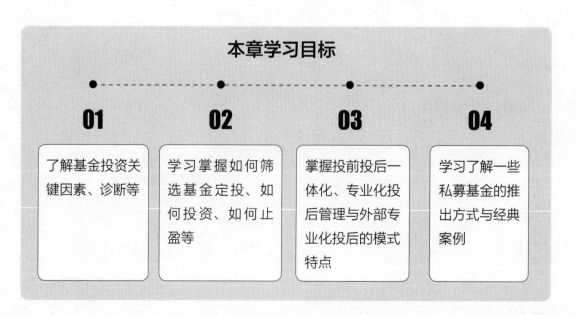

本章学习目标

01 了解基金投资关键因素、诊断等

02 学习掌握如何筛选基金定投、如何投资、如何止盈等

03 掌握投前投后一体化、专业化投后管理与外部专业化投后的模式特点

04 学习了解一些私募基金的推出方式与经典案例

> **本章简介**
>
> 本章主要讲述了如何对一只基金进行相应的诊断分析，从而达到投资理财的目的，重点介绍了在基金定投策略中要注意到的各种关键因素，还讲解了基金组合的构建方式及其主要因素，以及市场一些另类投资的相关事宜。

1.1 基金投资与基金诊断

1.1.1 基金投资需要考虑的关键因素

在家庭理财资产配置中，除了储蓄存款和理财产品之外，基金是另一个极为重要的产品种类，而且对于一个立志于资产增值并且能够战胜通货膨胀的积极性投资者来说，基金的配置是第一选择，而且占比最大。因为储蓄存款利率长期来看是低于物价指数增长率的，也就是说，如果你的钱全部放在存款里，几年之后购买力就会大幅缩水；货币型基金收益率也很难战胜物价指数；银行理财产品收益率与物价指数基本相当或略高。信托产品和私募虽然收益率较高，但准入门槛也高。从中长期来看，债券型和偏股型基金可以大幅战胜 CPI，而且门槛较低，流动性强。

但是，基金投资是有一定风险的，如果操作不当就会导致亏损甚至严重套牢。基金投资最重要的无外乎是三点：一是如何选一只好基金，这是关键的第一步；二是什么时候买入，因为再好的基金也有下跌周期，基金选好了，什么时候入市，关系到中短期是不是被套和未来盈利幅度；三是什么时候卖出，尽可能达到盈利最大化，避免来回"坐电梯"，这就是所谓"会买不如会卖"。根据以上三点，基金投资需要考虑的主要因素包括以下几个方面。

1. 债券市场和股票市场当期表现和未来走势预测

因为基金与资本市场紧密相联，债券和股票市场的涨跌决定了相关基金的涨跌。

2. 宏观经济因素

无论是股市还是债市，都直接或间接反映了本国经济形势，经济形势向好，企业盈利能力强，预示着未来发展前景好，还债能力和分红能力强，一般来讲债券和股市表现也会向好。反之，则会抑制资本市场的活跃和上涨。另外，在选择债券和股票哪一种更优先的时候，还要考虑经济周期，衰退期优先考虑债券型基金或者银行理财，复苏期可超配股票型基金，过热期优先配置与大宗商品相关的基金，滞涨期现金为王。

3. 货币政策因素

货币政策是宏观调控最为重要的手段之一，对资本市场的影响极为敏感。货币政策宽松，利好股市和债市；货币政策收紧，利空债市和股市。货币政策一般与当时的经济状况关系密切，同时还要考虑物价因素。因此，经济低迷且物价指数较低的衰退阶段，为了刺激经济，国家会降息或者降准(准备金率)，货币政策宽松，对股市债市均构成利好；经济趋好且物价较低的复苏阶段，货币政策稳健或者宽松，同样对股市产生积极影响；而经济和物价同时快速上涨的过热阶段，货币政策和产业政策都有可能收紧，股市或许还在上涨，但潜在风险在聚集。

4. 行业景气度

从基金投资的角度来看，行业周期和景气度比宏观经济更为重要，这是因为：首先，在所有偏股型基金中，行业主题基金占比最大，即便是灵活配置型基金和平衡式基金，都具有一定的行业特征；其次，即便在大的经济形势和周期下，不同行业的发展趋势和盈利情况也存在较大的差别，比如消费类行业白马股很多，因为未来的业绩和成长是可期的，而新型经济和科技行业容易出"黑马"，爆发力更强；最后，任何一个行业都有生命周期，从创业期、成长期到成熟期和衰退期，其中成长期盈利能力、成长性、抗风险能力都很强，是股价表现最好的阶段，比如 20 世纪 90 年代的家电行业，之后的房地产行业，现在的新能源、新材料行业。因此，在做投资决策和具体产品的选择上，务必考虑行业周期的轮动因素。

1.1.2 基金诊断与后期跟踪

1. 基金诊断的原因

基金投资阶段性亏损和被套是常有的事，但不少人并不能客观对待，最常见的有两种现象：一种是见不得亏损，一看到自己的账户有亏损就心神不宁，跌了卖，涨了买，就是常说的"追涨杀跌"；还有一种是死守，一开始小亏，再到中亏和大亏，既不止损，也不补仓，结果越套越深，更有人把手中盈利的基金卖掉了，一直坚守亏损的基金。

基金诊断的目的当然是减少亏损，增加盈利。同时作为金融机构从业者来讲，通过基金诊断，不但能够增加与客户接触的机会，获取客户基金持仓情况和投资信息，还能获取客户的进一步信任，更能通过基金诊断引导客户正确交易，增加基金的销售业绩。

2. 基金诊断的原则：只换也必须换最差或不合适的一部分基金

这个原则中有三个要点就是"只换也必须换""最差""不合适"。

1) 为何"只换也必须换"

基金诊断之后，必然会带来基金更换，"只换"代表不是什么基金都换，必须符合一定标准的基金才能换掉，而且这个标准会尽量苛刻一些，让换的基金保持在一个比较小的范围内，进而保证换基金的成功率尽量高。"必须换"代表着金融机构基金营销人员应该本着对每一位购买过基金的客户(无论是不是在本金融机构购买的，如果是在其他金融机构买的，可以作为吸引客户的方式)都负责的态度，尽量对每个有基金的客户做好基金诊断工作。

2) 为何换"最差"

这里的"最差"一般指在主动管理型基金中，长时间排名在后三分之一的基金。为什么选择这部分进行更换？有两个原因：其一，排名在中游的基金，根据历史数据计算，在未来有较大的可能出现好的业绩(即这部分基金并不是一直差)，而只有排名在后三分之一的基金，会持续表现得差，即差得很稳定，所以换这类基金把握很大；其二，给客户更换基金时，多数客户是不太信任金融机构的营销人员的，我们尽量要在做第 1～2 次基金诊断时得到良好的结果，即换的基金明显比原来的基金好，那么换"差得很稳定"的基金自然是最好的选择。同时，也有相关的学术研究表明，排名后三分之一的基金稳定性较强，即业绩排名长期保持在后三分之一。

3) 什么是"不合适"的基金

其一，被动管理型基金(主要是指数型基金)周期特征极为明显，但这里有两种情况：一是宽指数基金，跟踪的是大盘指数，例如沪深 300 指数、上证 50 指数、创业板指数等，这种指数基金，一般来说由于风格的转换均会有机会，不建议在低位卖出换仓；二是窄指数基金，跟踪的是某一行业指数，例如房地产指数、白酒指数、军工指数、互联网指数等，其周期比较长，波动大，而且每个行业也都有自己的生命周期，一旦进入衰退期，等到下一轮的上涨很难，建议换掉。

其二，客户持仓的基金，原来是优秀的基金与优秀的基金经理，但该基金经理离职了，应及时让客户进行更换。

3. 用什么方法判断基金是"最差"的基金

这个题目是一个大题目，其本质就是"用什么样的方法或衡量维度来判断某个基金是否是好基金"，现在将核心的问题进行简单的介绍。

什么样的基金是"好"基金？

很多人可能直接就回答，"好基金就是能涨的基金"。对，但不全面。试问，如果一个基金一段时间上涨很快，但市场回调的时候，下跌也很快，能不能接受？再问，一个基金涨速比较慢，但回撤也很慢，整体上涨的趋势很好，收益很稳定，这样的基金好吗？基金的"好"应该体现在风险与收益的平衡。有没有上涨快而多，下跌少而慢的基金呢？可能有，但非常难找，而且持续性一般不强。那能不能在上涨的阶段持有，下跌的时候卖出呢？可以，但要求投资者对市场的判断能力较强。

所以，对于不同的需求，基金的好坏判定标准也是有差异的。但也有一些通用的法则，就是相对值，相对于市场指数的表现或相对于其他基金的表现。如果都下跌，跌得少就是好，如果都上涨，涨得多就是好。此外，市场的风格出现重大变化时，能够在一段时间后及时调整，跟上市场的脚步就是好，反之亦然，等等。我们可以将基金的分析分解为三个层次。

第一层次：看评价分值或星级。

以评分与评分的方式来选择基金是一种非常简单易行的方法。这是因为：一是基金的星级评定大多都是权威机构和专家长期研究的结晶；二是基金的各种评分与评星随处可见，也是最容易获得的，效率很高。那问题的核心是，你所信任的基金评分或评星怎么用，以及成功率有多高。如果能把这两个问题了解清楚，这些评分与评星就可以大胆用、普及用。

首先，我们要分清两个概念，"评价准确"与"预测成功率"，这两个词是不同的。"评价准确"是用合理的维度与合理的权重给每个基金合适的评价，只要与大家的普遍价值观一致，都可以算是评价准确；但"预测成功率"是在某种评价方法下，未来能取得较好投资结果的概率。综合起来说，就是"评价准确"合理，是不是能够预测未来的基金表现？这是不一定的。例如，绝大部分的评价星级与评价分值，都会倾向于基金长期的表现，那长期是指多久呢？最著名的晨星评级与海通评级，一般采用三年评级与五年评级。三年、五年的评级都有合理性，但国内基金经理对一个基金的平均管理时间是1.64年，三年的评级已经是两位基金经理共同努力的结果了，何况是五年的评级。同样，多数的评价会用长期的总收益作为最重要的评价因素，这种方式本身没错，但在三年中有很好的收益也是分情况的。一种可能是因为在某一波市场行情中抓住了机会，且死死不松手，造成业绩突起，但除了这段时间就表现平平；而另一种可能是一直比较稳定，虽然没有突然的业绩暴涨，但收益率曲线不断上升，最终三年收益排名靠前。对于前者，客户可能看到评级后买入，但业绩就一直不动，而后者则能持续获得收益。

那么我们怎么来选择合理的评价分值或评价星级呢？最好的方式是自己设计一个评价分值，将自己的基金分析思路融入评价，并能用历史数据进行预测成功率的计算。有投资人将自己总结的方法写成了相应的算法，也经过了历史数据的验证与测试。这个评分采用10分制，10分为满分，并有特殊使用方法，就是把评分5分以下的基金换成8分左右的基金。成功率是多少？用2001—2017年的开放式基金的数据测试，更换的成功率是82%，即有82%的情况下更换后的基金比原来的基金好。但5分以上的基金是不建议更换的，因为成功率不够高，换错的概率明显上升。目前将算法授权于"智慧理财师"App，在"基金诊断"功能中显示。"智慧理财师"App 如图1-1所示。"智慧理财师"基金评分页面如图1-2所示。

第一章 基金：基金相关性策略与另类投资

图1-1 "智慧理财师"App

图1-2 "智慧理财师"基金评分页面

当然，市场上也有很多其他评价方法与机构，不管用哪种，一定要自己多测试，在测试结果比较满意的情况下再使用。从统计的角度来说，要验证一个评价方法与评分是有效的，至少也要100个不同基金的样本，并有持续一年的跟踪时间。这个精力与时间是必不可少的，否则在给客户调整基金时，很难做到心中有数。

所以，基金诊断的第一层次就看评分或评级，简单直接，适合大量推广。

第二层次：抓住主要分析因素。

在基金分析经验与能力上升后，会不满足于单一的评分与评级，也希望能够做出自己的判断与决策，这时就会仔细地查找基金的数据，并进行深入比较分析、总结，从而对基金信息做出合理判断。

那么哪些基金信息需要注意与分析呢？其实基金的公开信息并不多，每日公布的只有基金净值，每季度公布的有基金规模、资产配置、行业配置、前十大持仓等，以及在这些数据基础上计算得到的收益率、累计收益率、阶段涨幅、季度排名、阶段排名、持仓风格、夏普比率等。但这些数据，哪些值得分析，哪些比较重要，各家的说法都不相同，也让投资者不知所措。

其实我们可以反过来思考，从目标出发，就会对分析对象有更清楚的认识。我们希望基金能涨（收益要排名前列），最好能够稳步上涨（在不同的时间段都能涨），回撤不要太大，基金经理最好合作久一些，基金规模不要太大或变化太大。从这些简单的要求就可以看到，我们需要关注的指标，就是基金经理在职时间、2年的总收益排名、8个季度各自的收益与排名（看不同时间段的收益与排名）、累计收益率曲线（看回撤）。这些指标都排在前列，且稳定排在前列的基金，就是我们要找的基金；相反，这些指标部分或大部分不满足的，就是不好的基金。

在比较本基金与大盘指数的时候，首先看中长期（近3年、近1年）表现，然后再结合短期（近6个月）表现，参见如图1-3所示，因为任何一只基金都是有波动的，短期表现好坏并不代表该基金是好还是不好。

同样，在看基金排名的时候，应该首先看中长期（近3年、近2年、近1年）表现，然后再结合短期（近6个月、近1个月）表现，如图1-4所示，根据"同类排名"选择基金是一种相当靠谱的方式，如果同时在近3年、近2年、近1年长期以及近3个月等中短期都排名靠前，说明这只基金相当稳健和优秀。其大致标准是：排名前30%的为优秀基金，排名后30%的为差基金。

图1-3　某基金走势图（来源：智慧理财师App）　　图1-4　某基金阶段排名（来源：智慧理财师App）

第三层次：心中有市场走势与风格，眼中只看累计收益图与资产配置数据。

在这一层次，大家已经对市场有比较充分的了解，在不同的时间段内，市场的基本走势如何，那段时间的大体风格是什么（至少知道是大盘还是中小创风格），心中有数，闭着眼也能说出最近3年的主要指数运行位置与对应时间（比如，2014年大盘启动时的时间与点位，在2015年的哪些时间开始横盘整理，多长时间，之后是什么风格，在什么时间到达顶点，点位是多少，股灾1.0跌到什么位置，反弹到什么位置……），然后看着同一时间的基金收益率图，判断在不同的时期，基金经理调整思路需要多久，整体收益如何，这时对基金经理的投资能力已经有了非常清晰的认识，再加上每季度公布的资产配置数据，查询不同时间的股票持仓比例，从而确认基金经理的择时能力，就基本可以判定基金经理是否值得信任了。

不同的功力可以用不同层次的方法，金融机构的基金营销人员可以根据自己目前的基金水平，使用不同的分析方法，同时也希望为有志于提升基金分析能力的人员提供其他进步的路径。

4. 基金诊断的流程与步骤

第一步：回顾基金投资情况，并总结亏损原因。

基金亏损的原因很多，但可以归纳为几种：其一，买入时太犹豫，结果买的位置太高；其二，买入之后，赚过钱，但是想赚得更多，就没有及时止盈；其三，下跌时补仓太早，被套住了；其四，高位买了新基金，还没等封闭期结束，就已经开始暴跌了，等封闭期结束时已经跌了20%，不想卖了。

这些问题，其中大半原因在于投资者或客户自身。比如，第一个原因中，"买入时太犹豫"，为什么会犹豫？还不是在接到推荐后没有马上动手，造成了买得太高；第二个原因"想赚得更多"，金融机构营销人员提醒过没有？提醒过，当然可能语气并不是很坚定，但客户本身贪心是最主要的问题。把这些原因抛出来，就是要让客户意识到，当初亏损的原因，很大一部分是在于自己，同时也要让客户重拾信心，让客户感觉到"基金投资也是可以赚到钱的，只要当初自己不要犯××错误就可以了"。

第二步：分析持有基金目前情况。

在第一步目标达到后，才进入第二步的分析持有基金目前情况。进入第二步后，就是把之前准备好的基金分析结果告知客户。原则是，对于还可以的基金(不准备更换但亏损不小的基金)，强调是"因为买得太高，所以才有亏损，持有的时间长一点，是会赚回来的"，可以与大盘指数、创业板指数进行比较，强调下跌幅度要少很多，坚定客户持有信心；对于较差的基金(要更换的基金)，不要说"这个基金是如何如何不好"，应该强调是"市场情况不同，当初的基金不再合适"。为什么不合适呢？理由一，当初是牛市，牛市中就是应该买激进型的基金，涨得快赚得多，当初选这个基金是对的，或者选择新基金是对的，因为新基金一般都很"冲动"，但市场转向后，没有及时转回到比较稳健的基金中；理由二，基金类型不对，在牛市中，指数型基金就是最好的，涨得快，在下跌与震荡市场中，指数型基金就不合适了，但没有及时更换；理由三，当初购买这个基金时，基金经理是×××，能力水平是非常高的，但在××××的时候已经换人了，新人的能力水平就不那么好了，我们没有及时撤离，以后一定要紧盯着基金的动向与变化。

第三步：约定服务周期，强调未来基金服务。

从金融机构营销人员的角度，应该给予客户更好的基金服务，但毕竟人的时间精力是有限的，不可能时时看着，那么就需要与客户进行跟踪时间与频率的约定。一般情况下，如果没有特殊事件发生,1～2周会有一次情况反馈，如果有特殊情况，随时会通知。同时，也提醒客户，每周可以看看自己的基金情况，特别是有没有更换基金经理，让客户也参与到基金投资的过程中来。

在这三步之后，基本目的已经达到，其中的关键点在于客户情绪的控制与基金更换的理由，让客户重新关注基金，并保持对基金能赚钱的信心。

5. 基金诊断沟通要点

基金诊断的基本流程已经得到了梳理，还有几个必须要提醒的要点，是整个过程中容易出错的部分。

其一，基金更换，要做到"有所为，有所不为"。不能请客户来，就必须要其买点新基金，这种杀鸡取卵的方式客户都是能感受得到的。一定要把基金诊断做成"一心为公、一心为客户"，不能让长期差的基金成为客户投资的恶梦，不能毁掉客户对基金投资的信心。所以，只换确实很差的基金，保留中等基金是良好、正确的策略。同时，秉承这种心态时，面对客户也更有底气，也能在基金诊断练习的初期更有自信，更容易取得成功。

其二，基金诊断不论是对单人还是群体，在沟通中，都要注意客户对"基金投资能赚钱"这一基本概念的认同。这里有两个方面要关注：一方面要让客户有自信，认为之前的投资失败是在一些很简单的投资习惯上出了错，只要能在下次投资中改正过来，就可以取得投资的成功；另一方面，要让客户对金融机构、对营销人员有信心，不要把以前基金亏损的问题归结于是基金推荐的问题，更不要因为客户亏损而道歉（很多一线营销人员做过这样的"傻事"），一旦对金融机构没有信心，客户更不可能在以后的投资中坚持了。

其三，适当练习一对多的微沙龙方式。很多金融机构网点都会要求用微沙龙的方式来进行客户维护，但多数金融机构营销人员对当众演讲是比较发怵的。其实在进行一对多的微沙龙时，客户会认真听，而营销人员可以完整表述，效果会比一对一沟通要好，同时效率更高。而系统性地讲述，对于营销人员自身逻辑表达能力的练习也是非常有效的。

基金诊断是一项并不复杂的业务与方法，但如果没有注意与处理好以上的要点与问题，可能会引发一些不愉快的客户体验与自身体验，因此在基金诊断的学习与练习阶段，还是应该认真对待以上要点，练习、对照、自省、再练习，在熟悉之后再自由发挥。

1.1.3 基金后期跟踪

基金售后服务是客户维护与客户邀约的重要方式，那么基金售后服务都包括哪些内容呢？至少应该包含三个方面，分别是基金定期诊断、市场重大变化告知、宏观经济财经政策的季度分享。

1. 基金定期诊断

市场是瞬息万变的，虽然基金的稳定性会高很多，但也不是一成不变的，基金本身的很多变化也需要银行营销人员给予足够的关注。使基金产生明显变化的因素，可以总结为三个方面：其一，基金的类型与市场大环境的匹配程度，例如指数型基金与牛市的搭配、行业型基金与政策的匹配等，一旦出现重大的匹配差异，就需要及时更换；其二，基金经理的离职，特别是优秀的基金经理离职，要及时撤离基金，如果后来者资历很浅，更要考虑尽快撤离；其三，基金的规模出现短期的巨大变化，即2～3个季度内(基金规模是每季度公布一次)规模增长3倍以上，特别是规模上升到80亿以上，甚至是100亿以上，都是非常危险的信号，并不是说基金规模80亿以上不能购买，而是基金经理在基金规模发生巨大变化时，需要相当长时间的适应过程，通常这个时间是半年以上，在这段时间中业绩的表现会有明显后退。在这三种情况发生时，可以确定基金的自身特质发生了变化，要及时让客户更换基金。

如果长时间未给客户做基金诊断，则可能会有部分特别差的基金出现，特别是评分评级长期靠后时，就必须给客户更换基金了。基金诊断是一项常规而简单的基金客户维护与沟通的好方法，在短期是积累优质基金客户的方法，在中期是与客户日常沟通的良好借口，在长期是自己提高专业理财投资能力的磨刀石，因此银行营销人员无论是否把基金业务作为自己的业绩支柱来抓，都应该把基金诊断作为必要技能来学习。

一般基金诊断的周期可以设定为2～3个月，毕竟基金的改变周期是相当长的，即使是基金经理更换，基金业绩的变化也需要一段时间后才会体现，所以基金诊断可以以"季度体检"为标准频率。

2. 市场重大变化告知

当投资市场出现巨大的事件，或出现重大的政策变化，要及时通知客户。具体有哪些事件呢？例如，市场出现大幅下跌(指数出现3%以上的跌幅)、市场近期出现连续下跌(阶段性下跌10%以上)、宣布降息降准、宣布重大监管政策等。

判断这类变化的原则是，客户肯定知道了这类消息，并且这类消息会使基金业绩产生巨大的变化。客户所关心的，就是银行营销人员需要关注的。

那么告知客户后，最重要是让客户保持信心。多数冲击性的消息不会对市场产生趋势性的影响，即使短期有冲击，一般在一个月之内也会恢复如初。最典型的例子是2007年的"5.31"事件，证监会突然宣布提升三倍印花税，市场反应很激烈，市场大幅下跌，但一个月之后，指数再次创新高。投资决策的变化，不要以短期因素的冲击而改变，即使要赎回，也可以等几天，看清楚了再动手，乱中最容易出错。

同时，上市公司的巨大变化也要提醒客户。例如乐视网在2017年5月出现业绩变化，并开始停牌，股票是不可能卖出了，但是基金可以及时赎回。如果及时找到这类基金并通知客户，可以帮助其避免重大损失(有投资者当时在微信朋友圈中发布了相关提醒消息，并附上相关基金，之后半年这些基金的业绩出现大幅下跌，而同期整体基金业的业绩是非常好的)。

3. 宏观经济财经政策的季度分享

宏观经济的分享是较为专业的分享，一般作为阶段性沟通的话题，一季度至多一次，但是在客户量比较多的情况下，可以是半年一次。

此种沟通分享可以作为与较高端客户沟通的方式，因为高端客户的思路与思维相对宏观，对方向性、策略性的话题更感兴趣。沟通的目标是与客户在投资思路与方向上达成一致，并产生在相当长时间内资产配置主策略。

这种话题的沟通，对于金融机构一线营销人员的专业度是比较大的考验，同时也是自身提升的好机会，促使自己对于市场动向有更深层次的认识与领悟。分享的内容包括但不限于，国际经济形势、主流经济政策、国内GDP、货币政策、产业政策等，并能落脚于未来半年的投资方向、投资比例等具体的产品配置意向。

那么需不需要给客户定期报基金净值呢？其实这属于增值、附加服务，因为该服务会消耗大量的时间，而且让客户过于频繁地关注基金，对于客户的基金投资并没有什么好处。尽量告知客户，让客户自己在手机上定期查看，减少自己的低效工作内容。

当基金客户的数量达到一定规模时，基金售后服务工作会占用金融机构一线营销人员大量的时间，特别是对不同基金的追踪，更是耗时费力。因此，用信息技术手段帮助自己追踪基金是必须要学会的工作。

市场上的相应软件有不少，在众多免费类软件中，介绍两款比较好用的给大家。做得比较完善的是Beta理财师，各种工具与功能都比较全，但这个软件同时销售基金与其他金融产品，很容易产生飞单问题，不建议大量推广。另一款是"智慧理财师"，之前在基金诊断算法中介绍过，同时它的基金管理功能能够记录客户的基金购买情况，并对基金经理更替、基金业绩的大幅变化、重大上市公司变故进行预警提示，比较实用。

用软件工具进行客户基金管理，可以大幅提升管理效率，减少时间精力浪费，但一定注意不要在外部软件中填入客户的具体姓名与其他信息，避免出现客户信息泄露的重大事件。

1.2 基金定投与财富积累

1.2.1 基金定投的优势

基金定投是一种理财方式，是指在固定的时间将固定的金额投资到固定的开放式基金中，分批投入，积少成多，形式上类似银行存款中的零存整取。

基金定投的特点是：强制储蓄、严守纪律、熨平风险、静待收获。它有以下优势和特点。

(1) 无须择时，无论是上涨还是下跌或是震荡，都可以通过定期分批买入来熨平风险。

(2) 享受复利，积小胜为大胜。在做基金定投时，分红方式一定要选择"红利再投资"，这样可以享受复利，收益像滚雪球一样越来越大。

(3) 选择灵活，分批投资，可多可少。基金定投的起点只有 100 元，无论是有钱人还是普通工薪阶层，都可以通过这种方式体验投资的乐趣。

(4) 省时、省力、省心。基金定投最大的优势在于不用择时，无论是懂市场还是不懂市场，无论是什么职业，无论收入多少，这是几乎适合所有人的一种理财方式。

1.2.2 基金定投的误区

误解 1：基金定投是否只能"小数额"。

定投是否有额度的限制？多数基金会设定定投的上限，一般是 2～10 万元不等，如果想做更大额度的定投，只需要多定投几个基金即可解决。在绝大部分情况下，定投的额度限制都不可能成为定投的障碍。

但在金融机构基层网点的定投业务开展中，极少能出现月定投万元以上的单子，究其原因，是基层网点员工的思想意识问题。其一，过去的定投培训与实践中，基本把基金定投的资金来源限制在工资的一部分，基金定投的作用圈定在攒钱，所以怕客户的收入不高、花费较大，过多的定投会影响生活。其实定投只是基金投资的一种方式，把一次基金的投资分散为很多次投入的方式。比如客户准备投入基金 100 万元，可能会担心目前不是市场低点而采用定投的方式投入。如果将其分为 12 个月投入，那么月定投就是 8.33 万元。其二，过低估计了客户的收入情况，低估了可用于定投的金额，害怕客户未来无法承受。随着社会发展，家庭财富增长，个人可支配的收入不断上升，客户的月定投能力是逐渐变高的；同时，基金定投也不像期交保险产品，中间停止定投也不会有太大的问题，不必为客户断了定投而担心。

误解 2：基金定投是否必须"时间长"。

从定投的设计上考虑，定投是随时可以结束、随时可以赎回的，没有任何的规定与限制要求基金定投必须是几年甚至十几年。但多数金融机构员工在接受基金定投的培训与教育时，都会被告知"定投是长期的投资""每月定投 800 元，假设年化收益率 10%，25 年后就可以得到 100 万"。在长期的宣传与实践中，在不断听到周围人对于定投的介绍后，至少在脑中会留下一个深刻的印象——定投应该长期，至少也不能低于 3 年吧？

其实，这是一种对定投业务的限制，定投使用的目的不同，时间长度完全不同。

目的一：长期积累财富。

如果利用基金定投，能够长期操作，并在遥远的未来积攒一笔可观财富，那么就应该设定一个更大的目标,而不仅仅是100万元。在2000年左右,百万富翁是财富与富有的代名词,但在今天,很多家庭的金融资产都已达到或超过100万元;现在的银行人概念中,拥有1000万元以上资产的客户是高净值客户,可能在15～20年之后,1000万元的金融资产也仅仅只是比较不错罢了。那么25年后的100万元是什么概念呢?按照15年财富增长10倍的速度(年化16.59%的增速,与M2的增速基本吻合),可能相当于现在的2.15万(100万/(1+16.59%)^{25}=2.15万)吧。这些资金对家庭财富的总量能有多大影响呢?可能仅仅只是锦上添花罢了。

那么长期定投的目标应该设定在多少呢?对于一般家庭,建议至少把目标设定在1000万元。那么每月的定投需要8000元,在假设年化收益率10%的情况下,25年后可以达到1000万元。当然,这个"假设"的年化收益率也可能有偏差,但要达到"用定投积累较大财富"的目标,每月只有几百元的投入是不可能的,至少也要接近1万元。因此,让客户参与数百元或千元的长期定投,不太可能实现攒大钱。

目的二:让客户体验基金投资。

基金定投可以平摊风险,确实比直接基金投资的风险要小得多,是客户初入投资领域非常好的选择。如果把基金定投业务的目标确定在"让客户体验基金投资",是抱着"试试看"的心态参与投资,那么这个"体验"有没有结束的时间,什么时机结束最好?

结束体验的标准就是"客户体验良好"时,即客户定投赚钱时。只要是赚钱的时候,体验都不会差,但赚多少钱合适?人的欲望无穷,收益自然是越高越好,但我们也要考虑到体验周期不能太长,否则客户会有遗忘效应,也影响银行其他业务的继续营销,因此建议定投在进行3次以上时,收益率达到5%就可以止盈结束。定投进行3次以上,一方面是从银行业务的要求出发,另一方面是让客户有定投操作的体验感,而收益率在去除手续费后依然有5%,是非常不错的。当然,我们要考虑定投的时间,一般收益率达到5%,以6～8个月为主,部分情况会延长至10个月,而最长的定投时间也就18个月(在2007年10月的历史大顶处开始定投),因此定投的收益率将远高于理财产品,并且定投不是将所有资金一次性在最开始投入,而是一次一次地分批投入,从资金利用时间的角度,只是一次性基金买入的一半时间,因此定投的资金回报率还要更高,5%的收益率对于大多客户来说应该是比较满意的了。

所以,基金定投的时间长短取决于目的,如果要长期投资从而获得巨大的利润回报,则需要足够的月定投金额,如果是希望客户通过小额定投体验感受基金投资,那么就应该尽快及时止盈。

1.2.3　基金定投业务的正确打开方式

基金定投的不断推进，从金融机构的角度看，是大量基金基础客户培养的过程；从客户自身的角度看，是股权投资能力不断上升、投资盈利能力不断提高的过程。

对金融机构员工：对于不同专业能力的营销人员，对于不同客户维护能力的营销人员，对于不同岗位的营销人员，基金定投都是投资类产品最好的起步与持续方式。

对金融机构客户：对于不同财富层次的客户，对于拥有不同投资经验与能力的客户，对于有不同的财富增值预期的客户，基金定投都能给出更加确定、更加完美的执行方案。

基金定投在金融机构整体基金业务发展中，具有极大的重要性与极高的地位，是关系到基金业务能否形成稳定增长、繁荣增长业务态势的基石。

1. 养成型基金定投全流程

客户：对非保本型产品比较排斥，对基金没有概念或比较排斥。

方法与流程：从小额定投（月定投300～500元）开始，在一轮定投结束后，增加定投金额，最终帮助客户形成较大额度的定投投资习惯。

很多金融机构在漫长的十数年基金业务推进过程中，已经无数次地开展过小额基金定投业务。但这些业务活动的逻辑与目标是，"让更多的客户熟悉基金产品，并能提升客户的银行服务体验，增加客户的产品覆盖度与金融机构黏性"。这个目标是非常正确的，但在实际开展过程中，效果并不是很理想。因为很多客户在基金定投赚钱时，一直持有并坚持定投，一旦出现数个月的亏损，就停止了定投或干脆认亏赎回，在这种情况中，不但客户没有良好的体验，反而会责怪银行推荐了这样的产品。出现这种负面情况的主要原因是，对于小额定投的流程与目标不明确，且缺乏全流程管理的机制。

小额定投的目的是让客户对基金有良好的体验，并能为未来的进一步基金投资提供客户的认知基础，而不是"坚持十数年"而获得一笔大收益。因此，金融机构的目的应该是通过多次的定投周期性操作管理，将客户"培养成"有基金投资习惯的理财客户。

那么，如何将一个对基金或非保本型产品比较排斥的客户，培养成成熟的理财客户呢？完整步骤如下。

第一步，说服客户进行一个小额的基金定投（月定投300～500元，发达地区可以酌情增加）。

第二步，记录并管理基金定投，当客户的投资收益率在5%以上（扣除手续费后），通知客户并让客户赎回。

第三步，一小段时间后，邀约客户面见，并说服客户重新开始定投，同时将定投金额增大至1000元以上（一般是原金额的2倍以上）。

第四步，重复第二步与第三步，让客户的定投金额不断扩大，在一次次定投中体验基金的波澜起伏与酸甜苦辣，成为有基金投资习惯的理财客户。

以上执行操作步骤中，第一步是金融机构基金定投业务推动中的标准动作，而第二步是基金定投的售后管理流程，第三步是第一步的全新重复，是在客户有过一次盈利体验之后的进一步投资升级。那么，整个过程操作难度大吗？有基金业务经验的金融机构营销人员基本都不会觉得困难。因为，在第一次投资有较好的收益后，客户非常容易接受第二次基金定投的建议，同时由于前一次的收益，从心理上也愿意加大投入的资金数量，所以第三步是非常容易完成的。

计划可以如此制订，那么实际情况能否执行呢？

案例：一位银行人员询问，如果一个客户月定投300元，三个月定投收益率达到了3%(去掉手续费)，一共的收益才$300 \times 3 \times 3\% = 27$元，只有这点收益就让客户赎回吗？

答案：是的！而且必须赎回。收益少，并不是因为收益不高，只是因为投入太少，而我们做小额定投的目的只是让客户体验、感受，那么一次完整的基金定投交易感受，比一直漫无目的的坚持定投要更好。

经过几次的基金定投管理之后，客户的基金投资经验、对基金的信心、愿意投资的金额都会大大增加，真正起到了让客户"养成"的目标。

2. 高端客户大额资金的投资过程

实际上，对于多数的金融机构营销人员来说，在初级阶段应当尽量减少单个客户的基金投入金额，在投资能力逐步提高之后，可以进一步发展高净值客户进行波动式的基金交易。

在真实金融业的营销人员中，能够达到这一步的人凤毛麟角，但很多高净值客户本来是有基金投资需求的，如果一线营销人员无法给出良好的投资建议，显然是颇为可惜。这样就变成了非常纠结的问题，一方面，高净值客户的投资需求可以带来大量的业绩与收入，另一方面，由于自己的专业能力还不够好，如果基金投资建议失败，很可能会引发自己不愿意接受的后果。那么有没有可能实现，既能够降低基金投资的风险，又能够有一定的收益呢？可以考虑用基金定投来完成。

另外，对于有较大投资需求的客户，还没有足够的信心进行单笔的投入，那么可以在较为合适的时机进行密集的定投。当然，在不同的走势情况下，定投的策略要有所不同。

策略一：在震荡市场的上涨趋势中，可以根据离本次趋势启动的低点计算，涨幅不超过10%的，可以先买入1/3，以周定投或日定投的方式在3个月内加仓到七成以上；如果涨幅超过10%，则考虑稍做投入，有小额收益就离场。

策略二：在震荡市场的维持或下跌趋势中，可以根据离本次趋势启动高点的时间与距离进行估计，如果已经有10%以上的指数跌幅，则考虑以周定投或日定投的方式在

3～6个月内加仓到八成以上；如果整体跌幅较小，则考虑以周定投或日定投的方式在6～12个月内加仓到八成以上。

策略三：在熊市中，考虑以周定投或日定投的方式在6～12月内完成总投资金额的八成以上。

策略四：在牛市中，则不用考虑定投，直接投入，只是越往上，投入的金额越小。

以上的各种策略中，有两个基本要素是一致的：其一，根据投资时间与本轮趋势中起点的时间与涨幅的距离确定初始投入的金额与定投的时间期限，让投资更加稳健；其二，基本不用满客户的投资总金额，留部分金额以应对特殊情况。在投资策略层面利用定投的特性，实现客户的投资需求满足与风险把控能力提升。

3. 如何引导大额的基金定投

对于不愿意短期操作的投资客户而言，定投本身就是一种非常好的投资手段与方式，但很多金融机构营销人员在定投的销售中，习惯性地把基金定投的投资数额定义得很小，经常开口就是"300元、500元"，将定投的作用大大缩小了，其实3万元、5万元，甚至30万元、50万元也是一样可以定投的（每个基金有定投上限，但可以分散到足够多的基金上）。那么怎么样才能引导客户进行较大规模的定投呢？

我们不需要去劝客户投入多少资金进行基金定投，而是询问客户，在下一轮牛市中想要有多少收益或利润。如果客户一开始就将目标定得很高，例如100万元以上，那么我们就顺着客户的目标，一步步推演出每月的定投金额；如果客户的目标定得很低，例如10万元或20万元，我们也可以用话术告诉客户"8年一轮的牛市，就只赚20万元，会不会太少了点"，放大客户的目标与调整客户的心态。但在引导过程中，我们要心中牢记目标与定投金额的对应关系，100万元大约对应月定投1.5万元，50万元对应月定投7500元，以此类推（具体计算过程参见第六章）。一般用这样的引导路径与相应话术，实现月定投1万元，是一件非常轻松而简单的事情。而客户的层次越高，月定投的资金也越高，在私人银行客户中，经常可以见到月定投15万元～30万元的情况，而业内也多次出现月定投100万元的客户。不要小看客户的实力，只要引导的方式正确，大额定投比小额定投还容易出现。

学会引导客户后，金融机构基金营销人员还要注意自己的心境培养，不要被客户的定投金额吓住了。

案例：曾经有一位银行网点的理财经理在成功引导客户后，客户主动提出月定投1万元，但这位理财经理最终劝阻了客户，只让客户做了每月500元的定投，并咨询资深专业人士，是否可以从小额定投开始培养客户的投资经验。

点评：这种做法存在两个问题：其一，这种行为是"资敌"，因为客户已经接受了定投的理念与方式，而客户的资产量也足够成为其他银行的VIP客户，如果其他银行的理财经理也介绍了基金定投，客户很可能在其他银行就做了此项业务，结果是自己铺垫了一切，而胜利果实却被别人摘走了；其二，不要用自己的收入来衡量客户，可能很多银行营销人员的收入远低于客户，毕竟理财经理的职业就是服务中高净值客户，而客户能够提出或接受月定投1万元，说明客户已经在仔细思考后认为这样的投资金额完全在承受范围内，那么就不要因为自己认识的局限而限制了客户。

所以，大额定投的金额是没有上限的，而很多高端客户可能在牛市中一次买股票就投入几千万元，如果用定投的方式投资这些资金，再高的月定投数字也不用奇怪，服务高端客户，自然要让自己的心境也能匹配上高端客户。

从基金业务的长期发展而言，波段式操作更适合一部分具有较强专业能力与投资能力的金融机构营销人员进行实践，而基金定投则具有极强的普适效果，几乎可以适合任何具有基金销售资格的金融机构营销人员。从金融机构基金业务的长期稳定发展而言，基金定投更是一种固本的业务，因为波段式的基金销售，不努力就没有结果，而基金定投则不然，只要保持正常的管理频率，就可以源源不断地为金融机构创造收入。因此，基金定投对于金融机构基金业务发展的重要性，还要重新评估与确定，在科学管理下的基金定投会爆发出不可思议的力量。

当然，建立完整、科学的基金定投管理体系与工作机制是整体基金定投战略的核心问题。

1.2.4 基金定投为什么大概率可以赚钱

经过了这么多年的思想灌输，基金定投的各种优势与好处，已经被多数金融机构基金营销人员所熟记了。

小额投资，起步门槛低；

懒人投资，不必关心市场涨跌；

分散投资，平摊市场风险；

家庭攒钱，不知不觉攒下一笔可观财富；

复利收益，长期收益可观；

……

除此之外，类似"微笑曲线""上涨赚钱下跌赚份额"的宣传方式也让人很心动。

在很多场合询问大家是否在基金上整体盈利时，只有极少数人回答盈利，而且一般卖出也都有特殊的原因，比如正好家里要用钱；但问起长期基金定投的人中有多少人盈利，答案却是大部分。为什么同样是这些基金，在定投这种方式下就可以大概率盈利，而在一次性购买时，却大概率亏损呢？这是由定投本身的方式与市场的基本走势决定的。

有数据测算，定投五年以上，赚钱的概率是99%。当然，这个数据要在一定的限制条件下,比如大部分基金可以做到,但少部分长期表现不佳的基金不行,比如经济环境、市场环境要支持股市长期上涨的趋势。

定投本身只是一种投资的方式,而不是特别的产品,但就是这样的方式,可以让很多人亏损的基金,变成大概率赚钱的基金定投,这中间的原因是什么?是不是之前提到的那些基金定投优势呢?是,但不全面。

1. 基金定投大概率赚钱的理论基础

要回答"怎么样才能大概率赚钱",我们先讨论一下,如何才能在投资中赚钱?答案很多,但如果是只能在做多的市场规则下,"低买高卖"应该是唯一的法门了。可惜,什么时候才算是"低",什么时候才算是"高",这是投资界最难回答的问题之一。而定投却帮我们回答了一半。哪一半?"低买"!

用定投方式购买的基金,能够获得非常低的成本,这是定投能够大概率赚钱的基础。下跌时,同样的钱购买的基金份额更多,上涨时,同样的钱购买的基金份额变少;市场在底部徘徊的时间越久,则低价的基金份额越来越多,每份基金份额的成本就越低。而中国的股市,以前一直的运行规律就是"牛短熊长",漫漫熊途之后是短暂暴发的疯牛,所以多数时间是在熊市低迷的情况下,那么基金定投买入的基金份额成本也低。当基金的成本低时,只要市场轻轻一次拉起,就能让基金整体赚钱了。以上种种的因素造成了长期定投确实能够大概率赚钱的神奇。

那么,是不是只要用定投的方式,基金就能够赚钱呢?也不是。就像"微笑曲线"那样,如果曲线的右侧不向上,那么就是要亏损的。无论有多少基金份额,如果基金的净值是长期下降的,那么就是要亏损的。所以,并不是所有的基金都能够用长期定投来赚钱,必须要选到那些净值长期来看是上升的基金。幸运的是,绝大多数基金,长期的净值是上升的,而中国A股的长期趋势也是上升的。

2. 基金定投就是寻找"微笑曲线"

基金定投是一种防守反击,而基金直买是一种全攻策略。任何市场的走势可以分为四种大方向——永远向上、上涨下跌、下跌上涨、长期下跌,严格而言基金直买适合第一种与第二种的前半段,而基金定投则最适合第三种下跌后上涨。但基金定投只会在第四种情况下亏损,而基金直买则只有在第一种情况下赚钱,所以基金定投的市场适应度是最高的。

是否有投资品会长期下跌呢?部分基金有可能出现,但对于整体市场而言,这种情况几乎不会出现,因为经济在发展、社会在进步、企业在成长,股票市场不太可能长期下跌。从长期来看,只要大趋势向上,所有的下跌都是"微笑曲线"的前半段。

我们以上证指数为例,如图1-5所示,1990年12月—2018年3月,时间跨度大"微笑曲线"有8个,平均每个"微笑曲线"持续的时间是3~4年。

如果将定投的频率增加到周定投或日定投，则可以参考短期的走势。2015 年 6 月—2018 年 3 月的微笑曲线如图 1-6 所示。将上证指数从 2015 年 6 月 12 日创出上一轮牛市最高点的那天作为起点，可以数出 10 个已经完成的"微笑曲线"。虽然每个"微笑曲线"的右侧高度不同，但无一例外地会有收益，只要不贪与不惧，"微笑曲线"就会带领你走出市场的涨跌。

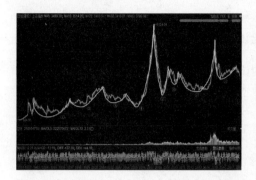 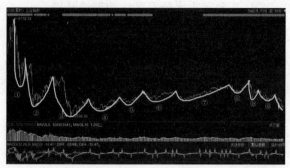

图 1-5　1990 年 12 月—2018 年 3 月的"微笑曲线"　　图 1-6　2015 年 6 月—2018 年 3 月的"微笑曲线"

1.2.5　基金定投的基金筛选

定投"大概率赚钱"还是不够的。有些人定投了三年，收益为正，但也没赚多少，这时可能依然是亏损的。为什么？因为资金都是有时间成本的，定投的收益至少应该比买理财产品的收益高才行。所以，定投不但要大概率赚钱，还要收益可观才行。

那么，什么样的基金更适合用定投的方式投资呢？两个条件：波动大、长期涨幅高。净值稳定向上的基金，更适合直接买入并持有，净值波动大的基金可以用定投平抑风险与波动，同时定投的成本也会更低 (下跌时买入的份额多)；长期涨幅大，才能让定投的收益高，所以必须选长期业绩优异的基金。这样的基本原则是很容易理解的，但如何实际地去确定某个基金是否适合定投或如何选择更合适的基金呢？

1. 从基金类型的角度看，哪些基金更适合定投

基金的一般分类中，主要的类型有普通股票型基金 (不含指数型)、指数型基金、偏股型混合基金、偏债型混合基金、平衡型混合基金、灵活配置型基金、债券型基金 (一级债/二级债)、QDII、货币型基金等。如果依照之前提到的两个条件 (波动大、长期涨幅高) 来筛选，符合波动大的条件，只有普通股票型基金 (不含指数型)、指数型基金、偏股型混合基金、平衡型混合基金、灵活配置型基金、部分 QDII，其他基金的波动性不大。但这些基金中，也要再次挑选有更高概率可以长期上涨的基金。

这些波动大的基金也可以分为主动管理型基金与被动管理型基金来进行分析。主动管理型基金主要依靠基金经理的个人能力，与哪种类型的基金并没有太大的关系，所以依然要运用针对基金经理的分析方法进行解析，找出具有长期盈利能力的强者。

被动管理型基金主要依据指数制定时的思路是否能够长期有效，一般有三类指数可以选择，大盘指数、中小创指数、行业指数。其中，行业指数需要投资者对于该行业的未来发展有深入的了解与准确的判断，难度相对较高，而且受到政策与科技发展的影响很大，长期趋势很难把握。所以，如果对自身的行业研究能力没有太强自信，不建议选择此指数。大盘指数与中小创指数应该选择哪个呢？无论是从股市的逻辑还是从长期走势的表现，都建议选择中小创指数。股票的长期上涨是必须要有企业快速成长作为支撑的，短期内可能因为政策影响或资金炒作而狂飙猛涨，但疯狂过后一般是一地鸡毛与哀鸿遍野，所以企业本身要有较大的成长空间。大盘股与中小创，谁的成长空间大呢？毫无疑问是中小创。对于中小创类企业，可能一张大的订单就会使公司成长一倍，但那些已经是巨无霸的企业，要使规模扩大一倍，就显然非常困难了。当然，中小创企业本身的风险也更大，所以我们应该选择关注中小创的成份指数。成份指数是指"通过科学客观的方法挑选出最具代表性的样本股票"，按照一定权重方法组成的指数。注意其中的词"挑选"，一般挑选的规则与条件中，都会含有流动性指标（成交额）、业绩指标（企业业绩优异）两类，所以会把那些劣质亏损企业剔除出去，就不用担心会踩到业绩炸弹了。哪些中小创指数可以选择呢？中证500、创业板EFT联接是不错的选择。

2. 定投多少只基金合适？如何分配

长期定投多少只基金合适，这个问题没有确切的答案，但却有分析的路径。定投一只基金与定投十只基金有什么差别？定投一只基金，可能会选择到很好的基金，也有可能会选择到很差的基金，但如果是定投十只基金，那么会有好的基金被选中，也会有差的基金被选中，但从整体而言，收益就比较平均了，所以定投的基金数量越多，最终的收益就会更平均，更趋向于基金定投的平均收益。

定投的基金数量有上限吗？曾经有过一些定投超过30只的投资者，每个定投也都非常认真地执行，且时间较长，所以定投的数量并无上限。那么什么因素会限制基金定投的数量呢？答案是监控的难度。基金数量太多，就算查看的频率不高，也会搞不清每只基金的情况。而且，用于定投的基金数量超过10只时，只要基金的选择较为分散，则数量再多，也无法让收益更稳定了。因此一般的基金定投是不会超过10只的，而普通投资者选择3~5只基金定投，就足够了。如果投资的资金数量较大，则可以适当突破数量的限制。例如，一个月定投10万元，可以选择每个基金定投1万元，共10只基金；但资金再多，也不能超过10只基金，即使一个月定投100万元，也可以只定投10只基金（当然，要符合基金定投的上限要求）。

定投的基金如何选择分配呢？下面以3~5只基金作为定投数量，给出建议。如果定投3只基金，则建议1只为指数型基金，2只为主动管理型基金；如果定投5只基金，则建议2只为指数型基金，3只为主动管理型基金。2只指数型基金，建议选择中证

500、创业板 EFT 联接 (很多基金公司都有这类基金，差别不大，都可以选择)，而另 3 只主动管理型基金，则可以根据波动大且长期涨幅大的要求来选择。

3. 定投的基金需要经常替换吗

一般作为定投的基金是不用替换的，特别是指数型基金，可以一直不换，但主动管理型基金在某些情况下，则是要做调整的。

第一种情况，基金经理更换，则必须调换基金。基金经理是基金表现的核心因素，如果原来较优秀的基金经理离开了，则未来基金的表现未知，这时调换基金是必要的。当然，不要每天都盯着基金经理是否更换了，一般每周查看一次就足够了，因为即使基金经理更换，在最初的一个月，业绩也不会有巨大的变化与波动，这时基金的持仓还都是上一任基金经理选择与确认的。当观察到基金经理更换时，就可以换一个基金进行定投了。那如何进行定投的迁移呢？答案是将原定投的基金全部赎回，买入新选择的定投基金，并开始同样数额的定投。

第二种情况，基金规模出现了巨大的变化。基金规模对基金的表现是有影响的，但规模的小变化是无关紧要的，只有基金规模在短时间内 (1～2 个季度)，出现 5～10 倍以上的变化才需要注意，且规模超过 100 亿元 (这个基金经理的主动管理型基金规模整体超过 100 亿元)，就需要更换定投的基金了。基金规模在 40 亿元以下时，差异是不明显的，在 40 亿～100 亿元之间会随着基金规模的增大而业绩减弱，在 100 亿元以上时，则明显业绩较差。

如果决定更换定投的基金，则需要做两件事：其一，将原基金全部赎回，买入新基金；其二，将新基金继续按原计划定投。做完这两件事，就可以按照原来的定投计划继续执行。

1.2.6 基金定投如何止盈

我们已经知道了基金定投为什么可以大概率赚钱，也了解了基金定投解决了投资中"低买"的问题，但可惜基金定投无法解决"高卖"这一难题。所谓"高卖"就是止盈。

1. 基金定投需要止盈吗

很多基金定投的宣传页中都会宣传，"如果定投 10 年、20 年，假设每年的收益是 10%，则 10 年、20 年之后可以获得 ××× 万的财富"。

对于这个说法，我们只能认为它是一种宣传，最好不要按照这个方法去执行。因为股市的收益并不是均匀的，而是集中在某些时间段，可能定投了 3 年，仅仅勉强能保本，也可能 1 年就有 30% 的收益，就看这段时间中，有没有不同规模的牛市了。而 10 年或 20 年之后，当这一年你需要将定投结束时，可能不是牛市，那么可能收益就不太理想，会比较低。

案例：一位在银行工作的朋友，在 2008 年就开始立志一直进行基金定投，并且也一直坚持住了。到了 2015 年股市高点时，最高的收益率达到过 150% 以上，但随着股灾的到来，收益率快速下降，最低时回到过 30%，之后的 2～3 年，整体收益率也维持在 40%～50%，对于 10 年的投资期而言，收益率就比较低了，而这样的低收益率，可能要维持到下一个牛市的到来。

点评：即使准备定投到天荒地老，也是要阶段性止盈的。

2. 怎样的止盈方法是最好的

从类型上分，止盈的方式就两种：以收益目标为止盈条件和以市场趋势阶段为止盈条件。

第一种，以收益目标为止盈条件。这是最简单也是最清楚的一种止盈方法。在定投之初，就设定一个具体收益的目标，例如 10%、15%、50% 等，一旦达到这样的目标就结束此次定投，赎回所有的资金。唯一的问题是，收益目标设定为多少更合适。其实，这个问题并没有准确答案，只是一种取舍。因为，当收益目标的数字设定得比较低，例如 15%，则相对容易达到，市场一次正常的上涨，就可以止盈了，投资周期短，利润到手快，但如果某次市场涨幅很大，假设最终涨了 50%，那么这种止盈方式就会在收益只有 15% 时赎回，后面的大块收益就都失去了。当收益目标的数字设定得比较高，例如 50%，则必须要等到市场有一次非常可观的涨幅，才有可能达到收益目标，而市场一般的小波动，都无法达到收益目标，投资周期会比较长，很多时候都要眼睁睁看着利润出现又消失。如果投资者比较怕麻烦而愿意忽略短期的市场波动，则可以将收益目标设定得高，反之，对于初级投资者，则建议将收益目标设定得低一些，让投资者尽快得到利润。

第二种，以市场趋势阶段为止盈条件。无论设定哪个数字为收益目标，都是在市场趋势出现之前做的决策，确实忽视了市场状态这个关键因素。当然市场状态也是最难判断的，如果对自己的趋势判断能力比较自信，则可以采用此种方法，但如果总是想去预测一波走势的顶点，那么错误的次数还是会更多一些，可能在多数情况下还是在投资之初就直接设定收益率更可靠一些。

但有一种市场状态是不会搞错的，那就是牛市的到来。我们这里所说的"牛市"当然不是什么"结构性牛市""慢牛"之类的伪牛市，而是股市中几年才会出现一次的大牛市、疯牛市。真正的牛市来临时，你能感觉到吗？相信肯定可以，特别是金融机构的人员，一定能感受得到。因为大牛市来临时，网点里买基金的人会特别多，尤其是老大爷老大妈纷纷来参与投资。很多客户想买基金且拦都拦不住时，牛市就是来了。当然市场必须有足够的涨幅，至少从底部涨一倍。牛市的持续时间也会比较长，至少也要有一年的时间，只要牛市出现，我们一定可以感受到的。那么这第二种止盈的方法，就是一直定投到牛市，然后结束，我们称之为"牛熊定投"。这种定投的优点很突出，一轮牛市的涨幅基本都在一倍以上，而且基金本身会比指数涨得更多一些，整体收益会非常高，同时缺点也很明显，等待的时间会非常长，而且没有具体的限定时间，如果定投时间超过3年，很可能许多投资客户会选择放弃。从定投设计的角度来看，"牛熊定投"是完全尊重市场的趋势规律，在市场低迷时不断定投加仓，而在市场疯狂之时悄然离场，非常符合投资的基本规律，是非常不错的定投方式。

当然，在牛市中如何止盈，也是一个开心的烦恼。赚着钱，总是开心的，而且总是想能够再赚一点。一般来说，有两类牛市止盈的方法。其一，在投资之初就设定具体的收益目标，比如要看到市场上涨100%～150%，才能收手，这类方法比较适合对市场分析没有太多兴趣的投资者，但要考验其贪欲的克制能力；其二，多学点市场的技术分析，特别是大顶出现的特征分析，功力有多深，就能够离顶有多近。

1.2.7 定投是真正让财富整体快速增长的法宝

无论是对个人还是银行客户的财富增长，股权投资无疑是长期增长的选择之一，但我们总是不愿意面对一段时间的大额亏损，也很难真正做到"在别人恐惧的时候贪婪，在别人贪婪的时候恐惧"。那么对于普通人，怎么才能做到财富的长期稳定增长呢？定投是一种不错的选择。

如果想要实现"家庭整体财富的稳定增长"，那么最大的障碍有两种，投资的收益率与投资金额的家族资产占比。

除去赚钱概率高、长期收益可观之外，定投还可以解决一个投资的大问题，就是投资规模。对于多数银行投资客户而言，投资只是整体资产中很小的一部分，只是抱着投着玩玩的心态，能赚最好，亏损也没多少。在这种情况下，即使投资成功，也不过是赚点小钱，可以改善一下家庭生活，给家里添点东西或是全家出去旅游一趟，但这种投资是不能改变生活的，是不可能让家庭生活水平有明显跃迁。

股市在几年中，总有一次机会，总有一次盛宴，而这样的盛宴是目前很多投资者改变生活的重要机会。可是只有很少的人敢于投入足够的财富。提问："如果前面有一个牛市的机会，你敢不敢把自己的身家性命押上去？"绝大多数投资者是不敢的，甚至将家庭可投资资产的一半投入，都会非常犹豫。但如果再问一个问题："在下一轮牛市中，你想不想多赚点钱？"所有的投资者都会表示很愿意、很憧憬。可是，绝大部分的金融机构的客户投资者，现在不关注，也不关心市场的变化，金融从业人员也很少花时间在市场信息分析上，哪怕是每天花十分钟，也可能只有一小部分人做到了。既想要赚牛市的钱，现在又不愿意花时间、花学费，幻想着在牛市开始时刚好能够进入市场，在顶峰又能及时逃出，这样的期望太难实现了。

虽然想赢怕输的心态很难克服，又不能下定决心大笔投入，那么就选择基金定投吧，它会让多数投资者能够坚持下去，而且没有比较大的本金投入。每个月（或周／日）的缓慢投入，让银行的投资客户更能接受，同时心理学上的"沉没成本"效应也会让客户持续地保持投入，最终迂回地完成家庭资产投资的重大任务，也间接完成资产配置中基金配置部分的投入。

1. 定投长期增涨的方法一：牛熊定投

问题①：你相信还会有下一轮牛市吗？

问题②：下一轮牛市中，你想赚多少钱？

如果问题①的答案是肯定的，那么你可以考虑进行"牛熊定投"。但问题②，请注意单位是万元，不是百分比，因为如果只投1万元，即使收益率是百分之一千，最终的利润也没有多少。"可以给自己设定一个小目标"，很多人会说50万元或100万元。梦想嘛，数字多大都可以，但一般来说100万元也是很吸引人的利润了。一轮牛市中，赚到100%～150%的利润是比较靠谱的，如果想赚100万元，那么大约需要70万元～100万元的本金，折中一下，我们设定本金需要80万元，即在下一轮牛市开始前，我们需要定投80万进入市场，那么在牛市到来时，100万元的利润是可以大概率拿到手的。

那么，离下一轮牛市还有多久呢？虽然我们不能预测出两轮牛市之间间隔几年，但看到上两轮牛市的顶点(2007年10月16日、2015年6月12日)之间间隔了8年。虽然下一轮牛市未必那么准确刚好间隔8年，但我们可以先拿这个数字作为计划进行测算。假设现在是2018年6月，那么离2015年6月的牛市之顶已经过去三年了，同时要预留一年作为牛市上涨的时间，还剩几年呢？8-3-1=4年，即48个月。我们需要在48个月中，将80万元的本金定投进去，即每个月16666元。可能很多人认为，自己的月收入还没有这么高，怎么可能每月定投这个数字。其实，这是一种家庭资产投资的方式，假设目前家庭已经有30万～40万元的存款了，那么可以每月投入1.5万元，慢慢地将资金注入市场，并非依靠月收入来支撑定投。如果实在无法支撑这么大金额的投入，那么也可以减少最终的利润目标，例如将目标降为50万元，那么每月定投8300元即可，以此类推。

如果每月定投1.5万元，牛市也如期而至，当利润真的到了100万元时，就必须出来了，无论这个市场涨到什么位置，达到自己的预期与目标，就是最好的，贪婪每多一分，危险就多一分。这个市场的机会很多，每天都有那么多的涨停板，钱是赚不完的，赚到自己该得的那一份，就是最好的。那么，为什么这100万元是该得的呢？因为你经受了5.5年的痛苦煎熬，经历了5.5年的漫长等待，经过了5.5年的各种诱惑，这100万元是应得的，但如果要得太多，可能市场会把这100万元再收回去。

如果届时，本金80万元加上100万元的利润，一共180万元的资金结束了此次投资，后面应该怎么办？如果家庭有大笔支出，自然无须多说，如果这笔钱真是用于长期投资，那么就应该再用 80 个月定投回去。为什么选 80 个月？因为按 8 年一轮，7 年等待来算，就是 84 个月，取整数为 80 个月。当 180 万元的本金投入后，等待下一轮的牛市到来，假设下一轮牛市最终得到利润 220 万元，本金加利润一共 400 万元，怎么办？再一次开始定投之旅，一轮牛熊，一次定投，无穷无尽……什么时候是尽头呢？看寿命了，活得越久，经历的牛熊越多，自然利润就越多，这些利润可以作为退休金，也可以作为传承的财富。其实，在很多投资界的神话人物中，为什么巴菲特最终成了"股神"，可能原因有很多，但活得最久，也是其中的重要原因。巴菲特，1930 年 8 月 30 日出生，在接近 90 岁高龄时，依然在每天看研究报告，在挑选合适的股票，那么我们准备到什么时候停止投资呢？

定投是一种终生的投资方式，只要牛市还会出现，只要市场依然是一轮接一轮地不断轮回，那么投资就可以持续，这种"牛熊定投"就可以一直重复。

2. 定投长期增涨的方法二：子母定投

"牛熊定投"太久了，有没有时间更短的定投方法？对于普通投资者而言，见到利润的时间不能太久，因此设定一个较低的定投止盈数字是比较合适的，在 5%～15% 的范围内任意选择一个止盈点都是可以的。

对于整个家庭资产，可以采用子母定投的方式进行管理，如图 1-7 所示。将家庭资产除去保障防御型的资产(保险等)，作为母资产，可以投资银行理财产品或货币基金，同时选择多个基金作为子基金。平时，不断地用定投的方式从母资产中抽出资金流入不同的子基金，当某个子基金达到预期收益率后，对该子基金进行全额赎回，则此部分资产流回母资产，并继续进行定投。这种子母定投的方式，可以作为长期家庭资产管理的优选方法。

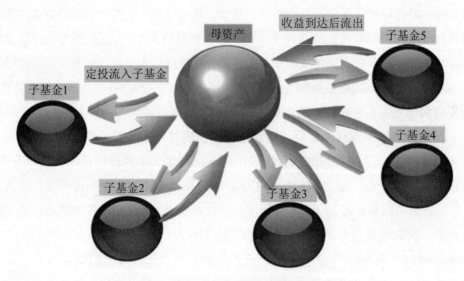

图 1-7 子母定投示意

其中，定投的频率可以任意设定，月定投、双周定投、周定投、日定投都可以；单次定投的收益率预期不宜过高，一般不建议超过15%；子基金的个数，一般建议3～5个，如果月定投数额巨大（例如月定投10万元以上），可以考虑10个；一个月的定投金额或资产的比例，可以与收益率预期挂钩，一般收益率预期越高，单月定投的资产占比就越低。例如收益率预期为5%，那么建议可以维持20个月定投，每月总定投金额不超过总资产的5%；而收益率预期为10%，则建议可以维持30个月定投，每月总定投金额不超过总资产的3.3%；而收益率预期为15%，则建议可以维持50个月定投，每月总定投金额不超过总资产的2%。

此种子母定投的方式，不用关注市场，只需要在收益达到目标时及时赎回，并开始下一轮定投管理，省心省力。对于客户而言，在经历了初级定投的洗礼与教育之后，可以采用此种方法，其可以使得整体资产的收益率非常可观，而且省去了关注市场的劳心劳力。

1.3 基金组合投资

基金投资中，一般很少只购买一只基金，即使是基金定投也会选择多只基金，进行组合投资。基金投资的实战中，基金组合是比较常见，也更合适的投资方式。基金组合投资的核心思想是，增强投资中的稳定性（确定性）。首先看以下三个问题。

1. 基金组合投资是否比单一基金投资更好

回答：不一定，要看判断好坏的标准是什么。一项投资的成功与否，收益率肯定是标准之一，但不应该是唯一标准，风险度、流动性也是必须考虑的因素。但从综合的角度看，基金组合在风险度与收益率的综合评价中，要优于单一基金。

2. 基金组合投资的收益是否比单一基金投资更高

回答：不一定，但收益率的稳定性更好。单一基金投资，有可能会选中某只特别强势的基金，短时间内就获得非常可观的收益，但也同样有可能会选中某只特别差劲的基金，造成本金的重大损失。如果是基金组合，那么全部基金都表现得很好或很差的概率就比较小，最后的投资结果很可能会获得一个比较合理的收益率。

3. 基金组合投资是不是就是多买几只基金

回答：当然不是。基金组合的构建中，要考虑多方面的因素，首先要考虑政策导向、市场趋势与行业热度，选择未来更有可能上涨的基金；其次要考虑入选基金的互补性，如果入选基金投资方向、投资风格都比较接近，那么买多只基金与买一只基金的效果就是差不多的。

基金组合投资方法是基金实战投资中必须要学习的内容之一，也是投资长期稳健增长的必要手段。

1.3.1 基金组合的构建方式

基金组合投资是家庭资产配置中一直倡导的理念，但需要构建一个基金组合，并不是简单"无脑"地买入一些好基金。基金组合投资该怎么做呢？

选好基金只是第一步，"组合投资"的目的在于通过持仓基金之间的相互配合，分散风险，降低波动，提升持有体验，但具体想要实现这种效果，其实也需要动点脑筋。有部分人觉得，"不把鸡蛋放在一个篮子里"，多买些基金，就是组合投资了，其实远非如此。

1. 别持有太多"好"基金

"好"基金实在是太多了。打开各种基金销售页面，真是琳琅满目，遍地英雄，老将、新锐、黑马、学霸，看看过往业绩，没有一个不好，再看看投资框架，没有一个不让人信服。怎么办呢？索性统统拿下。一不留神，就持有了几十只、上百只，甚至上千只基金。这样真的好吗？

我们买基金，当然是要买好基金，但只要是好基金就买，持有的基金数量过多，其实也不是正确的投资方式。为什么呢？有两方面的原因。

一方面，持有太多基金可能会降低收益。

(1) 在大量的所谓"好"基金中，其实并没有多少在未来依然能够持续地"好"。我们都知道，在中国公募基金的二十年历史里，能够长期取得优秀回报的基金经理其实也并不多见。持有的基金数量过多，很可能会在不知不觉中降低了选基金的标准，最终持仓的几十只基金里，只有少部分是"真的好"，这些"真的好"的基金却在大量的"平庸"基金中被掩埋。

(2) 持有基金的数量过多，分散的效果就会很明显，基金的超额收益被稀释，穿透到底层资产，很可能就是买成了一个"沪深300"。

(3) 如果在买入各种各样的大量"好"基金时，不慎踩了"雷"，那才真是得不偿失，很可能远远低于基准，无法实现投资目标。

另一方面，持有太多的基金也会大大提升组合管理的工作量。

投资是一件严肃的事，普通投资者也应该尽量地了解投资标的，并做到及时跟踪。如果持仓的基金过多，且不说几十个基金经理的投资逻辑、持仓变动、定期报告需要花费时间去了解，也不提资金的管理、日常的买入卖出会多麻烦，单就是每天"检阅"一遍净值变动，也需要浪费不少精力。

2. 基金组合方法举例

1) 组合方式1：核心 + 卫星

核心 + 卫星的组合方式如图1-8所示。

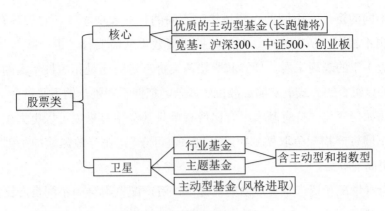

图 1-8 核心+卫星的组合方式

核心资产：优质的主动型基金+长期投资的宽基；

卫星资产：行业基金+主题基金+主动型基金。

当然，核心资产还可以包括优质债券、纯债基金等，卫星资产还可以包括优质股票、黄金、大宗商品等。

(1) 仓位。原则上建议核心资产要超过 6 成以上的仓位，以达到在主要资产长期稳健增长下，也能依靠卫星资产：要么减少组合的波动，要么因为高弹性资产获得更高的浮动收益。

按风险偏好划分，列出具体的比例供大家参考。

保守型：核心资产占 8 成或以上+卫星资产占 1～2 成。

中立型：核心资产占 6～7 成+卫星资产占 3～4 成。

进取型：核心资产占 5 成+卫星资产占 5 成。

(2) 合适基金的选择。核心资产的选择要以稳健为主，建议可以配置宽基并长期持有。

常见的宽基指数如下。

上证 50：上证市场中大型头部公司，确定性很高。

沪深 300：行业标杆，新手必投，网红必推。

中证 500：中小盘的代表，和沪深 300 是标配。

深证 100：深圳市场中的头部 100 家公司，确定性很高。

创业板 50：创业企业中头部 50 家公司，兼具发展性与稳定性。

有了核心资产的稳健收益打底，卫星资产这块其实灵活性是很高的。这个灵活性有 3 层意思——标的灵活、仓位灵活公司、周期灵活。

2) 组合方式 2：资产配置法

全球资产配置之父加里·布林森曾说过，做投资决策，最重要的是要着眼于市场，确定好投资类别。从长远看，大约 90% 的投资收益都来自于成功的资产配置。

毕竟，不同的资产、不同的投资风格、不同的行业表现不一，它们各有各的周期，各自相关性也不相同，所以想要达到较好的投资效果就需要打"组合牌"。以上证国债与上证指数近1年的表现来看，债券和股票两类资产走势还是相关性不大的，相比于投资某一品种，以组合的方式更能够分散投资风险，把握不同资产的上涨机会。

无论市场如何变化，持有基金组合比持有单只基金相对来说可以更大概率地降低波动率。通过不同资产搭配争取做到"进可攻，退可守"，在分散风险的基础上尽可能为持有人争取更高的收益。

在了解自身情况和资产本身风险的前提下，资产配置组合中不同资产比例的确定应考虑自身实际情况。比如，对于风险承受力较低的投资者，可以构建一个以债券或货币基金为主的投资组合，而风险承受力较高的投资者，则可以在组合中适当增加权益类基金的配置。

我们在做基金组合或者资产配置的时候，可以参考表1-1中的"4321"投资法则。例如，偏保守型的组合，可考虑将40%的资产配置债券型基金，30%配置货币型基金，20%配置混合型基金，10%配置股票型基金。

表1-1 保守型组合1

保守型组合		
基金类型	配置比例	对应投资者类型
债券型基金	40%	风险承受能力较低
货币型基金	30%	
混合型基金	20%	
股票型基金	10%	

不过，"4321"法则中的比例并非适合每个人，可以根据自己的实际情况及承受风险的能力灵活调整资产比例，如表1-2所示，资产配置比例调整后，投资风险会变得更小。而风险承受能力较高的投资者，组合里可考虑选取较高比例的权益类资产，构建进取型的投资组合。

表1-2 保守型组合2

保守型组合		
基金类型	配置比例	对应投资者类型
债券型基金	55%	风险承受能力较低
货币型基金	30%	
混合型基金	10%	
股票型基金	5%	

1.3.2 定期检查与主动管理

所谓"花无千日红，人无百日好"，基金也是一样。基金组合通过不同类别资产的分散配置能够有效起到降低资产波动的效果，但倘若碰到极端市场波动可能导致资产配置的严重偏离、组合中基金经理离任或由于自身风险偏好发生变化等情况，后期进行组合调整都是有必要的。

1. 为什么我们要调整基金组合

后期调整基金组合主要有三点原因。

第一个原因：随着自己年龄的增长以及所处生命周期的变化，我们的投资目标以及风险承受能力会发生变化。因此，我们需要调整基金组合来匹配自己当前的收益需求。

第二个原因：市场环境会随时间发生变化，各种基金的预期收益率也会发生变化。根据市场的趋势行情来定期调整自己的组合，进行一定的择时，可以获得一部分的投资收益。

第三个原因：构建好的基金组合，随着时间的推移，每类基金的收益都会发生变化，进而可能导致某只或者某类基金在基金组合中所占的比例发生变化，与之前构建的目标配置比例相偏离。这样势必会影响基金组合整体的收益和风险特征，所以我们需要进行申赎操作，来调整自己的基金组合。

所以，基金组合的调整是非常重要的。这也是我们自己投资基金和找基金经理相比，除了基金经理的专业投资能力以外，最大的区别之一。那我们应该怎么调整基金组合呢？

2. 调整基金组合的 6 个步骤

第一个步骤：认识自己的投资组合。

首先应该有自己的基本投资逻辑，应该对自己构建的基金组合有深入的了解。为了步骤的完整性，我们在进行基金组合的调整时，第一步就是要认识并了解自己的基金组合。除了需要了解自己所持有的基金的投资策略、行业偏向以及在同类基金中所处的位置之外，也需要大致了解基金所持有的股票、债券和现金。

第二个步骤：确定自己的投资计划。

根据自己目前的投资目标、投资期限和储蓄情况来确定自己在股票、债券和现金方面的配置，然后再决定是否需要对现有基金组合进行调整。

时刻牢记一点：你的最佳资产配置是一个动态目标。比如，当我们离退休越来越近时，我们的投资会变得越来越保守。所以，我们一般每年都会有个投资计划的制订和修改。如果你已经许多年没有考虑过自己的投资计划了，那么在开始调整基金组合前，不妨花一些时间，仔细考虑一下自己所处的生命周期，明确自己的收益和风险需求。

第三个步骤：比较已有的投资组合和自己目前的投资计划，确定是否真的需要调整。

做完前两步的分析后，就要开始比较自己已有的投资组合和自己目前的投资计划是否匹配，来决定是否真的需要调整基金组合。打个比方，如果你的股票型基金比例离自己的最佳配置比例，仅有较小的偏差，比如2%，那么你不需要对此进行任何调整。但是，如果你的股票型基金比例离你的目标配置比例有10%以上的偏差时，那么你就需要考虑对此进行调整了。在具体调整中，有3种情况。

第一种情况，自己的投资目标没有发生较大变化，也就是自己的风险偏好不变，但需要应对生活中的一些现金需求。

那么正确的调整方法是保持各类风险资产比例不变，对不同风险类别产品做同比例赎回。举例来说，假设你的基金组合有100万元，分别将30%投资于货币基金、40%投资于债券型基金以及30%投资于股票型基金，构成自己的基金组合。当你的投资目标不变，但需要从中赎回20万元，作为教育金需求时，那你应该按比例分别赎回各类基金，赎回后仍需要保持各类基金占比不变的效果。

一般投资人常犯的错误是，直接赎回某只基金，并且对于赎回基金的选择，经常会受到单只基金近期的业绩表现影响。通常倾向于把盈利的基金赎回，把亏损的基金继续持有。其实这也是行为金融学里面的一个概念，叫做"损失厌恶"。人们总是对损失很敏感，总觉得浮动的损失，只要不赎回，就不算真的损失。而对于表现不错且获得盈利的基金，反而想尽快赎回，落袋为安。

第二种情况，当自己的投资目标发生较大改变，那么此时基金组合的资产配置比例要有所调整。

投资者处于不同人生阶段，大家投资目的也在不断发生变化。比如：小A，刚工作不久，资金量有限，风险偏好高，所以核心组合配置了股票型或者偏股混合型基金。但随着年龄增长，他可能会受到家庭、自己财务状况等许多方面的影响，自己的投资目的也在发生变化，可能逐步过渡到自己买房、买车，还有孩子的教育资金，以及自己的养老等投资目标上来。这个时候，小A偏向稳健的投资目标，就与之前风险较高的基金组合不再匹配了，这个时候就需要适当降低股票型高风险基金的配置比例了，转而购买一些债券基金。具体调整方式可以是这样的，降低股票型和偏股混合型基金的比重，开始配置一些债券基金，同时配置黄金ETF，进行部分风险对冲。并且股票型基金中，可以大量配置指数型基金，配置大盘蓝筹股，这样风险可以相对小一些。

前面介绍的两种情况都是根据我们自己需求的改变来进行的基金组合调整。

第三种情况是基金组合中的基金发生了变化。例如基金经理变更、基金转型，或者是基金业绩长期偏离我们的预期，那么我们就需要对组合中的基金进行调整了。

比如，某只我们持有的基金出现了基金经理变更，那么此时我们就需要进行考察。

我们首先需要考察基金公司的综合实力，然后需要研究新上任的基金经理历史业绩情况、擅长管理的基金策略、目前同期在管的基金表现等，进而来判断这只基金未来的业绩是否会有明显的改变。

例如，当时某只基金近三年收益率处于同类基金的前三分之一，投资的小盘股占基金净资产85%，资产净值在5亿元以下。然而两年后，基金经理发生变更，基金的投资风格发生了改变。基金近三年收益率在同类基金排名中位于后三分之一，并且小盘股占比仅有30%，且资产规模达到了50亿元。这时候，这只基金的风格已经发生了根本上的改变，我们就需要考虑是否进行赎回了。

第四个步骤：明确目前市场的行情。

专业的基金经理在管理自己的基金时，需要进行一些市场的择时，偏短线的一些操作。随着市场行情的变化，基金的配置也会进行相应的调整。

我们将基金按照风险级别进行分类，分为高、中、低三个风险类别。高风险基金包含股票型、混合型、指数型、ETF。中风险基金包括债券基金、保本型基金等。货币基金以及短期理财基金不仅风险最低，而且具有非常好的流动性。在不同的行情下，可以选择不同的基金配置比例。现在来看看两个比较典型的市场行情。

市场大涨的时候，我们可以这样配置：多配一些高风险的股票型基金，少配一些收益相对低的中低风险基金。

市场大跌的时候，我们可以这样配置：多配一些中风险的债券型基金。

其实，在政府的货币政策不出现巨大变化的情况下，股票和债券一直是一对跷跷板。股市好的时候，债券会差一些，但股市差的时候，债券会迎来小牛市。这个时候，我们可以配置一些短期理财，少量配置一些股票型基金。但是，当股市跌到历史低点时，我们不妨做一些股票指数的定投，尤其是大盘股的定投，因为此时它们被严重低估。

第五个步骤：检查组合里基金的相对业绩表现。

我们每个季度或者半年都需要回头看看，自己组合中收益最好和最差的基金分别是哪几只。然后，把这几只基金与同种类的基金进行对比，查看它们所处同类排名的什么位置。考察业绩时，建议察看半年或者一年以来的收益率，不要太看重短期表现。然后，把中长期表现较差的基金，更换为中长期表现好的同类基金。在自己的投资目标不变的情况下，不要破坏基金组合中各类基金的占比。

最后一个步骤：我们养成再平衡的习惯。

这里说的再平衡，就是我们要定期定点进行基金组合的调整。再平衡通常有两种方法。

第一种方法，叫作固定日期再平衡，比如说每年12月份或者1月份定期调整组合。

第二种方法，叫作目标动态再平衡，就是在组合里面各类基金的权重严重偏离自己的投资目标时，进行基金组合调整。

一般建议大家把这两种方法合二为一使用。可以按季度进行投资目标和各类配置比例的确定，除非发生严重偏离，否则不要进行大幅调整。然后，每年过完年，进行一次大的基金投资方案制定和调整。尽管定期检查基金组合非常重要，但是不要养成频繁调整的习惯。

有研究表明，对于大多数充分分散化的股票型和债券型基金，以季度进行查核，并且在偏离度达到8%时进行再平衡，是较好的组合调整方案，可以在风险控制和调仓成本之间取得较好的平衡。

如果可以通过补充新的资金来进行再平衡会更好。避免在组合调整的过程中，卖出表现好的基金，买入表现不佳的基金。我们可以直接把新增加的资金补充到权重低的基金中，从而有助于达到投资目标。

3. 有意识地做主动管理

假设我们已经选出来了"好基金"，这些基金在各自的产品定位和投资风格下都称得上一个"好"字，哪些基金放在组合里，放多少比例，什么时候调出去，其实也是需要考虑的。为什么这么说？

科技股投资的王者在医药、消费的行情里也不会有什么出色表现，当系统性的熊市来临，再稳健的基金也难以获取正收益。从绝对收益的角度来说，大盘的表现、风格的因素、运气的成分，往往能够在短期对基金的净值起到支配作用。想要通过"组合投资"降低波动、提升持有体验，就必须得在资产配置、风格和行业配置层面，"有意识"地做主动管理，而非看心情、凭感觉，冲动盲目地操作。

那么，怎么"有意识"地去做主动管理呢？"有意识"地去做主动管理，主要包括两步。

第一步，充分地了解准备买入的基金。什么程度的了解可以叫"充分"了解？关键是对基金的业绩表现形成合理"预期"：了解基金的投资策略、投资风格，知道它大概会持有什么样的底层资产，在什么样的市场环境和风格中应该能够有所表现，在什么样的市场环境和风格中大概率会不如人意。"充分了解"之后，这只基金在未来各种市场环境中的表现，就不会让我们太过意外。对每只基金能做到"心里有数"，是不盲目冲动地买卖基金的第一步。

第二步，确定组合管理的方式。假设我们已经对备选基金有了充分了解，下一步就是用这些备选基金搭建出一个组合了。之前讨论过，把备选基金一股脑地全买了，未必就好。考虑这个问题的正确思路是：在我们的预期收益、资金期限和风险承受能力下，在未来一段时间的市场环境下，买入哪些基金，分别买入多少比例，能够更大概率地实现收益目标？在什么情况下，需要对基金组合再做调整？

这里涉及了一些前置问题，譬如预期收益、资金期限和风险承受能力，对未来一段时间内市场环境的预判。在管理组合之前，应当把这些问题考虑清楚。在此之后，才能进入组合管理的环节。

一般来说，有三类组合管理的方式。大家可以选择其中一种，或者多种混合使用。

第一种，被动式管理。采用历史数据和量化模型，计算出备选池中每只基金的权重。常用的模型包括均值方差模型、BL模型等。这种方法基于"动量效应"，假设基金的过去表现会在未来一段时间延续，通过数学模型对历史数据进行"最优化"，进而计算出每只基金的权重。

第二种，自上而下配置。把基金当作配置工具，采取"自上而下"的顺序，先宏观，再中观，最后微观。先确定股票、债券、现金等大类资产的配置比例，再确定细分行业、风格的配置比例，再选择对应行业、风格里的好基金作为实现配置目标的工具买入。这种方法，需要自己做宏观和中观的投资决策，把具体的选股、选券工作交给基金经理。

第三种，基金精选。把宏观、中观、微观维度的决策全部都交给基金经理，自己不在战略、战术层面做主观判断，专注选基金，选基金经理。这种方法精力聚焦，主要考验选择基金的能力，通常需要备选的基金经理具备一定的宏观、中观维度的投资能力。

综上所述，不难发现，基金组合投资里的问题不少，想要做好"组合投资"而非盲目地买卖，其实并不是一件容易的事儿。普通投资者倒不如选择把闲暇的时光留给家人，把专业的事交给专业的机构、专业的人。

4. 定期检查与组合调整策略

那么基金组合多久调整一次为佳？如何调整基金组合更能有效保护资产？一般可以设置为每季度调整一次。

公募基金每季度披露一次持仓信息，其中包括管理人信息、股票仓位、债券仓位、股票行业配置、债券类别配置、前十大重仓个股和债券等信息，并且在半年报和年报中会披露全部持仓情况。

阅读基金的季报、半年报和年报，对于持有主动管理策略基金的投资者来说，尤为重要，可以了解基金经理是否发生了变化，整体持仓上发生了哪些变化，这些变化是否与搭建组合时的初衷发生偏离。

对于完全不关心基金持仓的"消极型"投资者来说，至少需要以季度为单位检查基金经理是否发生了变化，因为对于主动策略基金来说，基金经理是产品的灵魂所在，如果资深的基金经理离职，则需要考虑是否进行调仓。而在产品业绩大幅落后同类时，通过阅读季报来了解基金经理对业绩是否有合理的解释也是不可或缺的工作。

"积极型"投资者则可以通过季报中的基金持仓对组合进行诊断。例如，如果投资者最初选择了一只股票仓位为90%的偏股型基金进行配置，是为了获取较高的股票类资产的配置，一段时间后，通过季报披露发现基金的股票配置持续回落到70%，甚至更低，与自己的初衷出现一定背离，此时需要考虑是否进行调整。

对于追求风格配置的投资者来说，通过基金的持仓可以了解组合整体的风格特征，由此判断是否需要对基金组合进行调整。

举例来说，由于 A 股历年以来存在风格轮动的特征，2013—2015 年是以创业板为代表的相对明显的中小盘成长风格占优，但 2018—2020 年是以上证 50 为代表的大盘价值风格占优，基础市场的风格特征反映在一些主动策略的偏股型基金上表现为不同年份的风格漂移，而这种风格漂移如果与初衷背离，则投资者需要进行一定调整。

1) 大类资产配置的偏离

在一些极端的年份，例如 2006 年、2007 年和 2009 年，股市的涨幅远远高于债市，这会导致一段时间内股债的配比与初始设定的相差甚远，此时投资者需要考虑偏离后的大类资产配置是否仍旧适合自己。重新调整时，可以选择减持构成组合的权益类基金或是增持组合中的债券基金。

与此相反的例子是，在 2008 年和 2018 年，股市出现大幅下挫导致权益类资产的配比低于初始设置，也需要进行相应的调整。

有时组合中不同基金表现迥异会导致单一基金配比的偏离。举例来说，初始组合设定某基金的占比为 10%，但由于一段时间内该基金净值大幅上涨，而组合中其他基金净值大幅下跌，可能导致该基金占比变为 20%，此时投资者需要考虑该基金占比是否合理。若担心单一基金占比太高，未来存在大幅波动的可能性，则需要进行相应的调整。同理，占比下降过多的基金也需要站在长远角度考虑，该比例是否合适。

这种情况在市场极端分化的时候比较容易遇到。是否需要进行调整，取决于投资者认为未来这种分化是否可以持续，但如果周期为 3 年以上，就很可能会出现均值回归的情况。

2) 战术性调整

由于市场千变万化，不同阶段往往存在不同的投资机会。举例来说，如果在 2017 年至 2020 年之间配置了医药行业基金，当时行业的景气度、估值以及未来的成长性皆处于比较合理的区间，基金净值稳步攀升，但随着市场的持续炒作，2021 年之后估值已攀升至历史高位，谨慎的投资者此时出于落袋为安的心理寻找新的替代品也是较为稳妥的一种战术性调整。

值得提醒的是，由于基金存在持有 7 天内卖出有 1.5% 的惩罚性赎回费，并且持有一年之内卖出的赎回费也多在 0.5%，有些甚至更高，因而频繁进行调整的成本较高，如果调整思路错误，则损失更大。常见的错误是，因为基金出现了短期的亏损就不分青红皂白地进行调整，追高买入热门基金，则未来的亏损可能更大。

3) 自身风险偏好变化

投资者自身风险偏好发生变化也是基金组合调整的理由之一。常见的情况是，随着投资者年龄的增长，风险偏好逐步降低，对资产波动的忍受能力下降，此时适当降低组合中权益类高波动资产的配比是比较合理的做法。

1.4 另类投资

1.4.1 另类投资概述

另类投资（也称为另类资产）是指对除股票、债券和现金以外的资产类别的投资。这个词是一个相对宽泛的词，包括有形资产，如贵金属、收藏品（艺术品、酒、古董、硬币或邮票）和一些金融资产，如房地产、商品、私募股权、不良资产、对冲基金、交易所基金、碳信用、风险资本、金融衍生品、加密货币和不可伪造的代币等。对房地产、林业和航运的投资也经常被称为另类投资，这些实物资产在古代就被用来增加和保存财富。

根据实践来看，目前全球另类投资管理百强企业的资产首要投资对象是房地产，其次是私募股权，最后是大宗商品。除了这些主流形式外，另类投资还包括黄金投资、碳排放权交易、艺术品和收藏品投资等方式。

在中国最活跃的另类投资当属私人股权投资。当年的新桥收购深发展、凯雷收购徐工，都曾在国内引发震动。海外土地基金横扫国内写字楼、商场，也是媒体津津乐道的话题。众所周知，投资主要考虑两件事，一是回报，二是风险。对资产管理方来说，令人满意的投资是每支付一个单位的风险，其对应的回报要足够高，达到投资方的要求。而另类投资恰好在回报和风险这两方面都能满足大部分专业投资者的要求。

先说说另类投资的优点，以及它能创造"超额回报"的真实原因。

传统理论认为，当信息完全充分被市场所吸收，并且所有的投资人都能理性地根据这些信息进行投资的时候，是不存在"超额回报"这一说法的。如果是这样，为什么还会有人追求投资全球宏观对冲基金、房地产信托基金、私募股权投资基金……这类看似难懂又吃力不讨好的投资方式呢？

首先，另类投资可以通过"信息不对称"赚到"无效市场"的钱。

2013年诺贝尔奖得主尤金·法玛以"有效市场"假说闻名世界。这个理论的大意是说，当一个市场是完全有效的时候，资产价格充分体现了该资产的所有信息，因此人们在这个市场里无法持续地赚取超额回报（即超过市场整体表现的回报），只有当新的信息出现的时候，价格才会变动。

尤金·法玛的理论反过来解读，也就是当基金经理拥有不对称信息的时候，就有可能赚到无效市场的钱。而另类投资因为大多针对的并非是有效的市场，因此有机会利用信息不对称，赚取"市场无效性"产生的超额回报。

另类投资产品很多是非公开上市交易的产品，比如对冲基金、股权私募基金、房地产基金、艺术品……这些产品均需要经营者具有颇为专业的知识才能掌握它的运作，因此能运营好这类产品的经营者本身就寥寥无几。另类投资者如果能拥有更多此类产品信息的"支配权"或"知情权"，就完全有可能在这个市场上持续地赚取超过市场整体表现的回报。

比如，如果能找到那些真正的优秀宏观对冲基金，就有可能享受到它们的经营业绩，但找不到优秀的宏观对冲基金也不用担心，散户也有自己的办法持续赚取超额回报——投资自己熟悉的领域。

其次，另类投资可以降低投资者整个组合的风险。

分散投资就是不把鸡蛋放在一个篮子里，另类投资实际上为投资人提供了多种不同的"篮子"。因此如果你在自己的投资组合里加入一个另类投资产品，基本上可以实现降低整体投资组合风险的目标。

在众多另类投资中，分散效果最佳，也可能是最典型的投资策略莫过于全球宏观的投资策略，它可以使投资组合在不同的市场、产品、时间窗、投资策略和技巧上实现充分的分散化。通常大型的全球宏观经理人会密切关注利率、股票、现金、商品和房地产。不管是现货、实物商品、期货，还是衍生品，或是直接投资，都可能被他们纳入组合之内。他们不会给自己投资的工具设限（对每种工具所占的权重设限还是很有必要的），因此他们有机会捕捉到任何市场里的任何一种工具的无效性。

从数学上可以证明，如果可投资的国家翻倍，找到互不相关的投资机会的概率会呈几何级数增长。这里的"互不相关"正是分散化的内在要求。当组合里的投资项目的回报率高于平均水平，而这些项目之间又相互独立、互不依赖也互不干扰时，这样的组合是最令全球宏观对冲基金经理感兴趣的。

这也是为什么众多的全球宏观对冲基金经理均十分重视市场配置的原因。事实上，即便是散户投资，正确的做法也应该是先在全球市场进行资产配置，然后再研究每个市场里的具体投资细节。

再次，优秀的另类投资专家可以从"纠错"中赚钱。

中国俗话说：三百六十行，行行出状元，即各行各业都有最优秀的人才。在另类投资领域，就汇集了许多不同行业的专家，他们用各自领域的经验来赚钱——这种钱往往是通过给市场"纠错"赚来的。

比如一个房地产REITs，如果规模足够大，完全可以聘请全行业最精锐的地产项目专家。他们精于寻找潜在项目，也擅长成熟项目的经营管理，甚至熟悉相关领域的法律问题，这样才可以在行业里寻找被错误定价的投资机会。

说完了另类投资的收益情况，同样也不能忽略它的风险。

第一，产品可能很复杂，令估值存在主观因素。

另类投资市场毕竟并不完善，因此衍生了很多问题，其中一个主要问题在于这类投资产品的估值和价格实现机制可能存在主观因素。一般来说，只有实力雄厚的对冲基金才有实力去"纠错"，普通人根本无法投资。因此在买卖另类投资产品的时候，对背后的管理团队进行深入调研考察，是绝对有必要的。

第二，另类投资极有可能会面临流动性的问题。

除 ETF、房地产 REITs、贵金属、农产品、原油等主流投资产品外，大部分另类投资产品未必有完善的市场，流通性较差。流动性差的产品，往往意味着回报波动也会较大，因此投资人要自行判断，是否愿意承受这样的波动性。

如果是房地产项目、艺术品和收藏品、一般股权私募基金等，退出周期都会相当长，通常都是以年为计算单位，这对于对资金流动性要求比较高的投资者来说，就会形成比较大的风险。

第三，另类投资市场普遍缺少有效监管。

从全球来看，直到 2009 年，G20 领袖才开始承诺改革场外衍生工具市场。在中国香港地区，直到 2013 年左右，立法会才二度通过《2013 年证券及期货 (修订) 条例草案》，在香港设立场外衍生工具市场监管制度。

然而，金融机构对另类投资产品的监管很多仍然处于刚刚起步阶段，还需大力改善。比如全球宏观对冲基金、股权私募基金以及各类型的私募投资机构，其法人本质只是对应注册地的公司机构，只需要符合注册地 (比如开曼群岛) 的法律和公司章程，但这些注册地往往采取较弱的金融监管措施。

对于另类投资所涉及的市场来说，缺少有效监管有可能会引致一些潜在的法律问题。

另外，除了上述监管问题，另类投资的门槛通常都不低 (比如在香港地区，一般对冲基金只针对投资额在百万美元以上的个人专业投资者开放)，加上通常有较高的手续费或是认购费，因此对于投资人来说，需要有一定的风险承受能力以及心理承受能力。

总结来说，另类投资是一种能提供更多空间实践投资理念，能够分散投资风险，让投资者在同等风险下争取更高回报的理想投资工具。

1.4.2　商品 ETF

另类投资基金是金融投资行业中增长最快的部分。专注于另类投资的共同基金和交易所交易基金 (ETF) 更容易为普通投资者所接受。

商品 ETF 是以商品类指数为跟踪标的的基金产品，是以市场中的某一商品指数为基准，通过复制指数的方法建立一篮子的商品组合，并跟踪指数变化的投资基金。

商品指数基金是一种被动的投资基金，投资收益主要来源于商品价格的上涨和展期收益，具有低成本、低风险、运作频率低等特点。投资者可以通过交易商品 ETF，方便地实现对黄金、石油、有色金属、农产品等商品资产的投资。

海外最早的商品 ETF 可以追溯到 2004 年的 SPDR Gold Trust 黄金 ETF，此后商品 ETF 市场不断壮大，不论产品数量还是产品规模都持续增大。据 Bloomberg 统计数据显示，截至 2019 年 4 月份，全球商品 ETF 的资产管理规模占所有 ETF 资产管理规模的 2%，而股票类 ETF 的资产管理规模占所有 ETF 资产管理规模的 78%。商品 ETF 与股票类 ETF 资产管理规模还相差较大。

商品 ETF 根据运作方式的不同，可以分为实物支持商品 ETF 与非实物支持商品 ETF 两大类，两者的投资标的与运行模式都有所区别。

1. 实物支持商品 ETF

实物支持商品 ETF 直接持有实物资产或者与实物资产相关联的合约，运营管理机制较为清晰透明，目前实物支持商品 ETF 基本都属于贵金属类。SPDR Gold Trust 黄金 ETF 以及国内上市的 4 只黄金 ETF 均属于实物支持商品 ETF。

黄金 ETF 主要为习惯于通过二级市场 (股市) 买卖黄金的投资人提供了一个便捷的黄金投资渠道，而随后推出的黄金 ETF 联接基金则为习惯于通过基金公司网站直销平台、银行网点等配置黄金资产的投资者提供了一个较方便的购买渠道。在这里有必要提出的一点是，黄金是全球联动交易，尤其是在我国的夜间，正好是西方的交易时间，这是国内黄金 ETF 的先天劣势。目前，国内的黄金期货也推出了夜盘交易。

实物支持黄金 ETF 的特点[①]：

1) 投资门槛低、弹性大

对于个人投资者，特别是小散户来说，投资黄金 ETF 是一个交易成本较低的投资方式，最低交易 1 手 300 元 / 克左右，而且黄金 ETF 交易中可依需要设置市价单、限价单和止损单，交易手段十分灵活，弹性比较大。

2) 交易费用少、成本低

投资黄金 ETF 可免去黄金的保管费、储藏费和保险费等，交易费用远低于实物金手续费，约在 0.03% ～ 0.08%，交纳约 0.50% 的管理费用，相比其他投资方式约 2% ～ 3% 的费率具有明显优势。

3) 交易便捷、价格透明

由于黄金 ETF 在证券交易所上市，所以投资者可以用自己的证券账户买卖黄金 ETF，手续简单，交易非常便捷，并且它是被动投资品种，所以其紧密追随黄金走势，

---

① 黄金 ETF 投资指南. ETF 之家. 2018-06-25. http://www.etf.group/study/575.html.

黄金在全球范围内 24 小时进行交易，价格非常透明。

4) 流动性强、安全性高

黄金 ETF 产品的流动性非常强，黄金 ETF 存在一级和二级市场，即使出现二级市场流动性暂时不好的情况，也可随时在一级市场申购赎回，加之黄金 ETF 市场存量巨大，交易的流动性得到了极大保障，并且由于黄金 ETF 在证券交易所交易，可受到交易所严格的监管，并依托交易所先进的交易系统，交易安全可靠。

最重要的是，黄金 ETF 可以 T+0 交易。

5) 跟踪性强、有套利机制

投资黄金 ETF 是指投资于黄金现货合约，其紧跟黄金价格的变动而变动，一样具有抗通胀性和避险功能，且投资收益波动率低于股票，投资风险可以掌控。同时可以通过黄金 ETF 的申赎和买卖进行折价或者溢价套利，并可直接进行黄金期货和黄金 ETF 之间的期现套利。

2. 非实物支持商品 ETF

非实物支持商品 ETF 并不直接持有实物资产，而是持有与实物资产相关的期货衍生品，间接复制相关大宗商品的价格走势变动，从而对大宗商品价格或者指数进行跟踪。这类 ETF 主要覆盖工业金属、能源、农产品等大宗商品。

目前来看，非实物支持商品 ETF 主要持有相关大宗商品的期货、远期、互换等金融衍生品。

目前国内非实物支持商品 ETF 中只有 3 只商品期货 ETF(华夏基金、大成基金、建信基金) 和白银、原油等 LOF，目前的规模还相对较小。

相比实物支持的商品 ETF，商品期货 ETF 不直接持有实物资产，避免了仓储费用。另外期货与现货之间存在基差，而套保需求的存在使得现货价格一般高于期货价格，所以基差收益一般为正。最后，期货是保证金交易，而国内商品 ETF 持有的合约价值占基金净资产的 90%～110%，因此其没有杠杆属性。在交易和申赎规则上，商品期货 ETF 和股票 ETF 有所不同。商品期货 ETF 的申赎均是以现金替代方法进行，也就是不能用期货合约去申购 ETF，也不能通过赎回 ETF 获得期货合约。另外商品期货 ETF 的估值均是以期货的结算价计算而非期货交易价，这会产生套利机会。

商品期货 ETF 有什么特点？

首先，ETF 本身就是一种风格混搭、特色鲜明的场内交易基金。对普通投资者而言，购买 ETF 的好处包括可以根据个人喜好选择不同标的物、通过跟踪一篮子成份指数从而分散风险、通过基金经理批量式买卖以降低交易成本、在开盘交易时间内方便买卖等。

其次，商品期货属于交易所场内的衍生交易品种，具有多空双向交易、T+0 高频交易、保证金方式杠杆交易等特征。相对于股票、债券、传统 ETF 等原生金融产品而言，商品期货往往脱离股债市场独立运行，是一种更高风险匹配更高收益的交易品种。

因此，目前监管机构允许公募基金公司上市商品期货ETF，这显然打通了原生与衍生两大金融市场，为投资者在股票基金、债券基金、货币基金之外又提供了一项新选择。一旦投资者买入商品期货ETF，那么标的物商品期货的涨跌将成为该ETF净值波动的核心原因。

此外，由于基金管理人利用所募集资金直接参与场内期货交易，普通投资者只需要按照传统的ETF买卖方式交易即可，从而将普通投资者与高杠杆、高频率、不间断盯盘等高风险操作隔离开。

由此，商品期货ETF首先适合于对特定商品基本面有专业知识的投资者，包括现货贸易商、商品加工企业及个人等。由于对商品基本面比较熟悉，这一类投资者倾向于把握商品市场价格变化的波段交易机会，但考虑到场内期货"当日无负债"的资金结算特点，直接进场参与交易对这一类投资者来说显得风险太大。

1.4.3 REITs

1. REITs的含义与分类

REITs，即房地产投资信托基金，是一种主要以能够产生稳定现金流的不动产为基础资产，以标的不动产的租金收入和增值收益为主要收入来源，且将大部分收益（一般为90%以上）分配给投资者的金融工具。其往往通过向大众公开发行股票或受益凭证来募资，用所募资金购买物业资产获取投资收入，然后将投资收入以分红形式分配给投资者。REITs通常由发起人专门组建的资产管理公司进行管理，对公开上市交易的REITs，投资者可在公开市场上交易所持有的份额。

从国外市场来看，根据REITs主营业务和收入来源的不同，一般将该类基金分为三大类型：权益投资型、抵押投资型和混合投资型。权益投资型REITs又称物业投资型REITs，该类REITs直接投资房地产物业，通过出租标的不动产，以获取租金收入为主要收入来源，目前是REITs中最主要的投资类型，占大多数；抵押投资型REITs专门从事抵押放贷，或者专门购买房地产抵押证券，以抵押贷款或抵押证券的投资利息为主要收入来源；混合投资型REITs既从事物业投资又从事抵押投资。

目前，在美国市场上，权益投资型占据市场主体地位，约占总数量的80%，而混合投资型则逐渐淡出资本市场。而从权益投资型REITs的持有者结构来看，养老基金等机构投资者为REITs最主要的投资者。

按组织形式分类，REITs可以分为公司型和契约型。公司型REITs是指投资者通过认购专门成立的房地产投资公司的股份而成为公司股东，取得股息或者红利形式的投资收益。在公司型REITs法律关系中，法律依据为《中华人民共和国公司法》，运营依据为公司章程，投资者有权选举董事会。投资者与房地产投资信托公司的关系属于股东与公司的关系，而非信托法律关系。美国、日本、新加坡、英国等国家主要采用公司型REITs。契约型REITs根据信托契约通过发行收益凭证向投资者募集资金，投资者与投资公司（或基金管理公司）依据《中华人民共和国信托法》订立信托契约，形成信托法律关系，投资者以委托人的身份取得信托受益权。加拿大和澳大利亚等国家的REITs多为契约型。

按其募集和流通特点划分，REITs可以分为公募REITs和私募REITs。

公募REITs，是以公开发行方式向社会公众投资者募集资金的REITs，投资者人数一般不受限制，每个投资者的最低投资金额通常也没有限定。公募REITs是国际资本市场不动产金融产品的主流形式，与股票一样具有高流动性，可上市交易，一般也称其为标准REITs。

私募REITs，以非公开方式向特定投资者募集资金并以不动产为投资对象。REITs发起人通过电话、信函、面谈等方式，直接向一些机构投资者或高净值个人推销REITs份额来募集资金。私募REITs对投资人的风险承受能力要求较高，监管相对宽松，各国的法律法规明确限定了私募REITs持有人的最高人数（如50人、100人或200人）和投资人的资格要求，若不符合法律法规的要求，则私募REITs不得设立。

国际市场上，私募REITs占比较小，尤其在美国，市场占比一般不到5%。在中国，2013年已经开始出现"专项计划+Pre-REITs"的特殊产品形态，称为具有中国特色的准REITs，实际上它是一种债务融资工具，近年来发展比较迅速。

在我国，还有另一个类似的产品发行量也很大，它被称作类REITs。类REITs是指标的物业的产权或其股权转让给专项计划，使专项计划同时享有物业运营收益和物业增值收益的ABS产品。类REITs与传统的REITs架构相比，首先在物业层面，作为REITs载体的专项资产管理计划并没有直接持有物业，而是通过持有项目公司的股权而间接持有物业；其次在REITs层面，采用了专项资产管理计划与非公募基金叠加的结构。

公募REITs和类REITs的核心区别在于，前者是权益型的永续运作产品，可通过物业的真实出售来达到资本变现，后者是有期限的"明股实债"产品。

2. REITs的主要特征与优势

REITs的出现主要是为了便于中小投资者参与到体量较大的不动产项目投资中，从而分享这些项目的租金、运营收入及资产增值收益。简单来说，投资者购买公开上市的权益投资型REITs，类似于购买上市公司的股票。作为上市公司，REITs将发行股票（确切来说叫信托单位）融来的资金用来收购建成的房地产（如办公室、商业地产、住宅、物流地产、工业用地等）或基础设施项目（如路桥、水、电、气、污水处理等收费型项目），然后通过出租、管理、运营或翻新等业务获得租金、收费等收益，并将所得利润的90%以上以分红的形式返还给"股东"（确切来说叫"信托单位持有者"）。

由于 REITs 产品风险低，分红率高，长期收益稳定，与其他投资产品相关性较低，被称为"第四类资产"（前三类分别是股票、债券和货币）。

国外成熟市场上的标准化 REITs 通常具有以下主要特征。

(1) 公开交易。流动性好的标准化 REITs，属于证券范畴，将资产规模巨大的不动产资产分成相对较小的可公开交易的份额，在符合法律规定和证券交易所上市条件的前提下，可以在证券交易所挂牌交易。房地产投资的主要风险之一在于流动性较差，而 REITs 通过将房地产证券化提高了流动性。

像股票、债券一样，标准化 REITs 不仅可以认购、赎回，还可以在公开市场上市、流通、转让，具有较高的流动性。这样，既降低了投资者投资规模巨大的不动产资产的门槛，提高了资产的流动性，又拓宽了不动产投资的退出机制。

(2) 资产组合和专业管理。标准化 REITs 的绝大部分资金，用于购买并持有能产生稳定现金流的不动产资产。REITs 可以投资的基础资产包括水厂、电厂、医院、学校、写字楼、购物中心、综合商业体、酒店、公寓、工业地产等。其收入来源主要是经营性不动产的现金流，也可以是 MBS 产品、不动产相关贷款资产等。

另外，REITs 促成不动产资产的所有权和经营权分离，为专业化经营管理提供了基础。这种多元而专业的投资方式，可在分散风险的同时，有效捕捉市场机会，为投资者提供稳定的回报率。需要强调的是，由于存在专业化投资管理的特点，特定 REITs 往往聚焦于特定的不动产资产类别，跨类别投资的情况并不多见。

(3) 明确的税收政策支持。REITs 与普通上市公司的一个重大不同是"税收中性"的安排。REITs 起源于美国，美国法律赋予 REITs 特殊的地位，其可像普通公司一样使用各种融资工具，如 IPO 上市、发行优先股、发行公司债券等。REITs 采用税收透明机制，即税法赋予 REITs 的房地产运营收益在企业层面不需交税或者少交税，同时也对 REITs 的房地产转让环节给予税收优惠，投资者仅需在个人收益层面缴纳个人所得税，这些安排往往被理解为税收优惠，但实际上只是避免双重征税的"税收中性"的做法。

REITs 的最终企业所得税税基，为应税收入减去已经向投资人分配的股息。如果 REITs 将当期应税收入全部支付给 REITs 份额的持有人，则当期无须缴纳 REITs 层面的公司所得税。因此，如何能够被认定为 REITs，从而享有这种免税政策，显得尤其重要。

REITs 与普通的有限合伙、股份公司等相比，享受更加优惠的差别性税收待遇，具体取决于各方面是否满足了税收法规规定的相关条件，如组织结构、股权结构、资产测试、分配比例等。

REITs 通常要把当期获得的应税收入的 90% 以上用于向投资人分配，通过发行优先股、重新举债等方式获得对新增资产的投资资金。但重新举债等方式通常也伴随着杠杆率进一步攀升等问题，扩大优先股发行规模通常伴随着因优先股权利扩张而侵占普通股利益的问题，以及新股发行后原有股东的股份被稀释的问题。

(4) 很高比例的分红要求。正如定期存款会产生稳定收益，投资者同样可以获得 REITs 的稳定分红。如果投资者不愿将资本长期闲置，投资 REITs 可以定期收到一些分红。在美国等成熟市场，税法明确要求 REITs 必须将绝大部分当期收益（通常为 90% 以上的利润）分配给 REITs 份额的持有人。当然，具体分配比例在不同的国家有不同的要求。因此，REITs 对于那些需要有稳定收益的投资者特别有吸引力，如退休养老人群、财富传承群体等。

REITs 的投资价值还在于长期投资效果显著。近 40 年权益型 REITs 的年收益中约有 65% 来自分红，其余 35% 来自资产增值。对比来看，标普 500 指数成份股的投资收益中只有 30% 来自分红，其余 70% 全部来自股价的上涨。一般来说，权益型 REITs 很少亏损，每年红利发放都比较稳定。

(5) 明确要求低杠杆运作。同不动产类上市公司一样，REITs 也可以杠杆经营，但 REITs 的杠杆较为适中，负债率通常低于一般的不动产类上市公司。在大部分国家和地区，法规中有明确的最高负债比率限制，如美国规定 REITs 的资产负债率不得超过 55%，新加坡规定 REITs 的杠杆率不得超过 35%。

(6) 完善的管理和治理。REITs 的运作，以组织结构的稳定性为前提，管理人出色的主动管理能力及其有效的资产管理措施，是 REITs 产品与市场健康发展的关键。全球市场上的 REITs 的组织模式和治理结构的制度安排虽然多样，但公开交易的 REITs，大多为主动管理型公司，积极参与物业的全过程实质性经营活动。同时，和上市公司一样，REITs 有比较完善的公司治理结构和信息披露要求。

当然，REITs 之所以能得到快速的发展，除了前述的特点之外，还有两个重要的优势。

第一，收益率较高且相对稳定。REITs 的投资风险和收益介于债券和股票之间，与普通权益资产类似。REITs 的收益包括两部分：股利收益和资本利得。股利收益主要为持有型物业的租金收入，波动性较小且基本保持稳定增长；资本利得则与房地产市场相关性较强，走势与房地产股票一致。REITs 中股利收益占比在 2/3 左右，因而收益率较为稳定。

第二，投资门槛较低，风险分散。不动产投资的门槛较高，单笔投资金额较大，很难做到风险分散，是一种小众的投资品。而 REITs 通过向公众广泛募集资金进行投资，降低了投资的门槛，并设立专业的资产管理公司，通过不同的地理位置、物业类型、资产规模、所处市场区域和租户等实现投资的多元化，有效分散了风险。

REIT 的投资风险在于其行业集中度高，短期可能有较大波动。虽然 REITs 组合可以在各类型中进行选择，分散一定的风险，但总体来说，由于 REITs 本身的属性都是一样的，因此行业集中度非常高。从相关性分析可以看出，大部分 REITs 的相关系数在 0.7

以上，属于高度相关。

综合分析来看，权益投资型 REITs 的市场价值和回报率受经济周期波动影响非常显著。以美国市场为例，2001 年至 2007 年上半年这段时间，美国房地产市场处于一种快速发展的时期，同时在消费需求的拉动下，美国经济呈现一片繁荣景象，这一时期美国权益型房地产投资信托基金指数和总回报率处于一种上升的态势。之后，美国爆发"次贷危机"，进而演变成全球性的金融海啸，美国经济出现衰退和萧条，这一时期美国权益型房地产投资信托基金指数和总回报率出现快速下滑。2009 年以来，美国经济出现缓慢复苏态势，在这种经济环境下，权益型房地产投资信托基金指数和总回报率相应出现回升。

3. 我国 REITs 的发展情况

我国的 REITs 起步较晚，且受法律法规限制，目前多为非标准 REITs 产品。

2014 年 5 月，国内离典型 REITs 最为接近的产品——中信启航专项资产管理计划成功发行。中信启航和中信苏宁之所以被认为是国内首批 REITs，主要突破点便在于其实现了上市流通。中信启航和中信苏宁均通过深交所综合协议平台上市，但其仍属私募性质，交易前后投资者须限制在 200 人以内，且优先级和次级的转让门槛分别为 500 万元和 3000 万元，这从一定程度上限制了其流动性。

2015 年 6 月 8 日鹏华前海万科 REITs 正式获批，成为国内首只获批的公募 REITs 基金，被业内看作是中国第一单真正意义上的 REITs。其投资于确定的、单一目标公司股权的比例不超过基金资产的 50%，投资于固定收益类资产、权益类资产等的比例不低于基金资产的 50%。

2020 年 4 月，随着中国证监会《公开募集基础设施证券投资基金指引（试行）》正式发布，交易所、基金业协会、证券业协会陆续对具体业务规则完成征求意见，公募 REITs 产品的，市场关注度也越来越高，关注点逐渐由项目端转向投资端。《公开募集基础设施证券投资基金指引（试行）》的发布是中国 REITs 市场建设的一个里程碑式的事件，公募 REITs 试点对于中国不动产投融资体制改革具有重大意义，其重要性可以比肩注册制试点对于 A 股市场改革的意义。

同时，证监会发布《公开募集基础设施证券投资基金指引（试行）》（征求意见稿）。上述两份文件对公募基础设施 REITs 的试点范围、项目要求、融资用途、产品设计等方面做出了相应规定，标志着国内公募 REITs 拉开序幕。

根据交易活动的统计，截至 2019 年年初价值约 2.5 万亿美元的房产可以在中国进行证券化。以日本为基准，中国 REITs 市场市值保守估计高达 4000 亿～6000 亿美元，成为亚太地区最大的市值数额。随着城市化进程的全面展开，中国 GDP 增速保持在 6.0%～6.5%，有理由相信中国 REITs 市场最终可能会超越市值 1 万亿美元的美国市场。

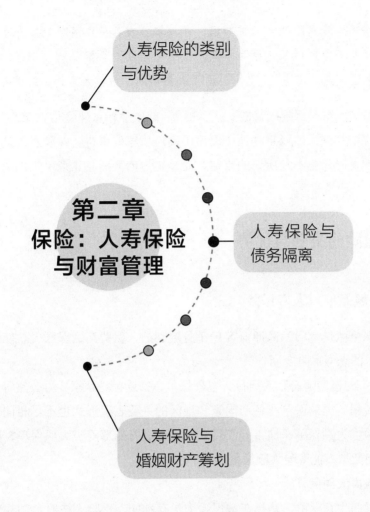
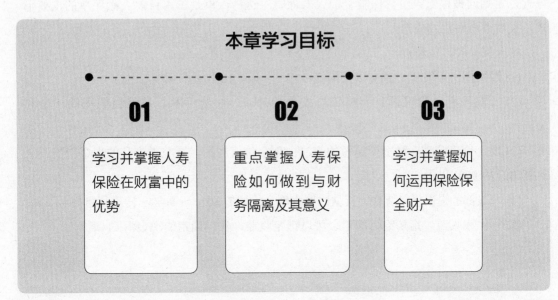

> **本章简介**

本章主要讲述人寿保险的全方位知识，通过本章内容可以清晰掌握寿险是如何做到把财产变成真正意义上的财富。因为本章涉及债务隔离、婚姻财产规划等，所以寿险考虑更多的是"保富"与"传富"。本章引用了大量案例，希望大家详细解读并举一反三。

在各类保险中，财产保险的目的是"保财"，健康险和意外险是"保人"，只有人寿保险同时具备保财和保人的双重功能。而对于高净值家庭来讲，保险对其的吸引力不再是一般意义上的保障，更不是所谓的收益，而是把财产变成真正意义上的财富，考虑更多的是"保富"与"传富"。

2.1 人寿保险的类别与优势

2.1.1 大额保单与人寿保险

所谓大额保单就是专门为高净值客户量身定制的、保费高、保额大、能满足其个性化财富管理需求的人寿保险合同。

"大额保单"的概念随着私人银行、境外保单、家族信托、家族办公室等业务的发展而得到广泛的传播。大额保单在各个国家和地区的主要表现形式也不尽相同，大致可以分为：年金保险类大额保单、储蓄分红类大额保单、万能寿险类大额保单、国内大额终身寿险保单、指数型万能寿险大额保单。

1. 年金保险类大额保单

年金保险又叫生存保险，是指在被保险人生存期间，保险人按照合同约定的金额和方式，定期向被保险人给付保险金的人寿保险。这种保单是国内目前大额保单的主要形式，发展得相对比较成熟。

年金保险有以下特点。

(1) 缴费期一般较短，趸交以及期交 3 年、5 年、10 年比较常见。

(2) 一般没有风险保额。当被保险人身故时，一般给付本金及已经获得的年金和分红。

(3) 现金价值较高。缴费期越短的产品，现金价值越高，趸交类产品的现金价值甚至达到本金的 90% 以上。

(4) 一般都能提供保单贷款，贷款比例为现金价值的 80%～90%，贷款利息相对不高。

(5) 有保底收益，定期给付的年金可以锁定收益，获得确定的现金流。

2. 储蓄分红类大额保单

储蓄分红类大额保单的特点如下。

(1) 都是储蓄类保单，不含寿险责任，被保险人身故时，获得本金加投资收益的身故保险金。

(2) 保单一般没有年金，但可以对分红等进行部分领取。

(3) 一般没有保底收益，且分红不确定。近年来，其投资收益一般都比较高，这也是其在内地受追捧的重要原因，但值得注意的是，这类产品投资于股票的比例较大，它能获得很高的投资收益，但风险也不容小觑。

(4) 该类保单前三年的现金价值一般都很低，甚至是零。三年以后，其保单账户价值增长会比较快，到十年以上时其保单账户价值比较高。

3. 万能寿险类大额保单

私人银行和家族办公室配置大额保单时，一般都会倾向于配置万能寿险类大额保单。这类保单一般都会结合保费融资，尽量做高保单的杠杆，以获得尽量高的保额。这类保单一般都有如下特点。

(1) 万能寿险类大额保单多为一次性交费的趸交保单，保额根据客户的年龄和身体状况，一般能做到保费的 3～5 倍，例如：50 岁男性，趸交保费 300 万美元，可以买到保额为 900 万美元的保单。

(2) 保单的现金价值一般都很高，首年现金价值可达到保费的 90% 左右。

(3) 做这类保单时，一般会与私人银行合作完成，可以用保单抵押从私人银行获得低息贷款。贷款额度可以达到保费的 70% 左右，甚至达到 80%。贷款利息低，如 2016 年此类贷款的利息在年息 2%～3%，但当时我国香港地区大多万能险账户的收益为 4%～5%。那么，万能险获得的收益可以覆盖银行贷款利息。

4. 国内大额终身寿险保单

中国遗产税法案尚未落地，导致国内大额终身寿险销售并不如大额年金等保险产品。但近年来，随着财富的保全与传承观念的加强，有不少保险公司开始推出大额终身寿险保单。其特点如下。

(1) 该类保单一般都是期交方式，前期保额杠杆比较大，例如：一位 45 岁左右的健康男士，投保 1000 万元的终身寿险，如果按照 20 年缴费期计算，年缴保费 40 万元左右，首年杠杆可达 25 倍，但随着时间的推移，杠杆比例会逐渐下降。

(2) 保单若采用趸交方式，现金价值会比较高。若是分红类终身寿险，现金价值一般首年为 50% 以上，10 年基本能达到 90%；若为非分红险保单，现金价值可达 90% 以上。

(3) 保险公司提供保单贷款速度快、效率高，利息相对低于国内贷款利息，具有不错的资金融通性。

(4) 可用保单贷款的方式做高保单的杠杆。

5. 指数型万能寿险大额保单

指数型万能寿险是一种有保障的投资型保险，产品关联股票指数，其中投资账户的价值可以在设置安全垫保本的前提下，按照一定比例跟踪股票指数在设定的时间内的涨幅。其特点如下。

(1) 投资收益挂钩世界上各大股票指数，如美国标普 500、香港恒生、欧洲 50、日经等指数，并且现金值会设定保本值。

(2) 交费和支取均非常灵活，客户可以随时从保单现金价值里借钱出来，最多可以拿到现金价值的 90%。

(3) 虽然美国股票市场过去 20 年平均年化收益在 8% 左右，但投资终究会有风险，过去的收益不代表将来，尤其是万能寿险保障成本采取自然费率，后期保障成本会比较高，因此在产品保额设计方面不宜杠杆过高。

2.1.2　人寿保险在财富管理中的优势

1. 风险转移，以小搏大

风险转移是保险的基本功能，也是保险的本质所在。如果保险产品不能真正转移风险就不是真正的保险，所谓"保险姓保"就是这个道理。大额保单是风险管理工具，可以通过风险转移的方式将人身风险转嫁给保险公司。

保险合同是一类非常特殊的合同，即射幸合同。射幸合同就是指合同当事人一方支付的代价所获得的只是一个机会。对投保人而言，他有可能获得远远大于所支付的保险费的利益，但也可能没有利益可得；对保险人而言，他所赔付的保险金可能远远大于其所收取的保险费，但也可能只收取保险费而不承担支付保险金的责任。通俗来说，射幸合同就是打赌的合同，即风险事故是否发生，具有不确定性，以至于合同双方的权利和义务均为不确定的，具有很大的偶然性。

人寿保险在实现其风险转移的同时充分发挥其杠杆功能。杠杆功能是人寿保险所独有的，几乎无法被任何其他的金融工具所代替。在现实生活中，人的疾病、伤残和死亡都会给家庭及其财富带来不可意料、难以承受的损失。因此我们可以通过支付少量的保费的代价，将这些损失转嫁给保险公司，将不确定的损失转换为确定的对价，以方便财富管理的安排。

2. 锁定财富，解除后顾之忧

这个优势主要体现在以下三个方面。

(1) 购买了大额保单，就相当于锁定了一大笔资金，可防止被骗或者挥霍。

(2) 年金型或分红型终身寿险可为被保险人提供源源不断的现金流。

(3) 若被保险人发生意外或突然身故，家人或者指定的受益人可以获得一大笔保险赔偿金，能够在一定程度上为自己及亲人挽回损失、保全资产，最大限度保证家人的生活质量。

与其他金融产品相比，人寿保险的利益（收益）锁定不仅可以限定某一时段，更可以伴随一生——这是其他金融产品所不具备的功能。而且，人寿保险在设计时就确定了一个预定利率，对于终身寿险和年金保险等两全保险来说，其收益也基本可以锁定。

3. 指定传承，隐私保护

与法定继承相比，人寿保险的最大优势体现在可以通过指定受益人而实现财产的定向传承。而且，大额保单的投保人和被保险人可以在法律规定的范围之内，灵活指定大额保单受益人及其受益比例，并在大额保单赔付之前，具有更改受益人及其受益比例的权利，从而实现财富的传承，甚至是代际的精准传承。

与遗嘱继承相比，人寿保险的最大优势则是其隐私保护。如果财产通过遗嘱继承进行传承，遗嘱必须要经过所有继承人的认可，必要时还需要经过继承权公证，是难以做到信息相对保密的。但大额保单则可以通过指定受益人的方式，直接将财富通过保险赔偿金的方式传承给受益人，不需要其他任何人的认可和同意。

【案例2-1】老赵夫妇有两个女儿、一个儿子、一个孙子。老赵夫妇有重男轻女的思想，而且考虑到"肥水不流外人田"，老赵打算将积累的上千万元的财产这样分配：两个女儿各得10%，儿子得60%，孙子得20%。如果是正常的法定继承，两个女儿、一个儿子各得遗产的三分之一，孙子不得继承；如果走遗嘱继承，必须得到两个女儿的认可并进行继承权公证，但本案中儿女之间继承份额差距极大，如果任何人提出异议，都会引发家庭纠纷。

老赵夫妇更好的做法是购买多份保单，每份保单的保额和受益人都不同，这样各受益人之间相互都不知道，可以避免因继承问题引发的纠纷。而且，如果生前把全部家产给予儿女，万一儿女不孝，可能无法保证老两口晚年的生活，但是如果通过保险继承，有大笔身故保险金做后盾，且受益人可以更改，儿女们就不敢轻易放弃对父母的孝顺。

4. 债务隔离，财产保全

长期以来，保险的"避债"功能一直是最受关注的焦点之一，有些保险销售人员在宣传中存在误区。因此，需要澄清一下：保单的债务隔离功能不等于避债。根据《中华人民共和国民法典》，行为人与相对人恶意串通，损害他人合法权益的民事法律行为无效。一切为了规避合法债务的安排和筹划，因为其主观目的本身就不合法，都是无效的。那么，人寿保险对家庭财产的保全，其实质仍然是保险的"风险转移"，通过一定的设计实现了"风险隔离"。风险隔离主要体现在两个方面。

(1) 可实现家庭资产与企业资产相隔离。对于有企业背景的高净值人士来说，家庭资产与企业资产混淆是普遍现象，而且在企业融资时也常常以法人身份签署合同或以个人资产作为融资的担保。一旦公司发生债务纠纷，相关人员自己家庭的资产也可能受到牵连。在此之前，通过大额保单的设计，可以在个人家庭资产与企业资产之间建立一道防火墙来进行隔离，减少因企业经营问题导致的家庭财产损失，减少因家、企不分带来的债务风险。

(2) 通过合理设计可实现一定的债务隔离。从法理上讲，保险是无法直接对抗债务的。不过，保险不仅是一种财产，还是一份特殊的合同，涉及不同的主体（当事人），相当于实现了财产在投保人和受益人之间的合法转移。保险合同成立之后，在不同阶段其财产权益会在不同当事人之间转移，比如存续期间的保单价值所有权归投保人，分红所得和年金归生存受益人，理赔后的保险金归死亡受益人。如果当事人之间债务相互独立，那么，当保险财产发生了转移之后，显然可以对抗原财产所有人的债务，这就是保险债务隔离的关键点。

5. 防范婚姻风险，规避财产纠纷

中国的父母们在子女结婚时往往习惯于将财产以房产或现金的形式赠与子女，但这种安排存在较大的风险——如果子女婚姻出现危机或者离婚，这笔财富很有可能得不到有效保全。如果父母以大额保单的形式，通过合理的设计，将保单的权益传给子女，那么，就会避免因婚前婚后财产的不加区分而出现的财产被分割的风险。

在现实中，由于我国实行夫妻共有财产制，无论登记在谁名下的财产，只要是婚后取得的，在绝大多数情况下都属于夫妻共同财产。想要实现离婚时财产不被分割，在保单的设计上主要有以下三种选择。

(1) 父母给孩子购买保险。父母给孩子购买的保险，无论婚前还是婚后，都属于夫妻一方的个人财产。首先，保单在赔付前都属于投保人的财产，因为投保人为父母，所以不会成为子女的婚姻共同财产。其次，保险的死亡理赔金属于婚内一方的个人财产。

(2) 婚前以个人财产投保。婚前以个人财产投保的保单，属于个人财产。婚前取得的财产以及其孳息和自然增值都属于婚前财产，属于个人所有，这在法律上本身没有问题，但在实际生活中却很容易混同，而保单在防止资金混同的问题上有着天然的优势。

(3) 婚后以夫妻共同财产给未成年子女购买保险，但配偶不知道该保单的存在。虽然不建议采取这种方式，但是在一定的条件下这种情况是行得通的，因为保单具有一定的保密性，在申请理赔款或者领取年金的时候也只与被保人及受益人有关。

【案例 2-2】小倩今年 32 岁，家住北京大兴区，三年前拆迁时获得了三套安置房和巨额拆迁补偿款。小倩的丈夫曹小强研究生毕业后在北京一家设计院从事设计工作。二人结婚两年还没有孩子。

小倩本来眼光就比较高，直到遇到学历高、长得帅，又很体贴的小强才步入婚姻殿

堂。小强来自农村，因为双方家境差别比较大，小倩的父母并没有给两口子太多的财产，连小倩两口子的住房都登记在父母的名下。小强因为时常要资助父母、弟弟，经常受到小倩及其父母的埋怨和指责。因为小倩脾气差，小强平时敢怒而不敢言。

2018年10月，小倩父母在开车出去旅游时不幸发生车祸双双去世。小倩作为独生女继承了父母全部遗产。因父母未留下遗嘱，而小倩外婆健在，遗产继承颇费周折。

平时看似老实巴交的小强终于因受不了小倩的欺压于2019年5月突然提出离婚。按照法律规定，小倩继承的巨额财产属于夫妻共同财产需要进行分割。考虑到实际情况，通过二审判决，家庭财产60%归小倩，40%归小强。

按照《中华人民共和国民法典》的规定，继承的遗产如果未明确指定归继承人个人所有，则属于夫妻共同财产。小倩父母本来为了保护婚前财产，将家庭主要财产都放在自己名下，希望将财产留给自己的女儿。这种做法在很多高净值家庭非常普遍。但小倩父母怎么都想不到两人会在50多岁双双离世，更想不到自家家庭巨额财产会因法定继承而自动变成了女儿夫妻共同财产。

如果小倩的父母以自己为投保人和被保险人，购买大额的年金保险，自己为生存受益人，小倩为死亡受益人；如果有条件，可以将保单设立一份保险信托，以小倩为信托受益人。这样，既能为老两口留下一笔可观的养老金，保证他们高品质的生活一直到终老，也可以保全婚前家族财产，避免被小强分割。

与保险的"避债"功能一样，大额保单的婚姻财富规划功能并不是绝对的，只有在一定条件下进行合理的设计才能对婚姻财产起到保护与隔离作用，而且可以规避因法定婚姻关系或法定继承而产生的纠纷。

6. 资金融通

通过保单抵押或质押进行贷款，实现资金的融通，这种方法在国内外保险规划中都在广泛应用。在金融发达的地区，保单既可以质押给私人银行进行贷款，也可以质押给保险公司贷款，甚至还可以质押给个人进行贷款。人寿保险公司的保单质押贷款的特点是贷款速度快、贷款比例高、贷款利息低、用款周期灵活、还款压力小（可以只还利息不还本金）等，因此在保单的规划设计中，保单的资金融通功能是需要重点考虑的。另外，保险事故发生后，受益人可以将保险金请求权转让给第三人，这也是保单资金融通功能的体现。

7. 投资理财

除了意外、医疗、保障功能外，大额保单还有理财投资的功能。大额保单还可以通过人寿保险金请求权的转让，实现财富管理的功能。保险中还有一种特殊的投资险种，就是投资连结保险。这种保险主要的功能就是投资，同时又兼具保险的特点，运用得当的话，在私人财富管理中可以起到很多非常独特的作用。

延伸：多子女家庭财富如何传承

多子女家庭存在一个很严重的问题，这就是人不患寡而患不均，这是遗产争产问题的根源。但是对于被继承人（父母）来说，肯定有自己的意愿，"我自己的财产我做主，谁对我孝顺我就给谁多一点"。那么，怎么做更为合适呢？

财富传承有一个重要的属性就是私密性。遗嘱和继承权公证导致遗产分配方案全面公开，必然会导致意见不合，所以使用私密性财富传承工具，可以避免不必要的纷争。

【案例 2-3】李先生有三个子女——大女儿、大儿子、小儿子。李先生一直就比较重男轻女，在他心里认为嫁出去的女儿泼出去的水，是别人家的人了。李先生希望自己留下的财产由两个儿子继承，就做了一份自书遗嘱，涉及公司股权、房产、现金。公司股权由大儿子继承，房产大儿子和小儿子各继承一套，1000 万元现金由小儿子继承作为创业基金。李先生过世之后，儿女们因为遗产的问题产生了纷争。

争执的焦点是遗嘱的有效性，因为该遗嘱未公证。当然，即使遗嘱经过公证，也要办理继承权公证手续。大女儿对此遗嘱提出异议，只能打官司。

整个遗产纠纷，经过立案、送达、一审开庭、自书遗嘱鉴定、二审上诉，五六年的时光就这样耗进去了。

其实，李先生的财富传承规划完全可以通过以下方案实现：小儿子的 1000 万元创业基金，以李先生本人为被保险人、小儿子为受益人，采用大额保单进行传承；李先生生前的房产可以通过生前赠与或者买卖的形式传承。这样做既解决了私密问题，又提高了效率。

2.2 人寿保险与债务隔离

保险的本质是保障，也就是家庭风险管理。从这一点上讲，保险是财富规划工具之一，可以用保险独特的法律功能，来转移和规避财富风险，帮助高净值人士保全财富，并达到传承的目的。

既然如此，那就绕不开一个话题——保险到底是如何保护家庭财富的？保单到底能不能"避债"？

我们来先看一个相传已久的故事。

2001 年，被誉为"华尔街宠儿"、曾位列《财富》全球 500 强第七名的美国安然公司宣布破产。在破产的两年前，安然公司的首席执行官肯尼斯·莱和妻子花重金购买了大额人寿保险，按保险合同约定，从 2007 年开始，肯尼斯·莱夫妇每年将可以领取保险公司支付的年金约 90 万美元。虽然破产清算了公司及其个人的所有资产，但这些人寿保险金和年金的给付受法律保护，债权人无法以此为由向肯尼斯家人追偿。因此肯尼斯·莱夫妇破产后，依然可以领取高达 90 万美元的年金，其奢华的生活没有受到任何影响。

因此可以看出，保险是不被追债、不被冻结的合同，保险的年金债权人也动不了。

这个故事足够引人耳目！当然，这是保险推销员的说法。

事实真相又如何呢？实际上，肯尼斯·莱夫妇一直被追债。追债人从 2003 年开始一直与他们打官司，其中就包括要求他们用购买的保险年金抵债。2011 年 6 月，最后经过调解，双方同意，这些年金的一半归肯尼斯·莱夫人所有（因为这属于肯尼斯·莱夫人个人收入购买的，与公司无关），另一半用于偿债（丈夫恶意避债，当然被追偿）。

在美国，各州都有自己的立法，对于保险财产的保护标准不一。以年金保险为例，其在 14 个州有全面的资产保全功能，即债权人甚至法院的判决都无法触及债务人在这些州购买的年金保险；有 26 个州可以得到部分保护，如在肯塔基州，每月年金保险金里有 350 美元受到保护；还有 20 个州的法律对年金保险不予保护。

肯尼斯·莱夫妇一方面比较幸运，他们所在的得克萨斯州就是年金保险受保护的 14 个州之一。他们不走运的是，不管是哪个州，都有类似下面的规定：如果债务人在购买保险时有欺诈意图，法律均不予保护。安然的债权人就是以肯尼斯·莱夫妇有欺诈企图为由，从 2003 年开始一直与他们打官司。这才是故事真正的结局。

2.2.1 人寿保险与财产保全

保险的本质是保障，也就是之前所讲的风险隔离和转移。无论是人身保险还是财产保险都具备这种功能。在现实中，所有的风险都是围绕人和财产这两大核心，因此，保险的保障功能主要体现在两大方面：一是人身（生命）的保障；二是财产的保障。这就是"保险姓保"的真实含义，也是我们购买保险的最主要的理由和动力。

而事实上，所有的财物都是依附于具体的人的，"财是身外之物"讲的就是这个事实。有句俗话说得好："人生最大的不幸是钱还在，人没了。"因此，相对于财产保险来说，人身保险的意义要大得多。不过，在人身保险中，意外险和健康险基本属于纯粹的人身保障型保险，而且大多属于没有现金价值的保单；人寿保险的标的虽然也是人，却把"人"和"财"结合起来，实现了人身保障和财产保障的双重目的。从法律的角度看，财产保险并不具备财产保护和债务隔离功能，而且其保单也没有现金价值。因此，在谈到保险具有财富管理、债务隔离、财富传承这些功能时，通常是指大额的人寿保险。

那么，如何理解大额保单的财产保全功能？一般来说，大额保单的财产保全功能主要体现在两个方面，即可以实现财产的风险隔离和可以实现相对的债务隔离。

【案例 2-4】胡先生是昆明一家农产品批发公司的老板，资产早已过千万元。他在当地置有三处房产，家中育有两个孩子，一个 8 岁，一个刚 3 岁。其妻李某没有工作，无固定经济收入。

2014年5月16日胡先生驾驶着新购进的价值将近百万元的汽车外出时失联。4天后，公安机关在离他家30公里外的一条河里找到了胡先生及其车辆，胡先生早已死亡，汽车报废。经公安机关调查这是一起意外交通事故。

据调查显示胡先生虽然资产过千万元，但在当地还有2200万元的银行贷款尚未还清。银行随即展开了追缴贷款行动，在多次和其妻李某沟通无果的情况下，银行诉至法院申请冻结胡先生的所有资产。经法院调查，胡先生的公司最近两年因经营问题早已处在倒闭的边缘了，公司只有一些破旧的厂房和设备，据估算大概只值350万元，公司账户上也只有120万元，加上胡先生个人账户上的80万元，法院支持这部分资产予以冻结处理。

但胡先生还有一笔保险赔偿款720万元。原来胡先生在近10年的时间里给自己和家人购买了13份保险，保额过千万元，其中胡先生自己就有6份保险，总保额为720万元，其受益人为两个未成年子女。法院依据《中华人民共和国保险法》和《中华人民共和国民法典》的有关规定，人寿保险的死亡赔偿金属于指定受益人的个人财产，不属于遗产，不需要先清偿胡先生的生前债务，判定这720万元保险受益金属于其未成年子女，不用偿还胡先生生前的债务。

这是一个用保险隔离企业家债务风险的典型案例。那么，本案例中胡先生作为投保人和被保险人，其生前债务是否可以"一笔勾销"？后面还会从法律角度进行分析。

2.2.2 人寿保险与风险隔离

现实中，任何与法律和道德相抵触的行为都不可能得到认可，任何以逃避债务为目的的债务隔离规划都是侵犯债权人权益的违法行为。个别保险营销人员关于购买保险就可以"欠债不还、离婚不分、诉讼不给、遗产税不交"的说法只是夸大其词的宣传和误导。因此，所谓的保险具有"避债"功能是一种误解，至少是一种不够严谨的说法。正确的理解应该是，保险的核心功能是风险隔离和风险转移——这也是保险的实质，如果体现在财富管理中的资产保全方面，那就是"保险可以相对地实现债务的隔离"。

人寿保险的债务隔离功能是相对的、有条件的，对于不同的当事人其效力不同，即便对同一当事人，在不同的时（时间）空（地点）也不一样。因为现实中发生的故事和案例远比理论上要复杂得太多。

不过，再复杂也会有一个基本原则，这个原则就是权利和义务的对等。这个原则包括两层意思：一层是"欠债还钱，天经地义"，一层是"谁的债谁还"。涉及人寿保险当事人，那就要看保险的财产权益的归属，如果投保人是被执行人，且当时的保单权益（如现金价值）又属于投保人，则属于投保人权益的部分有可能被执行；如果此时保单的权益并不属于被执行人，比如已经发生理赔，特别是被投保人的死亡理赔金，其权益应当属于受益人，则该保单理赔金不会被执行。

保单的财产利益的归属较为复杂，会牵涉到投保人、被保险人、保险公司、生存受益人和死亡受益人，而且在不同时间、不同条件下，可以归属于不同的人，并且归属人可能会发生变化。

举个例子简单说明一下。

(1) 保险合同订立时，人寿保险合同相对人主要是投保人和保险人(保险公司)，但保险合同的标的是被保险人的身体和寿命，且同时会涉及生存受益人和死亡受益人。

(2) 现金价值的财产属性：人寿保险合同存续期间，保单现金价值的财产权益归投保人。

(3) 理赔金的财产属性：人寿保险合同存续期间，被保险人发生保险事故，其理赔金财产权益归受益人。

(4) 财产属性不确定性：受益人发生变更，可能会导致理赔金财产权益产生不确定性。

在实际判例中，有的保单被强制解约偿债，有的保单得以保全。因此，关于债务隔离的分析，我们还是以实例做一些具有代表性的分析。

2.2.3 关于保单各角色的债务隔离

人寿保单对抗投保人债务具有较大的不确定性，这要看具体情况，特别是保险事故是否发生，对投保人的权益影响较大。如果保险事故发生，也就是被保险人死亡，那么保单的权益发生了转移；如果没有发生理赔事故，则投保人拥有保单的现金价值权益以及退保的权益。因此，保单的债务隔离问题可从两个方面来认定。

1. 保险事故发生，保单财产权益发生转移，债务隔离有效

保险金是指保险事故发生后，被保险人或者受益人可以请求保险人支付的金额，也叫保险理赔金，是专属于被保险人或者受益人的。按照《中华人民共和国保险法》，保险金不得作为投保人的责任财产而予以执行。

【案例2-5】2017年6月，张总向李总借款100万元，为期一年，但因为张总生意不顺，资金吃紧，导致借款到期迟迟未还。张总曾在2015年3月作为投保人购买过一份人寿保险，其妻子为被保险人，保额为300万元，张总的儿子张小宝为唯一受益人，目前保单现金价值为100万元。李总要求张总退保，用获得的现金价值清偿其债务，张总不同意，李总遂将张总诉至法院。判决前，张总妻子意外死亡，张小宝依据保险合同向保险公司申领保险金。此时李总请求法院冻结该保单，禁止保险公司给付保险金300万元，以保护其债权是否可行？

答案是否定的。首先，购买保单的行为发生在债务产生前，如果不存在恶意转移财产、损害债权人权益的问题，则保险合同有效。其次，根据《中华人民共和国保险法》的规定，任何单位和个人不得非法干预保险人履行赔偿或者给付保险金的义务，也不得限制被保险人或者受益人取得保险金的权利。保险事故发生时，尽管李总已经对该保单的现金价值主张自己的债权，但不得限制受益人取得保险金的权利。

当然，如果有恶意逃债行为，保险合同被认定无效除外。此案中涉及一个细节：这笔保险属于趸交还是期交？如果是趸交，该保单不存在问题。如果是期交，缴费期是几年？如果在负债期间特别是借款逾期后仍在缴费期，则有可能被法院判为具有"恶意避债"嫌疑。

2. 保单存续期间，现金价值可能被执行，债务隔离无效

以往不少观点认为，人寿保单的债务隔离主要体现在保单现金价值的隔离，但是事实正好相反，保单现金价值最有可能被强制执行，特别是近年来的实例判决和一些新出台的司法解释越来越倾向于这一观点。

现金价值是指保单所具有的价值，通常体现为解除合同时，根据精算原理计算的，由保险公司退还的那部分金额。保单的现金价值一般来说是属于投保人的财产，其法律依据有《中华人民共和国保险法》、《最高人民法院关于适用〈中华人民共和国保险法〉若干问题的解释（三）》。保单的现金价值类似于投保人的储蓄存款，只是在保险合同未解除前由保险人保管，一旦保险合同解除，保险人应将现金价值返还给投保人，所以当投保人有未清偿债务时，投保人的债权人可向人民法院申请解除保险合同，以退还的保单现金价值来清偿债务，这是保险现金价值具有可执行性的重要前提。不过，目前《中华人民共和国保险法》《中华人民共和国民事诉讼法》及其相关司法解释对于保单现金价值还缺乏统一规定，造成司法实践上对于保单现金价值能否执行及如何执行还存在分歧，各地法院执法尺度不同。

【案例2-6】 张某向李某借款100万元，借款到期但张某迟迟未还。在此之前，张某曾购买了一份被保险人为张某妻子的人寿保险，保额为100万元，受益人为张某的儿子张小宝，该保单当前的现金价值为70万元。现张某名下无其他财产可供执行。

李某可否请求法院强制解除保单，执行该保单的现金价值？

从法律关系上看，保险合同存续期间，保单的现金价值归投保人所有。但是，保险合同解除前，投保人并不享有保单现金价值的请求权。因此以大额保单的现金价值清偿投保人的债务的前提是解除保险合同。如果投保人不主动配合办理退保手续，法院是否能直接对保单的现金价值进行强制执行存在争议。

法院观点1：投保人不配合解除保险合同，不能强制执行保单现金价值。

根据《中华人民共和国保险法》第十五条规定："除本法另有规定或者保险合同另有

约定外，保险合同成立后，投保人可以解除合同，保险人不得解除合同。"其明确了保险合同的解除权专属于投保人，人民法院不宜直接要求保险公司解除保险合同并提取现金价值。

关于保单现金价值和死亡赔偿金的执行问题，2016年3月3日发布的《广东省高级人民法院关于执行案件法律适用疑难问题的解答意见》给出了明确答复，相关处理意见要点如下。

(1) 被执行人的死亡赔偿金不能被强制执行。被执行人的死亡赔偿金作为赔偿义务人对被执行人近亲属的物质性补偿，不属于被执行人的遗产，不能用来偿还被执行人生前所欠债务。

(2) 被执行人的人身保险产品的现金价值，法院能否强制执行要视具体情况而定。

首先，虽然人身保险产品的现金价值是被执行人的，但关系到人的生命价值，如果被执行人同意退保，法院可以执行保单的现金价值，如果不同意退保，法院不能强制被执行人退保。

其次，如果人身保险有指定受益人，且受益人不是被执行人，依据《中华人民共和国保险法》的规定，保险金不作为被执行人的财产，人民法院不能执行。

再次，如果人身保险没有指定受益人或者指定的受益人为被执行人，发生保险事故后理赔的保险金认定为被执行人的遗产或财产，可以用来清偿债务。

法院观点2：投保人不配合解除保险合同时，可强制执行保单现金价值。

根据2015年浙江省高级人民法院《关于加强和规范对被执行人拥有的人身保险产品财产利益执行的通知》（浙高法执〔2015〕8号）的规定，人民法院要求保险机构协助扣划保险产品退保后可得财产利益时，一般应提供投保人签署的退保申请书，但被执行人下落不明，或者拒绝签署退保申请书的，执行法院可以向保险机构发出执行裁定书、协助执行通知书要求协助扣划保险产品退保后可得财产利益，保险机构负有协助义务。该通知明确保险属于责任财产，法院有权强制执行保单的现金价值。

与此相似的还有2018年7月江苏省高级人民法院发布的《关于加强和规范被执行人所有的人身保险产品财产性权益执行的通知》。该通知规定，投保人下落不明或者拒绝签署退保申请书的，人民法院可以直接向保险公司发出执行裁定书、协助执行通知书，要求保险公司解除保险合同，并协助扣划保险产品退保后的可得财产性权益，保险公司负有协助义务。

在实际案例中，即便在保险公司配合法院划转投保人保单现金价值之后，也不乏被投保人根据《中华人民共和国保险法》规定和保险合同的约定，以保险人无权单方解除保险合同为由，要求保险人继续履行保险合同的案例。

法院观点 3：保单现金价值不能强制执行，但可以冻结。

【案例 2-7】2016 年，湖南省吉首市某商贸有限责任公司合伙人李某、陈某的银行贷款逾期，后被起诉。在法院调查过程中发现，被执行人李某曾在平安保险投保了两份人寿保险，受益人为其家人。一审法院认为，应强制将其保单现金价值执行，但二审法院认为，李某对于人寿保单现金价值的享受，应以解除保险合同或者退保为前提，而李某作为投保人，既未退保，亦未提出解约，故其依法不能享受该保险的现金价值，法院作为权力机关，不宜介入基于当事人自由意志的契约行为，即法院不能强制投保人退保或者强制解除保险合同。但该保险现金价值系被执行人李某的可预期收入，为防止其在条件成熟时转移该收入，本院可依法对该收入予以冻结。

《中华人民共和国保险法》明确规定，任何单位或者个人都不得非法干预保险人履行赔偿或者给付保险金的义务，也不得限制被保险人或者受益人取得保险金的权利。但在实际判决中，法院对于这一规定的适用大多倾向于保险事故发生之后。也就是说，如果保险事故没有发生，保单现金价值被冻结的可能性很大。

根据相关案例可知，法院倾向于认为不可以直接执行保单的现金价值，却可以采取冻结的方式。

注意这里需要理解一个概念：人民法院执行的并非保单本身——既不是保险事故发生后的保险金，也不是保险费，而是保险事故并未发生情况下保险单的现金价值。

3. 关于被保险人的债务隔离

在特定的条件下，人寿保单可以直接对抗被保险人的债务。这个条件便是保单必须有指定受益人。

我们知道，保单是投保人名下的财产。比如在终身寿险中，如果是被保险人欠债，被列为被执行人，则保单的财产不可能被执行。因为保单未赔付之前，财产权益属于投保人，包括现金价值和分红；保单赔付以后，保险理赔金财产权益属于死亡受益人。保单的财产权益始终都不属于被保险人，因此就不可能被执行。

人寿保险对于被投保人的债务隔离还有一个前提，那就是保单必须指定受益人，否则会当作被保险人的遗产处理。同时还要考虑的其他因素有：投保人与被保险人非同一人，受益人后于被保险人死亡。因为投保人与被保险人为同一人，保单现金价值归投保人也就是被保险人，有被执行的可能；如果受益人先于被保险人死亡，理赔金同样会被当作被保险人的遗产。

依照《中华人民共和国保险法》和《中华人民共和国民法典》，被保险人死亡后，如果出现以下情形，保险赔偿金将作为被保险人的遗产被继承。①没有指定受益人，或者受益人指定不明无法确定的。②受益人先于被保险人死亡，没有其他受益人的。受益人与被保险人在同一事件中死亡，且不能确定死亡先后顺序的，推定受益人死亡在先，此时保险赔偿金便成为被保险人的遗产，而非受益人的遗产。③受益人依法丧失受益权或者放弃受益权，没有其他受益人的。

综合以上法律法规可以看出：如果人寿保险没有指定受益人，理赔金则成为被保险人的遗产，如果被保险人生前有债务，遗产应当优先清偿其债务，剩余部分才可以继承。如果继承人放弃继承遗产，则可以不用偿还被继承人的生前债务。但指定了受益人的人寿保险理赔金，并不是被保险人的遗产。因此，受益人晚于被保险人身故的人寿保险理赔金能够规避被保险人生前的债务。

【案例 2-8】2018 年 6 月 30 日，李总借给张总 100 万元，借期半年。2018 年 10 月张总意外去世，2016 年张总曾给自己购买了人寿保险，受益人为张总的儿子小张，保额为 100 万元，保险公司已经将 100 万元赔偿金给付小张。

此时李总是否可以要求该 100 万元保险赔偿金用来偿还自己的债务？

案情分析如下。

首先，从债务关系上看，张总的儿子与李总并无债权债务关系，100 万元赔偿金并不是张总的遗产，从法律上讲，该赔偿金与李总并无任何关系，李总当然也就无权要求张总的儿子以理赔金还钱。

其次，从法律上看，张总购买的人寿保单发生在向李总借款的两年前，张总并不存在恶意逃债的情况。因此，李总的 100 万元债权只能用张总的遗产偿还。

再次，从继承关系来看，如果张总的儿子愿意继承张总的其他遗产，继承前应以遗产价值为限偿还张总生前债务。换句话说，如果张总的儿子没有放弃对父亲遗产的继承权，则需要先以遗产还清其父亲生前的债务，然后才能继承。

同理，【案例 2-4】中昆明胡先生的案例，胡先生子女获得的 720 万元并非胡先生的遗产，这与胡先生的生前债务并无关系。因胡先生可执行的财产远低于银行借款，故胡先生子女可选择放弃对其父亲遗产的继承权，以此保全。

4. 关于受益人的债务隔离

现实中，保单的死亡受益人被列为被执行人主要有以下几种情形：①理赔事故尚未发生，此时保单权益归投保人，与受益人没有任何关系，此时保单当然不可能被执行；②被保险人身故，但此种情形又分两种，一种是受益人尚未申请理赔，另一种是理赔金已经申请且划入受益人名下。

【案例 2-9】乙向甲借款 100 万元，到期未还；丙曾向乙借款 50 万元，且已到期，但乙并未要求丙偿还。此时，甲可向法院申请，作为乙的代位人，直接要求丙将其欠乙的 50 万元还给自己。

根据《中华人民共和国民法典》的规定，法院应对甲的主张予以支持。

【案例 2-10】乙向甲借款 100 万元，到期未还。乙父亲去世，乙父生前给本人购买了人寿保险，保额为100万元，受益人为乙，但乙一直未向保险公司申请理赔。甲可否依据代位权要求保险公司支付赔偿金？

从法理上讲是不可行的。根据《中华人民共和国民法典》的司法解释，人寿保险赔偿金是专属于乙的债权，依据法律，甲不能以乙的名义代位行使该债权。但需要指出的是，乙可以选择暂时不申领保险赔偿金，但是是有期限的。根据《中华人民共和国保险法》，人寿保险的被保险人或者受益人向保险人请求给付保险金的诉讼时效为5年，自知道或者应当知道保险事故发生之日起计算。因而乙100万元的赔偿金的保护期限最长可达5年。但乙需要承担在这5年期间可能导致保险理赔事故难以认定、保险证据灭失等诉讼风险。而且，法院可以责令受益人向保险公司申请主张保险金，否则可能触犯法律。

【案例2-11】甲借给乙100万元，借款已经到期但乙迟迟不还。乙的父亲刚刚去世，乙父生前给自己购买了人寿保险，受益人为乙，保额为100万元。保险公司已经将100万元保险金赔付至乙的账户。此时甲是否可以要求乙以此100万元保险理赔款偿还债务？

答案当然是肯定的。当该100万元赔偿金理赔后，便成为乙的个人财产，理应偿还自己的债务。

当然，这里可能还有一种情况，在理赔事故发生前，投保人和被保险人可以变更死亡受益人，比如将死亡受益人变更成乙的子女，将来发生赔付时，保险受益金就不会被强制执行。因为，变更死亡受益人是投保人和被保险人的专属权利，债权人对此并不能提出任何异议。

2.2.4 人寿保单财产权益的归属与债务责任

关于人寿保险的债务隔离功能业内的说法很多，但有一点是可以基本确定的，那就是保单的"财产性利益"归属问题，是判断当事人是否被执行的重要标准。

2018年7月江苏省最高人民法院发布的《关于加强和规范被执行人所有的人身保险产品财产性权益执行的通知》(以下简称《江苏省高院通知》)对此明确规定，人身保险产品财产性权益依照法律、法规规定，或依照保险合同约定归属于被执行人的，人民法院可以执行。这些财产权益包括现金价值、确定的保险理赔金、年金、分红等一切财产性权益。

此通知一出，曾引起业内哗然，不少业内人士对此有很多的误读和误解：这是不是意味着保险的债务隔离作用就此终结了？事实并非如此，这样的规定只是更加明确了不同当事人的责、权、利，使得保单的债务隔离作用更加清晰明确。

1. 被执行人须承担归属于自己的债务责任

按照"归属于谁的财产性权益就承担谁的责任"的原则，就是谁的责任谁承担，谁欠债谁还。如果再进一步延伸的理解就是：假如投保人事先欠债，那么他的保单的这部分财产性权益(现金价值)有可能被强制执行用来还债，但其债务与被保险人、受益人无关；如果被保险人欠债，但其与投保人并非同一个人，而且保险受益人已经指定是他人，那么被保险人对这个保单不再拥有任何财产性权益，当然也与债权人没有任何关系；如果受益人欠债，但被保险人还健健康康活着，当然也不存在理赔事故，这个保单的财产性权益暂时属于投保人，与受益人无关。

根据《江苏省高院通知》法院冻结保单并不是绝对冻结，而只能冻结被执行人财产性权益的部分。为便于理解，这里我们通过举例分析来解读一下该通知的相关规定。

【案例 2-12】 张总购买了分红型年金保险，分红方式为现金分红。被保险人和生存受益人均为其父亲张老先生，死亡受益人为儿子小张，后来张总被法院列为被执行人。

法院能冻结的财产性权益包括：①保单的现金价值，投保人张总不得退保，不得办理保单贷款，不得领取红利；②不得变更投保人为他人；③不得变更分红方式。

法院不得冻结的财产性权益有：①已经产生的年金归属于生存受益人张老先生，不得冻结；②在冻结期间内保单产生的年金，虽然事实上减少了现金价值，但不得冻结；③如果在冻结期间，被保险人张老先生死亡，死亡受益人小张将依据保险合同取得死亡赔偿金(根据《中华人民共和国保险法》，死亡受益人取得保险金的权利不会受到干涉)。

【案例 2-13】 张总购买一份大额年金险保单，被保险人和年金受益人均为张总父亲张老先生，死亡受益人为其儿子小张。后来因张父欠债被法院列为被执行人。法院可以冻结保单的哪部分财产性权益呢？

可以冻结的是归属于被执行人张总父亲的年金，即保险公司不得让张父或者他人领取该年金。如果此时投保人张总要退保，保险公司并不能冻结，只是已经产生的年金不能领取，但保单的现金价值及红利，归属于投保人张总，完全可以领取。如果被执行人张父死亡，死亡受益人小张将获得死亡赔偿金，不得冻结。

【案例 2-14】 张总购买了一份大额年金险保单，被保险人和年金受益人均为张总父亲张老先生，死亡受益人为其儿子小张。后小张被列为被执行人。此时，可能有三种情况。

(1) 保险事故尚未发生，此时保单不能被冻结，因为受益人小张的权利仅仅是可期待利益，还不是财产性权益。此时如果投保人张总和被保险人张父要变更受益人，就更加不得干涉了。

(2) 已经发生保险事故，即被保险人张父死亡，理赔金已经支付给受益人小张，则被执行人小张应该以财产归还债务，则不存在冻结问题。

(3) 已经发生保险事故，即被保险人张父死亡，但理赔金尚未支付，则法院可以对该受益权进行冻结。可以冻结的财产性权益包括：①保险公司不得将理赔金给付给小张，也不得给付给其他人；②此时不得变更受益人为其他人，当然依据保险法规定，保险事故发生后，也不得变更人身保险的受益人。

除了上述三种典型情形，还会有其他很多情形，我们可举一反三进行分析，这里不再一一赘述。

2. 扣划保单财产性权益需告知其他当事人

根据2015年12月颁布实施的《最高人民法院关于适用〈中华人民共和国保险法〉若干问题的解释（三）》，被保险人和受益人可以通过支付保单现金价值的方式保全保单（但其并没有规定具体的执行程序，因此这一条的可操作性不强）。

根据2018年发布的《江苏省高院通知》，投保人为被执行人，且投保人与被保险人、受益人不一致的，人民法院扣划保险产品退保后可得财产利益时，应当通知被保险人、受益人。被保险人、受益人同意承受投保人的合同地位、维系保险合同的效力，并向人民法院交付了相当于退保后保单现金价值的财产替代履行的，人民法院不得再执行保单的现金价值。

这就给保单的相关利益人更多的选择。如果保单价值远高于现金价值，受益人可以考虑以更低的代价获得更大的未来权益，比如期交型终身寿险、养老险、保障性较高的重疾险，其现金价值极低，即便出现投保人被执行的问题，受益人完全可以向法院支付相当于保单当时现金价值的现金，维系原保险合同的效力。从这一点上看，保险的以小博大杠杆功能和财产保全功能在这里更加凸显，而且保单现金价值低不但不是缺点，在财富保全的过程中反倒是一个优势。

【案例2-15】钱总是一家民营企业老板，20世纪90年代开始创业，前些年企业发展不错。5年前在保险业务员推荐下，给自己和全家买了一些保险，其中金额较大的一份是分红型年金险，5年期交，年缴保费60万元，目前已经缴完共计300万元。投保人和被保险人均为钱总，年金受益人为钱总本人，死亡受益人为钱总儿子小钱。钱总购买年金险的主要目的是为了资产保全。

因为前几年企业扩张过猛，又遇上近几年市场不景气，钱总遇到了非常严重的债务困难，企业无法按时还贷。于是银行要求钱总夫妻承担连带责任，但钱总家庭资产加起来也不够还贷。银行发现钱总在保险公司的年金险保单的现金价值高达150万元，向法院申请执行钱总的保单。

问题：钱总大额保单的财产保全目的能够达到吗？

分析：从案件的目前情况看，因被保险人钱总健在，不存在理赔事故问题，该保单的现金价值150万元属于投保人钱总的财产性权益，因此法院有权对这150万元进行冻结或扣划。

再来算一笔账：该年金险保单一共缴费 300 万元，缴费完成后即被冻结了，此时保单的现金价值大概是 150 万元左右，但保单的实际价值超过保费 300 万元。在这张保单被执行前，法院必须通知被执行人的儿子小钱，小钱可以通过支付 150 万元给法院的方式保全 300 万元以上的资产。

关于人寿保险的债务隔离功能，我们可以从两个方面理解。首先，大额保单从来就没有所谓的"避债避税"功能，因为避债本身是不合法的，避债的初衷是恶意的，是通过不合法的方式，损害债权人的合法权益。其次，大额保单的风险转移是固有的，在此基础上，通过合法的保险单架构的筹划与设计，可以达到相对的债务隔离。与风险防范一样，保险的资产隔离，是在顺利时为不顺时做的打算，是富有时为窘迫时做的安排，是现在创富为将来保富做的筹划。

2.2.5 大额保单债务隔离的筹划思路

1. 人寿保险当事人的权益和债务相互独立

人寿保险可以实现债务隔离，主要体现在不同的当事人对同一保单在不同阶段享有的不同权益。一份寿险合同涉及的当事人主要有保险人、投保人、被保险人、死亡受益人、生存受益人。他们对保单都拥有相应的权益，财富可通过保险合同在他们之间实现流转。同时，各当事人之间的债务可能是相互独立的。除存在夫妻关系的债务之外，他们之间不负有债务连带责任，如父母和子女之间的债务在法律上是完全独立的，兄弟姐妹之间的债务是完全独立的，祖父母与孙子女之间的债务是完全独立的。当事人之间的权益与债务具体可以总结为以下几种情况。

(1) 保单的现金价值和分红是投保人的财产性权益，与被保险人和受益人无关，不能用于抵偿被保险人和受益人的债务。

(2) 年金、医疗保险赔偿金、大病保险赔偿金等是生存受益人的财产，与投保人、被保险人、死亡受益人无关，不能用于抵偿生存受益人之外当事人的债务。投保人或被保险人与生存受益人为同一人的除外。

(3) 寿险死亡赔偿金属于死亡受益人的财产，与被保险人、投保人无关，不能用于抵偿投保人、被保险人的债务。

从上面三种情况可以看出，人寿保险没有任何非法规避债务的功能，而是根据不同的法律关系，财产在投保人、被保险人和受益人之间进行了合理合法的流转，从而达到了资产保全的目的。如果将财富按保险合同的法律关系架构进行规划，就可实现财富按预定的方向流转并实现债务的相对隔离效果。

【案例 2-16】张总去年曾向李先生借款 100 万元，借款到期，但张总资金链断裂，因此迟迟未还。两年前，张总的妻子曾为张总（被保险人）购买了一份大额人寿保险，保额为100万元。张总夫妇生有一儿一女两个孩子。张总在一次车祸中意外身亡。

李先生可否请求以保险赔偿金还款？

(1) 如果该保单未指定受益人，被保险人死亡后的保险金应作为其遗产，李先生可据此主张其到期债权。

(2) 如果受益人为张总妻子，且张总借款发生在结婚后，将被视为夫妻共有债务，李先生同样可据此主张到期债权。

(3) 如果受益人为张总儿子或者女儿，则保险理赔金归张总的子女所有，李先生无权要求以此归还借款。不过李先生可以主张以张总的其他遗产偿还借款。

保险确实有相对的债务隔离功能，但并不是保险产品本身具有的功能，也不等于只要是签署并履行了保险合同就能实现其预期的债务隔离，其效用是建立在保单的各个主体之间的法律关系基础之上的，如果保险主体在保险合同中的配置失当，仍然无法实现债务的相对隔离功能。

2. 大额保单债务隔离筹划基本原则

1) 合法性原则

这是最基本的原则和底线，因为任何的法律只保护当事人合法的权利，并且不能违背公序良俗。合法性的含义包括以下几点。

(1) 投保的财产来源的合法性，即大额保单的资金来源为合法收入。用涉嫌洗钱或者犯罪行为的资金购买的保险自然不受法律保护。

(2) 投保行为和目的的合法性。首先，投保行为不得违反法律。《中华人民共和国民法典》规定，违反法律、行政法规的强制性规定的民事法律行为无效；违背公序良俗的民事法律行为无效；行为人与相对人恶意串通，损害他人合法权益的民事法律行为无效，比如为了恶意避债、转移财产或者洗钱的行为。

现实中，以下情况将会被法院强制执行：①被执行人为了规避强制执行而购买人寿保险，保险合同可被解除，退保后保单现金价值可被强制执行。②在刑事案件侦查或审理过程中，投保人用赃款购买人寿保险，且保险公司明知保费为赃款而恶意承保的，人寿保险将被依法强制解除。

2) 选择合适的险种

保险品种很多，但需要合适的人买合适的产品。对于投保人和被保险人来说，险种的选择应该是最为重要的环节。因为根据购买保险的目的不同，需要充分考虑保单的期限，当事人之间的关系，当事人各自的年龄、健康情况、收入、支出、负债等各种因素，才能达到预期目的。就债务隔离方面，应该考虑的因素有以下几点。

(1) 选择保障属性强、投资属性较低的险种。在实际债务纠纷判例中，以被保险人的身体健康与疾病为投保内容的保险合同被强制执行的可能性较低,而投资属性较明显的保险被执行的较多。

以被保险人的身体健康与疾病为投保标的的人寿保险,具有较强的人身保障功能。在执行时,会考虑平衡被保险人和受益人的人身权益,如果对此类保单强制执行会危害被保险人的生存权益,这会对执行有较大的阻却性。因此,建议在选择大额保单时,考虑健康疾病等人身依附关系、人身属性较强的因素,比如主险或附加险捆绑有重疾险、健康险、医疗险等。

相比而言,投连险、分红险和万能险的投资账户以及分红险的红利,具有极强的理财功能,与人身属性无关,如果发生债务,被法院强制执行的可能性极大。法院强制执行的依据是,保单的现金价值、分红所得等属于投保人的投资性权益,不属于《最高人民法院关于人民法院民事执行中查封、扣押、冻结财产的规定》规定的不得查封、扣押、冻结财产的范围。

(2) 选择近期现金价值较低的险种。从债务隔离的角度看,选择短期现金价值较低的保险有两大好处。一是可以防止保单的大部分价值可能被执行;二是可以以较小的现金价值的代价换取较大的保险价值。不同的保险产品在不同时期其现金价值是不同的。目前,保险产品的交费方式有趸交和期交,趸交保险产品一般现金价值较高,投保当年的现金价值有的可达保费的 90%,期交保险产品大多前期现金价值较低,以后逐年增加,往往要三五年以后,甚至七八年以后,保单现金价值才能追平所缴纳的保费。

3) 选择合适的当事人

在进行大额保单设计时考虑的当事人主要有三个:投保人、被保险人、受益人(包括生存受益人、死亡受益人)。

(1) 投保人的选择。法律上对投保人资格没有特别要求,只要是具备完全民事行为能力的自然人或法人,对被保险人具有保险利益,具备缴费能力,愿意承担支付保费义务即可。但从债务隔离方面考虑,投保人要尽量选择没有负债且负债可能性较低的家庭成员。比如一些有负债经营的私企老板,如果个人担负债务较多,可让父母作为投保人,受益人为孩子。以父母的名义购买保单时,如果兄弟姐妹较多,还需一份附带赠与协议,以免日后出现纠纷。

(2) 受益人的选择。受益人的选择方式通常有两种。一种是指定,即由被保险人指定或经被保险人同意由投保人指定受益人,可以指定任何人为受益人。另一种是"法定继承",即保险合同中没有指定受益人,若被保险人死亡,保险公司就把保险金视为被保险人的遗产,给付给被保险人的遗产继承人。

不过,大额保险最主要的目的就是财产的保全和财富传承,避免产生家庭财产纠纷。因此保险受益人的选择要坚持以下原则。

第一，要避免保险金成为遗产，受益人选择必须考虑两个因素：一是保单务必指定具体的受益人；二是要提前预设受益人晚于被保险人死亡，因此尽可能将受益人设为更年轻的家庭成员。

第二，由于夫妻财产共同制，为资产隔离而设计的保单，受益人最好不要设定为投保人本人或被保险人的配偶，可以指定为父母或子女。

第三，受益人最好选择没有负债或负债较少的家庭成员，以免保险金被强制执行用于还债，那样就无法达到财富保全和传承的目的。

第四，保险期间，如果受益人出现大额负债，投保人和被保险人可以变更受益人，但需要及时去保险公司办理相关变更手续。

(3) 被保险人的选择。因为保单未赔付之前，财产权益属于投保人；保单赔付以后，保险理赔金财产权益属于死亡受益人。因此，从某种意义上来说，被保险人对人寿保单始终不具有财产权益，也就不存在被强制执行的问题。但保险金被当作遗产的情况除外，这种情况在两种前提下才会发生：一是保单没有指定受益人，二是受益人先于被保险人死亡。现实中也会出现一种巧合——被保险人和受益人同时在事故中死亡，如果没有充分的证据，则可能被判定为受益人先于被保险人死亡。

另外，对被保险人的条件限制，也需要充分考虑。除了法律规定的利益关系之外，还有年龄限制、身体健康状况限制、职业限制等，比如一般被保险人的年龄上限为65岁左右，年龄越大，需交的保费越高，而且也容易被保险公司拒保。如果被保险人年纪过小，对保额会有限制，另外目前国内要求10岁以下的被保险人不能隔代投保。

4) 选择合适的投保时间

简单来说，保险规划越早越好。所有的风险防范是为了未雨绸缪，而不是风险即将发生或已经发生才去做。另外，投保的时间也是保单是否会被强制执行的关键因素之一。如果保险合同成立在债务发生之前，并已经交付了全部保险费，该行为没有损害到债权人的合法权益，保险合同一般不会被撤销或强制执行；如果保险合同的签订在债务发生之后，且其行为已经损害了债权人的债权，则有可能被认定为有恶意逃债之嫌，保险合同或将被撤销；如果是债务危机前购买的保单，但债务危机发生后保费仍未付清或还在缴费，保险合同存在被撤销的可能。

因此，高净值人士特别是企业家要尽早进行财富规划，提前做好资产和风险隔离，避免风险发生时，所有财产沦为企业家的"责任财产"，殃及家庭。

2.2.6 厘清三大主体之间的关系

人寿保险的三大当事人分别是投保人、被保人、受益人，投保人是负责交钱的人，被保险人是受保护的人，受益人是获得保险利益的人，包括指定受益人和法定受益人。

这三者之间的关系对两件事情非常重要。一是决定了保单是否有效；二是决定了保单能否起到应有的债务隔离、财产保全作用。

1. 投保人都能给哪些人投保

简单来说，投保人只能给有直接利益关系的人投保。依据《中华人民共和国保险法》的规定，投保人对下列人员具有保险利益：①本人；②配偶、子女、父母；③前项以外与投保人有抚养、赡养或者扶养关系的家庭其他成员、近亲属；④与投保人有劳动关系的劳动者。也就是说，投保人可以给与自己有关系的人买保险，除了自己、配偶、子女和父母之外，还包括与投保人有抚养、赡养或扶养关系的兄弟姐妹、岳父岳母、公公婆婆；假如你是企业老板，也可以为你的员工投保。其中子女包括婚生子女、非婚生子女、养子女和有扶养关系的、继子女，父母包括生父母、养父母和有扶养关系的继父母。

为有抚养、赡养关系的非直系亲属投保，实际中可操作性不强，而且其抚养、赡养关系的认定必须同时符合两个条件。一是必须有实质上的抚养或赡养行为，比如平时生活在一起，承担了绝大部分的抚养、赡养义务；二是当事人没有直系亲属，或者即便是有却不承担抚养、赡养义务，比如儿子去世，儿媳妇一直承担赡养公婆的义务，或者女儿去世，女婿一直在照顾岳父岳母，此情况下可认定为有保险利益。

2. 隔代投保须过"父母关"

爷爷能否给孙子买保险？仅从法律关系和利益关系上看，是不可以的，但具体可以分为两种情况：一是爷孙之间有实质性抚养、赡养关系，比如爷爷的儿子已经过世，日常与孙子相依为命，此种情况是可以的；二是孙子年龄很小且父母健在，爷爷若给孙子投保需要过"父母关"。

隔代投保是保险市场上越来越常见的一种现象，祖辈出于对孙辈的爱等原因为孙辈买保险，这称为隔代投保。然而，根据《中华人民共和国保险法》，祖辈对于孙辈而言是不具有保险利益的，可能会有保险合同无效的情况。

【案例 2-17】吴某为自己 8 岁的孙子投保一份分红保险，交费期限为 10 年，每年交 5 万元保费，保额 100 万元，能够保障孙子 20 年。而后吴某发现，这份分红保险的预期收益并不是很高，想向保险公司退保。而保险公司拒绝退保。双方最终决定对簿公堂，吴某要求退还已交的保费和自己应得的利息，强调因孙子无民事行为能力，吴某本人不是法定监护人，所以合同无效。而保险公司认为合同有效。

最终法院判决认为，吴某对孙子不具有保险利益，保险合同订立无效，要求保险公司将保险费返还。

祖辈为无民事行为能力的孙辈投保时，需要经得其法定监护人的同意，否则保险合同同样无效。我国对以未成年人为被保险人的死亡保险有严格的限制，即父母投保、保险金额、被保险人同意三重限制。具体来说，对于未成年人，如果父母对其投保死亡保险，不需经未成年人同意，但死亡保险金额受金融监管部门规定的额度限制。《中华人民共和国保险法》规定，投保人不得为无民事行为能力人投保以死亡为给付保险金条件的人身保险，保险人也不得承保。父母为其未成年子女投保的人身保险，不受前款规定限制。

法律虽然禁止父母之外的人为无民事行为能力人投保，但并未完全禁止为限制民事行为能力人投保。因此，在实际的保险实务操作中，隔代投保依然是有可能实现的，但需要满足如下条件：①需经孩子的法定监护人书面同意，除非投保人成为被保险人的监护人；②隔代投保被保险人的年龄为10周岁以上。

3."法定受益人"与"指定受益人"

(1)"法定受益人"情况下保险理赔金的处理。有的保单在"受益人"一栏中填写"法定"或者"法定受益人"，理赔之后应按照《中华人民共和国民法典》规定的继承顺序，领取保险金。继承顺序如下：第一顺序，配偶、子女、父母；第二顺序，兄弟姐妹、祖父母、外祖父母。子女包括婚生子女、非婚生子女、养子女和有扶养关系的继子女；父母包括生父母、养父母和有扶养关系的继父母；兄弟姐妹包括同父母的兄弟姐妹、同父异母或者同母异父的兄弟姐妹、养兄弟姐妹、有扶养关系的继兄弟姐妹。保险金的分配方式为受益人按相等份额享有受益权，也就是说保险金会由同一顺序的继承人平均分。例如张总买了一款保额100万元的寿险，出险后保险金分配如表2-1所示。

表2-1 保险金分配示例

家庭情况	保险金领取人	领取金额
婚前身故，无子女，父母健在	父亲、母亲	各领50万元
婚后身故，无子女，父母健在	配偶、父亲、母亲	各领33.33万元
婚后身故，有一子，父母健在	配偶、儿子、父亲、母亲	各领25万元；未成年人由其监护人代领

需要注意的是，如果没有指定受益人或者受益人指定不明，理赔金会直接当作被保险人遗产处理。

这里引申出一个现实中常见的问题：如果受益人为"法定"，或者没有指定受益人的保险理赔金，被保险人配偶要先分一半吗？这要根据具体情况来判断。①如果受益人为"法定"，理赔金并非死者遗产，同一顺位继承人理所当然可以平分。②如果受益人一栏为空，理赔金虽为死者遗产，但需要判断是其个人财产还是夫妻共同财产，比如健康险、意外险等人身属性较强的死亡理赔金，法理上认定为个人财产，其理赔金由第一顺位继承人平分；反之，如果被认定为夫妻共同财产，比如生存收益金，则需要配偶先分得其中的50%，再进行平分。

(2)"指定受益人"的重要意义。如果想要将整笔保险金留给特定的某一个或几个人，那就应该在保险期间内指定受益人，达到财富定向传承的目的。通常情况下，保险受益人"指定"优于"法定"。在受益人的决定权上，被保险人具有最高话语权，可以按照自己的主观意愿分配保险金。投保人和被保险人为同一个人时，可指定受益人领取保险金的顺序和数额；投保人和被保险人不是同一人时，投保人指定受益人必须先经被保险人同意。例如，钱总出钱给自己妻子买了保险，妻子是被保险人，那么指定谁为受益人得由妻子说了算。

父母给未成年子女投保，身故受益人怎么指定？如果子女未成年，指定受益人只能由父母代为指定，一般来说都指定为父母，子女在成年后，可以按个人意愿变更受益人为子女的配偶或其子女。

指定受益人是不是想指定谁就指定谁？原则上是这样的。但是为了防范逆选择风险，保险公司通常都要求被保险人选择有亲属关系的家庭成员作为指定受益人。少数保险公司可以接受任意指定受益人的行为，但指定的受益人必须接受保险公司的审核，审核通过之后，才可以确认为受益人。

【案例2-18】1999年3月，姚先生以自己为被保险人向某保险公司投保了"鸿寿养老保险"，保险金额为160万元，保单中受益人一栏为空白。一年后姚先生与郑女士结婚，郑女士为再婚并与前夫生有一子。2001年2月，被保险人姚先生在家中阳台晾晒衣服时，不慎失足坠楼，在送往医院途中死亡。事故发生后，其妻郑女士向保险公司报案。保险公司经调查、审核后认定属于保险责任范围，决定给付160万元人身保险金。

但大家在该笔保险金的分配上发生了争执。姚先生健在的父亲以法定继承人的身份要求分取该笔人身保险金的二分之一。而郑女士则提出先分取该笔人身保险金的一半，剩下的80万元再由其本人、前夫的儿子、姚父三人均分。保险公司认为，本保险合同中未指定受益人，人身保险金应作为被保险人遗产，根据《中华人民共和国民法典》的有关规定予以处理。被保险人的妻子、父亲为第一顺序继承人平分人身保险金。郑女士认为这种分配方法损害了自己及儿子的合法利益，于是向法院起诉保险公司。

法院审理中，各方当事人达成调解协议，由姚先生的父亲和郑女士平分160万元保险金。

本案争议的焦点是：因被保险人姚先生死亡所给付的人身保险金是否可以作为夫妻共同财产来处理；郑女士与前夫的儿子能否作为姚先生的法定继承人参与保险金的分割。

在人身保险金按法定继承来处理的情况下，应当先确定哪些财产是夫妻共有财产，哪些是一方财产。本案中，被保险人姚先生投保的人身保险属于婚前的投保行为，保险公司所给付的160万元人身保险金不能作为他们夫妻共有的财产，而应当作为被保险人姚先生的个人遗产。郑女士要求先分得这160万元保险金的一半的主张是不符合法律规定的。

本案郑女士与前夫的儿子是否有受益权,要看郑女士与前夫的儿子与被继承人姚先生之间是否形成了扶养关系。本案中,由于郑女士与前夫的儿子并没有与姚先生共同生活,更没有接受姚先生对其的教育,并没有形成扶养关系,因此其不具备姚先生的法定继承人的身份,无权参与保险金的分割。

4. 当事人的变更有哪些限制

(1) 关于投保人的变更。保单有效期内,投保人是可以变更的,但是按照规定需要征得被保险人的书面同意才能变更。变更投保人应由被保险人、原投保人、变更后投保人签字同意。如原投保人身故、失踪或其他特殊原因导致原投保人无法亲笔签名,需提供有关证明。

(2) 关于被保险人的变更。一般来说,被保险人不能随意变更。因为被保险人是受合同保障的人,而每个被保险人的风险是不一样的,保险合同里面规定的保障、金额都是根据被保险人确定的,这个一旦确定下来是无法更改的。

(3) 关于受益人的变更。保单有效期内,受益人可以随时变更。变更受益人属于单方的法律行为,只要被保险人或投保人自己提出申请,保险公司不得拒绝,但变更需要通知保险公司。依照《中华人民共和国保险法》,受益人的变更必须要经过被保险人同意。也就是说,如果投保人想变更受益人,需要与被保险人协商并征得其同意后一起去保险公司提出申请,变更受益人;如果被保险人想变更受益人,不需要经过投保人同意。

那么,问题来了:如果被保险人违背投保人意思而更改了受益人怎么办?比如投保人和受益人为同一人,受益人更改后,投保人就丧失了请求保险金的权利,此时投保人可否强制更改过来?答案是否定的。不过,投保人可以行使自己的权利——解除保险合同,因为此时保单的所有权归投保人所有。

【案例2-19】张总三年前以妻子李女士为被保险人买了一份趸交100万元、保额250万元的分红险,生存受益人和身故受益人均为张总本人。两人有一个儿子,今年15岁。现在两人离婚,儿子判给李女士抚养。前妻感觉这张保单自己作为被保险人具有一定的人身风险,所以一直有变更受益人的想法。这也正是张总所担心的,因为前妻可以随时变更保单的受益人,这样可能会有损失。张总咨询了一下理财师,理财师给他提供了三种处理方案。

方案一:直接退保,这种方法最省事,但会损失很大一部分现金价值,代价太高,当然也会加剧与前妻的矛盾。

方案二:与前妻协商,将受益人变更为他们的儿子,因儿子归前妻抚养,李女士这里的担忧解除了,但张总对这笔钱的最终归属仍不放心。

方案三:将投保人及分红受益人变更为李女士,身故受益人变更为他们的儿子,同时李女士将张总已交的保费折算为现金价值返还张总,两全其美。

受益人虽然可以随时变更,但也会有一些限制。①保险合同中约定不能变更的,比如健康险约定生存受益人只能是被保险人本人的,不能变更;②变更后的受益人与被保险人之间非本人、父母、配偶、子女关系的,就只能被保险人自己申请变更;③主险和附加险的受益人必须一致,不能单独变更。

这里又引出一个话题:是不是所有保险都能指定受益人?

当然不是!因为一些以保障为主的寿险其生存受益人在保险合同中约定的是被保险人本人,而且不能更改,如医疗险,其保费是用来给被保险人治病的。所以,不同险种,其受益人存在不同的情况,有的可以指定,有的不可指定,部分保险及其受益人如表2-2所示。

表2-2 部分保险及其受益人

险种	保险责任	保险金种类	受益人
寿险	死亡	身故保险金	指定/法定
重疾险	死亡	身故保险金	指定/法定
医疗险	重疾/轻症疾病	重大疾病保险金	本人
	门诊/住院等	医疗费用补偿保险金	本人
意外险	死亡	身故保险金	指定/法定
	伤残	伤残保险金	本人
	意外导致的住院/门诊	医疗费用补偿保险金	本人

5. 如何巧用当事人之间的关系实现债务隔离

厘清投保人、被保险人、受益人三者之间的关系,对于降低不可预知的风险极其重要。当然也可以利用受益人、投保人的变更等功能最大限度地发挥保险的保障作用。但是在现实中,总会有这样那样的复杂问题发生,而当事人之间的关系也并非一成不变的。

(1) 在一些年金险或分红险中,保险的投保人、被保险人、生存受益人为同一人的现象非常普遍。假如保险事故没有发生,投保人在其作为债务人无法清偿所负到期债务时,此类保单的现金价值因被强制执行波及的利害关系人较少,保单权益归属也较为清晰,争议也相对较小,因此,保单被强制执行的可能性较大。

(2) 如果投保人、被保险人、受益人分别属于不同的自然人,强制执行保单现金价值,会使得被保险人、受益人失去保险保障,并涉及第三人的生存权,使得执行难度和争议都会加大。所以,对于有财富保全需求的高净值人士尤其是企业家而言,为防止企业经营的风险殃及个人家庭财产及家庭成员的生命健康权益,可考虑投保人、被保险人、受益人设计为非同一人。

【案例2-20】林总41岁，私营企业老板；林太太40岁，企业财务负责人；女儿18岁，儿子8岁，均在上学；林总父母健在，年龄63岁，均有固定退休金。3年前，企业在经营中资金缺口大，林总作为公司借款的担保人，并以自有房产作为抵押贷款，但公司最终因经营不善背负了巨额债务，无力清偿。林总作为借款担保人，个人房产被法院查封、拍卖。公司濒临破产，债权人催讨债务，林总不幸染疾身亡。

案例中，如果林总在尚未发生债务危机时提前规划，以大额保单为工具，做好企业与家庭资产的合理隔离，避免私营企业家易犯的"家企不分"问题，最终结果会大不相同。

我们根据林总的家庭情况，为他设计了五种大额保单投保方案，如表2-3所示，具体分析如下。

方案1：投保人、被保险人均为林总父母，身故受益人为林总子女，这样保险合同当事人债务相互独立。因林总并非保单当事人，更谈不上保单的权益人，因此这张大额保单对林总的家庭来说是最安全的，林总一旦无法清偿逾期债务，保单不可能被强制执行。但该方案的缺点是，被保险人年龄越大，所交保费越高。

方案2：考虑到保险利益原则，假如林总父母年龄超过65周岁，可能无法作为投保人和被保险人。此时林总女儿已经18岁，具有完全的民事行为能力，可作为投保人，被保险人为林总或者林太太，生存受益人可设为女儿。若保险事故未发生，保单权益归女儿，与林总、林太太无关；假如被保险人身故，林总子女作为身故受益人，获取的死亡理赔金根据法律规定不属于遗产，也实现了债务隔离。

方案3：若投保人为林太太，被保险人为林总本人，身故受益人为林总子女，则一旦林总有无法清偿的逾期债务，保单的现金价值归属于投保人林太太，但林太太负有夫妻共有债务的连带责任。若保险事故未发生时被诉，保单现金价值有被强制执行的可能；若保险事故发生，保险理赔金归林总子女所有。但这里还有一种情况，如果被保险人为林总，其子女并未放弃林总遗产继承权，则可能有以保险金填补债务的义务。

方案4：投保人为林总（林太太），被保险人为林太太（林总），身故受益人为林总子女，一旦林总有无法清偿的逾期债务，保单的现金价值归属于投保人林总（林太太），假如生存受益人是林总（林太太），其年金或分红归林总（林太太）所有，若保险事故未发生，保单现金价值和年金分红均有被强制执行的可能。

方案5：投保人为林太太（林总），被保险人为林总（林太太），受益人为林太太（林总），则一旦林总有无法清偿的逾期债务，若保险事故未发生，保单现金价值和年金、分红均有被强制执行的可能；即便保险事故发生，理赔金也将用以偿还债务。

表 2-3 林总大额保单选择方案

方案	推荐级别	投保人	被保险人	受益人	方案评价
方案 1	优先推荐	林总父母	林总父母	林总子女	保险当事人债务相互独立，债务完全隔离，但保费高
方案 2	优先推荐	林总父母或者林总女儿	林总或者林太太	林总子女	保险赔偿金不是遗产，债务基本隔离
方案 3	一般推荐	林太太	林总	林总子女	保险事故未发生，现金价值、年金和分红或被部分执行；若保险事故发生，保险理赔金归林总子女所有
方案 4	一般推荐	林总（林太太）	林太太（林总）	林总子女	保险事故未发生，现金价值、年金和分红或被执行；若保险事故发生，保险理赔金归林总子女所有
方案 5	不推荐	林太太（林总）	林总（林太太）	林太太（林总）	无法实现债务隔离，不安全

通过以上分析可以得出结论：

(1) 大额保单的主要功能在于财富的保全和传承，其他功能都是次要的。

(2) 对于可能存在债务风险的企业家或老板来说，无论投保人、被保险人是谁，都不要将本人设为受益人，否则，这个大额保单就失去了实际意义。

(3) 企业家尽量不要以自己的名义给自己或配偶买保险，因为投保的资金来源法律上归属夫妻共同财产。

(4) 大多数寿险合同中默认的保单生存受益人为被保险人本人，保单存续期获得的年金或分红很容易被强制执行。

(5) 最好将投保人、被保险人、受益人设为不同的自然人，各自债务独立，债务隔离效果明显。如果强制执行保单现金价值有可能涉及第三人的相关权利，使得执行难度加大。

2.2.7 大额保单债务隔离的误区

通过前面的分析我们明白，人寿保险因其特殊的结构和法律特性，在满足某些特定条件的情况下，可以起到资产保全、依法对抗债务的作用，从而实现债务的相对隔离。因此，并不是所有的人寿保险在任何情况下都可以实现债务隔离的。

1. 认识上的误区

1)"避债"说

其典型的说法就是"人寿保险不被冻结，离婚不分、欠债不还、诉讼不给"。这当然是一种误解和曲解。人寿保险中的权益大部分都可以转化为财产，如现金价值、保单分红、保单年金、人寿保险理赔金、医疗保险理赔金、大病保险理赔金。依据《中华人民共和国民事诉讼法》及《最高人民法院关于人民法院民事执行中查封、扣押、冻结财产的规定》，除法律明文规定的不被查封、扣押、冻结的财产外，任何财产都会被执行，当然也包括人寿保险。因此，保单的相关权益只要变成了权益人的财产，就必然会被清偿其债务。

根据《最高人民法院关于人民法院民事执行中查封、扣押、冻结财产的规定》，人民法院对被执行人下列财产不得查封、扣押、冻结：①被执行人及其所扶养家属的家庭生活必需品；②被执行人及其所扶养家属所必需的生活费用，必需的生活费用依照当地最低生活保障标准确定；③被执行人及其所扶养家属完成义务教育所必需的物品；④未公开的发明或者未发表的著作；⑤被执行人及其所扶养家属用于身体缺陷所必需的辅助工具、医疗物品；⑥被执行人所得的勋章及其他荣誉表彰的物品；⑦根据《中华人民共和国缔结条约程序法》，以中华人民共和国、中华人民共和国政府或者中华人民共和国政府部门名义同外国、国际组织缔结的国际条约、协定和其他具有条约、协定性质的文件中规定免于查封、扣押、冻结的财产；⑧法律或者司法解释规定的其他不得查封、扣押、冻结的财产。

对被执行人及其所扶养家属生活所必需的居住房屋，人民法院可以查封，但不得拍卖、变卖或者抵债。

对于超过被执行人及其所扶养家属生活所必需的房屋和生活用品，人民法院根据申请执行人的申请，在保障被执行人及其所扶养家属最低生活标准所必需的居住房屋和普通生活必需品后，可予以执行。

因此，保险没有任何非法规避债务的功能。人寿保险可以实现债务隔离，是因为依据保险合同，根据不同的法律关系，财产在投保人、被保险人和受益人之间进行了合理合法的流转，从而达到了资产保全的目的。

2)"险种"说

不少人认为，投资型的人寿保险会被抵债，但保障型、不带分红的人寿保险就不会被抵债，实际上并非如此。从法律上讲，只要属于被执行人的个人财产，被执行的命运基本就是确定的，而并不分是投资型还是保障型。只是投资型和保障型产品在执行过程中可能有一点区别，当保障型人寿保险合同被强制解除可能会侵害被保险人或受益人的人身权益甚至生存权的时候，法院或许不会强制执行。譬如2014年浙江温州市中级人民法院的(2014)浙温执复字第36号案例，被告人虞某、黄某在2007—2011年与平安人寿保险公司签订的7份保险合同，均以被保险人的身体健康与疾病为投保内容，具有人身保障功能，法院强制执行该保单的现金价值将会危害被保险人的生存权益。因此，该类人寿保险不宜强制执行。

假如该案中执行对象是纯理财型的保单，结果可能会大相径庭。

2. 夫妻互保及保单法定继承的陷阱

人寿保单中投保人和被保险人不是同一个人属于正常现象，但如果设计不好，就会存在潜在风险。

举例来说，夫妻互保的保单如果其中任何一方有债务纠纷，保单有可能被强制执行。再比如，父母给成年子女投保，当投保人死亡时，被保险人依然健在，保险将继续有效，但投保人权益必须进行转移，如果事先没有做任何安排，那么投保人的权益就会理所当然被认定为投保人的遗产，这样就会面临诸多的风险和麻烦。

(1) 继承前必须先清偿投保人生前债务。

(2) 如果有多个继承人，则可能面临保单现金价值被分割的风险。

(3) 继承程序比较烦琐，不确定性大。

(4) 法定继承的遗产属于继承人夫妻共同财产，将来可能面临婚姻分割。

(5) 法定继承的遗产属于继承人的责任财产，可能被用于清偿继承人的债务。

可见，一旦投保人死亡又没有做任何安排，保单因发生法定继承就会丧失很多其原有的保全作用。

3. 受益人指定不当

人寿保险之所以有保全的功能，很大原因在于其可以按照合同约定，实现资产在投保人、被保险人和受益人之间进行合理合法的转移。

还以【案例2-4】中云南的胡先生为例，胡总身故后已经资不抵债，尚欠银行贷款数千万元，但他购买的人寿保险却让其子女权益得到了保障，保险公司依照合同将720万元的保险赔偿金以支付的形式合理合法地转移到了其未成年子女名下。因理赔金不属于被保险人胡总的遗产，所以不需要按照《中华人民共和国民法典》的规定先清偿其生前债务，也不需要办理任何继承手续。不过在这个案例中，胡先生在指定身故受益人的时候稍有不慎就无法起到保全作用。常见的错误安排有以下几点。

(1) 未明确指定身故受益人，或者原身故受益人死亡后，未及时重新指定身故受益人。那么，这720万元赔款将作为胡总的遗产，由胡太太及两个孩子平分。根据《中华人民共和国民法典》的规定，720万元必须先清偿胡总欠银行的债，剩余部分才可以继承。这样的话，720万元尚不够偿还贷款。

(2) 指定胡太太为唯一受益人，或者胡太太为第一顺序受益人，两个未成年子女为第二顺序受益人。那么，胡太太取得的720万元的保险金虽然不属于胡总的遗产，但已属于胡太太个人财产，因胡总所欠银行债务属于夫妻共同的债务，夫妻双方负有连带清偿责任，此时银行可以主张要求胡太太承担连带清偿责任，保全目的无法实现。

(3) 身故受益人只填写了"法定"，而没有写具体人的姓名。这也是保险合同中的常见现象，与此类似的还有只填写表示家庭关系的如"子女""配偶""老公"之类的字样，法院在认定时会有分歧。关于人寿保险身故受益人一栏中只填写"法定"或者"法定继承人"是否会以"受益人指定不明无法确定"处理，法律上并没有明确，业内人士对此分歧很大。

第一种观点认为，投保人在受益人一栏填写的是"法定""法定继承人"字样，是一个明确的指定，其意愿是保险受益金按《中华人民共和国民法典》规定处理，因此该保险金应属被继承人（投保人或被保险人）的遗产，当然也就不能避免偿还债务以及缴纳个人所得税义务。

第二种观点认为，投保人在受益人一栏填写的是"法定继承人"或"法定"时，应理解为是对受益人范围的确定，即按第一顺序"配偶、父母、子女"及第二顺序"兄弟姐妹、祖父母、外祖父母"之范围确定受益人身份。身故保险金是受益人的"受益权"而非法定继承人的"继承权"，受益人对应的是"保险金请求权"而非"遗产请求权"。

【案例 2-21】3 年前，马丽还是单身，当时她投保了某保险公司保额为 100 万元的一款意外人身险，在填写保险合同时，受益人一栏马丽填写了"法定"。一年前，马丽与杨先生结婚，一个月前，马丽在一场意外交通事故中不幸死亡。保险公司经过认定，最终结论为属于保险责任，于是便准备给付 100 万元的保险赔偿金。但在保险金的分配问题上大家出现了分歧。马丽的父母认为，马丽在投保时尚属单身，填写"法定"，本意肯定就是以父母作为受益人的，而马丽的爱人则认为自己才是马丽的法定继承人。那究竟这 100 万元的赔偿金如何分配呢？

马丽在受益人栏内填写了"法定"，会产生两种不同的后果。一种观点认为，本案中没确定受益人，故该笔赔偿金应作为马丽的遗产来处理，如果马丽有生前债务，应先偿还债务后再按照《中华人民共和国民法典》的相关规定继承。另一种观点认为，依照《最高人民法院关于适用〈中华人民共和国保险法〉若干问题的解释（三）》，100 万元的保险金不能按照遗产处理，但需要按照法定继承人继承顺序依法继承，即马丽的父亲、母亲、丈夫各得 1/3。

为避免出现纠纷，建议投保时千万不能忽视受益人一栏。关于受益人有四点必须注意：一要明确受益人，由投保人指定，但需由被保险人认可；二要按照要求填写受益人的身份关系和姓名，若有多个受益人还需注明各受益人的受益份额；三要知晓受益人可以变更的事项，在保险风险事故未发生前，投保人或被保险人可变更受益人，如投保人变更受益人需征得被保险人的同意，且书面通知保险公司；四要知晓受益人权利的时间期限，如果受益人先于被保险人死亡且未指定其他受益人，保险金将作为被保险人的遗产处理，因此要做好提前安排，如指定第二顺序受益人。

以上仅是举出几个常见例子来说明指定受益人的重要性。现实中的实际情况更为复杂，需根据具体情况进行合理安排，避免因受益人的指定问题造成风险。

4. 受益人身份变化风险

1) 受益人身份变化可能导致原受益人无效

《最高人民法院关于适用〈中华人民共和国保险法〉若干问题的解释（三）》关于保险受益人有相关规定：受益人的约定包括姓名和身份关系，保险事故发生时身份关系发生变化的，认定为未指定受益人。这就会导致保险受益金重新变为法定继承的财产而面临诸多风险。

按照该司法解释，当事人对保险合同约定的受益人存在争议，除投保人、被保险人在保险合同之外另有约定外，按照以下情形分别处理。①受益人约定为"法定"或者"法定继承人"的，以法定继承人为受益人。②受益人仅约定为身份关系而没写姓名，投保人与被保险人为同一人的，受益人须根据保险事故发生时与被保险人的身份关系来确定；投保人与被保险人不是同一人的，受益人须根据保险合同成立时与被保险人的身份关系来确定。③受益人的约定包括姓名和身份关系，保险事故发生时受益人与被保险人身份关系发生变化的，认定为未指定受益人。

该规定影响最大的就是指定配偶为受益人而后来又离婚的情况。如果后来夫妻离婚或者"假离婚"，当保险事故发生时，因为受益人的身份已经发生变化，视为未指定受益人，则保险理赔金变成被保险人的遗产。比如李女士给自己买的保险指定受益人是丈夫张先生，李女士身故时，两人已经离婚，若受益人未变更，身故保险金就只能按未指定受益人处理，当作李女士的遗产由法定继承人继承。

为了防止这种情况的发生，指定受益人可以这样安排。

方法一，指定配偶为第一顺位受益人，子女或者父母为第二顺位受益人。一旦夫妻关系变化，还有指定的第二顺位受益人，不会变成被保险人的遗产。但这种指定方法会存在夫妻共同债务的风险。

方法二，指定子女为第一顺位受益人，配偶为第二顺位受益人，父母或者其他想照顾的人为第三顺位受益人。子女未成年时，获得赔偿金后，配偶作为监护人依然拥有对财产的实际控制权。

2) 受益人的变更须认真严谨

2015年12月1日，《最高人民法院关于适用〈中华人民共和国保险法〉若干问题的解释（三）》正式颁布实施，其对于保单在传承方面的功能产生了很大的影响，相关规定内容如下。①投保人或者被保险人变更受益人，当事人主张变更行为，自变更意思表示发出时生效的，人民法院应予支持。②投保人或者被保险人变更受益人未通知保险人，保险人主张变更对其不发生效力的，人民法院应予支持。③投保人变更受益人未经被保险人同意的，人民法院应认定变更行为无效。

【案例 2-22】钱总有两个儿子钱一和钱二，但两个儿子同父异母。大儿子钱一 25 岁，为钱总与妻子的婚生子，而钱二仅 10 岁，是非婚生子。

为照顾小儿子，钱总以自己为被保险人，钱二为死亡受益人购买了高额寿险，保险金额 500 万元，保单一直由钱二生母孙女士保管。

后钱总因急性心梗去世，孙女士遂代钱二向保险公司申请死亡理赔。但此时钱一同时向保险公司主张受益人是自己，凭据为钱总的遗嘱中约定，该保单的受益人变更为钱一。

钱一的主张是否有效？

在《最高人民法院关于适用〈中华人民共和国保险法〉若干问题的解释（三）》颁布以前，保险公司给付赔偿金的依据就是保单中载明的受益人，钱二作为受益人获得 500 万元保险赔偿金是没有异议的。但该解释颁布后，依据相关规定，如果钱总在遗嘱中关于更改受益人的意思表示真实，保险的受益人不再是年幼的非婚生子钱二，而是大儿子钱一。这一规定使得保险的指定传承功能有所削弱。

从公平的角度上来讲，投保人和被保险人当然有自主更改受益人的权利，该规定理论上似乎更好地保护了投保人和被保险人的权益。但从保险实务中来讲，会产生很多麻烦和值得商榷的地方。首先，除非紧急情况，投保人、被保险人无法及时完成受益人的更改手续的可能性是很小的。其次，如果仅凭"意思表示"即可更改保单的受益人，那么，"意思表示"的真实性在特定情景下很难辨别，同时可能出现多份证据，而证据的真实性、效力顺序以及证据的证明，都存在太多的不确定性。因为遗嘱真假的纠纷在现实中并不少见。因此是否实现了投保人、被保险人的真实意思，恐怕很难说得清楚，但给保险理赔带来更多的不确定性是肯定的。

在美国，对这个问题一般遵循"实质性完成"原则，以遗嘱的方式变更受益人是无效的。如果没有一个完备的变更程序作为保证，其他人很容易以欺诈的方式声称投保人和被保险人已经改变了主意，做出了变更受益人的意思表示。

根据《中华人民共和国保险法》的规定，投保人变更受益人需得到被保险人认可，但被保险人是可以独立决定变更受益人的。不过，现实中大部分保险公司对变更受益人事项都要求投保人和被保险人同时签字确认。

2.3 人寿保险与婚姻财产筹划

如果说其他风险只是"假如"或"万一"事件的话，那么婚姻则几乎是每个人都会面临的问题。而且，从家庭财富管理的角度来看，婚姻风险是各种风险中破坏性最大的风险。对于高净值家庭而言，婚姻财富管理的第一原则是和谐共赢而不是对抗婚姻。财富管理的核心是追求幸福，规划的意义在于基于爱情、责任等道德保障层面再增加一层法律的保障。

2.3.1 夫妻财产不分现象

导致离婚财产纠纷的主要因素是夫妻财产不分。但是在现实中，这一点非常难以界定，"清官难断家务事"就是夫妻关系的真实写照。仅就财产而言，常见现象包括但不限于以下情况。

1. 夫妻共有财产问题

根据《中华人民共和国民法典》的规定，若夫妻婚前没有相互约定，结婚后的财产由双方共有。夫妻在婚姻关系存续期间属于夫妻共有的财产包括：①工资、奖金和劳务报酬；②生产、经营、投资的收益；③知识产权的收益；④继承或受赠的财产，但遗嘱或赠与合同中确定只归夫或妻一方的财产除外；⑤其他应当归共同所有的财产。夫妻对共同财产，有平等的处理权。

1) 夫妻一方财产可能转化为共有财产

虽然《中华人民共和国民法典》中也有规定一方的婚前财产为夫妻一方的财产，但如果婚前个人财产在婚后发生形式上的变化，如房产变现，或者婚前财产在婚后发生频繁流动等，使得婚前婚后财产的分辨变得困难。

2) 财产约定但并不能完全明确财产归属

《中华人民共和国民法典》规定，男女可以约定婚姻关系存续期间所得的财产以及婚前财产归各自所有、共同所有或部分各自所有、部分共同所有。约定应当采用书面形式。这一条款在一定程度上解决了婚前和婚姻关系存续期间的财产所有权问题，但随之带来的其他问题会让人烦恼不断，比如婚前协议的签署带来的信任问题，财产在婚后频繁流动、形式转化、孳息收益无法明确分辨等。

2.3.2 人寿保险与夫妻个人财产的保护

毫无疑问，夫妻一方婚前为自己投保或者父母为自己投保，且以婚前个人财产完成缴费的保单，属于一方个人财产，离婚时不予分割。

而对于婚后或者婚前婚后交叉在一起的人寿保险，其财产认定就复杂得多。人寿保险首先具有严肃的合同性特征，即它以投保人和保险公司为相对人，以被保险人的寿命和身体为标的，同时涉及生存受益人和死亡受益人。除此之外，在不同阶段和不同条件下，其财产权益归属不同的当事人，而且存在受益人、投保人变更的可能及由此带来的财产归属上的不确定性。正是因为如此，人寿保险也为婚姻财产保全提供了很大的规划空间。

关于大额保单是否属于夫妻共同财产，我们可以先从以下几点初步来了解一下。但实务中，涉及的当事人和法律极为复杂，应根据实际情况判定归属。

1. 从保险种类看保单权益的归属

如果单从保险种类判断保单是否属于夫妻共同财产很不科学，因为保险具有其特殊性，不同阶段其权益归属不同当事人，因此法律上从未明确哪些保险属于个人财产，哪些保险属于夫妻共同财产。这里只是根据相关法律笼统的说法以及实际判例做一个大致的划分。

(1) 保障型的意外险、健康险。以人的身体为投保标的的健康险、意外身故险等保障式寿险，具有极强的人身属性，即便是以婚内共同财产缴纳保费，法院也不会判定分割或退保，但可以更换投保人。比如，妻子为丈夫投保的健康险，被保险人因患病获得了保险金，一般被判为个人财产。

(2) 具有理财性质的分红型保险和养老保险。因为在购买该类保险时，一般都是以夫妻一方作为被保险人或受益人，之后也以夫妻共同财产定期缴纳保费，目的则是家庭财产达到增值保值的效果，其收益一般也会用在夫妻或家庭生活支出。在司法实践中，一般将该类保险的保单现金价值认定为夫妻共同财产。

2. 现金价值的归属

现金价值又称为解约现金价值或退保价值，是指带有储蓄性质的人寿保险合同所具有的价值。投保人取得保险现金价值主要有两种方式：一种是用保单质押贷款取得部分现金价值；二是解除合同，并按照合同约定退还保单的现金价值。

一般来讲，婚姻关系存续期间以夫妻共同财产投保的保单，其现金价值应当归属夫妻共同财产。但是，现实中不能仅凭这一个标准就简单下结论，还需要结合具体情况，特别是保单的被保险人、受益人如何设计等。

(1) 投保人、被保险人和生存受益人是夫妻一方，分两种情况来判断保单现金价值的归属：一种是婚姻关系存续期间以夫妻共同财产投保，毫无疑问保单现金价值按照夫妻共同财产处理；另一种是婚前投保且以个人财产缴纳保费，保单现金价值属于一方财产，但婚后继续缴费的，其对应的现金价值属于共有财产，离婚时若不终止合同，投保人需给付另一方现金价值折价款。

(2) 投保人是夫妻一方，被保险人或受益人是子女的，一般情况下不会因为离婚而终止保单，双方可以在离婚时协商确定将来缴纳保费的承担方式。结合最近几年的司法实践，一般为了保护子女尤其是未成年人的权益，认定该保单属于夫妻双方对子女的赠与，不应当作为夫妻共同财产进行分割。

【案例 2-23】 原告陈女士与被告张先生于 2009 年 10 月登记结婚，2015 年离婚。陈女士婚前在某保险公司购买过 4 份人寿保险，其中 3 份保单的投保人、被保险人和生存受益人均为原告本人，身故受益人为原告父亲；第四份保单投保人、身故受益人为原告陈女士，被保险人、生存受益人为原告父亲。

双方对这4份保单的所有权发生争议。陈女士认为，保险有很强的人身属性，且是为其父亲购买，不应作为夫妻共同财产处理。张先生认为，原告名下的保单在婚后有效期内支付的有关费用属于夫妻共同财产。

那么问题来了，原告在婚前购买的4份保险，离婚时产生的保单现金价值，是否属于夫妻共同财产？

法院观点： 因保单的生效日期均在双方登记结婚前，其所有权归投保人所有，但该4份保单在婚后所缴纳的保费属于原、被告双方的夫妻共同财产。结合保单的生效日期、缴费情况，酌定现金价值的分配，原告陈女士名下的4份保单现金价值归投保人即陈女士所有，同时陈女士给付张先生在婚后缴纳保费所对应部分的现金价值折价款。

【案例2-24】 何女士与赵先生于1992年1月登记结婚，1994年4月生育一女赵多多。在双方婚姻存续期间，赵先生作为投保人购买了5份人寿保险，其中有4份保单的被保险人为女儿赵多多，还有一份是赵先生为自己投保的保险。何女士与赵先生在2014年11月经北京中院调解离婚，共同财产未做分割。现何女士要求分割赵先生在婚姻存续期间所购保单的现金价值的一半。

法院观点： 对于何女士要求分割5份保单现金价值的诉讼请求，其中4份保单的被保险人为当事人的女儿赵多多，属于两人在婚姻期间对共同财产的处分，应当视为夫妻双方对女儿的赠与，而且，如果对这4份保单进行分割，涉及危害未成年子女的利益，故法院不予支持。对于赵先生为自己投保的一份保险，前妻要求分割该保单现金价值的诉讼请求，法院予以支持。

3. 保险理赔金的归属

保险的死亡理赔金一般属于个人财产。最新颁布的《中华人民共和国民法典》中明确规定，一方因受到人身损害获得的赔偿或者补偿是个人财产。

最高人民法院2016年11月30日发布了《第八次全国法院民事商事审判工作会议（民事部分）纪要》（以下简称《最高院民会议纪要》），该纪要中有关于夫妻共同财产认定问题的相关规定，婚姻关系存续期间，夫妻一方作为被保险人依据意外伤害保险合同、健康保险合同获得的具有人身性质的保险金，或者夫妻一方作为受益人依据以死亡为给付条件的人寿保险合同获得的保险金，宜认定为个人财产，但双方另有约定的除外。婚姻关系存续期间，夫妻一方依据以生存到一定年龄为给付条件的具有现金价值的保险合同获得的保险金，宜认定为夫妻共同财产，但双方另有约定的除外。此规定包含三层含义。

第一层，在婚内，无论是以个人财产还是以共同财产购买的意外保险、健康保险，如果发生理赔，属于被保险人婚内的个人财产，离婚时不会被分割。不同险种和保险范围及理赔金种类如表 2-4 所示。

表 2-4 不同险种和保险范围及理赔金种类

险种	保险范围	理赔金种类
意外险	意外残疾	意外残疾理赔金
	意外医疗	意外医疗保险金
	意外津贴	意外津贴
健康险	重大疾病保险	重大疾病保险金
	专项疾病险（防癌险）	防癌保险金
	住院津贴保险	住院津贴
	高端医疗保险	疾病医疗保险金

第二层，在婚内，夫妻一方以受益人身份获得的死亡保险赔偿金，属于婚内个人财产，离婚时不被分割。

第三层，在婚内，夫妻一方以受益人身份获得的生存保险金（如年金、分红、投资所得），属于夫妻共同财产。

【案例 2-25】小丽和小强是夫妻俩，小丽的父亲老马给自己买了一份人寿保险，保额 100 万元，指定受益人为小丽。老马去世后留下了一套房子价值 200 万元，存款资产 100 万元，公司股权价值 100 万元，小丽是唯一的继承人，依法继承这些财产。那这些财产是否归小丽一人所有呢？实际上只有保险理赔金 100 万元归小丽一人所有，其他 400 万元夫妻两人一人一半。财产归属及其法律依据见表 2-5。

表 2-5 财产归属及其法律依据

财产种类	财产归属	法律依据
房产 200 万元	夫妻各 50%	《中华人民共和国民法典》
存款 100 万元	夫妻各 50%	《中华人民共和国民法典》
股权 100 万元	夫妻各 50%	《中华人民共和国民法典》
保险金 100 万元	小丽单独所有	《中华人民共和国民法典》、《中华人民共和国保险法》和《最高院民事会议纪要》

从该案例可以看到保险对于婚内财产的保护，如果夫妻感情不在了，即使离婚，有保险，至少能保住属于自己的那份财产，可是一旦没有保险，想保护好自己的利益不受侵犯，也是很不容易的。

4. 保险年金的归属

一般情况下，生存受益人默认为被保险人，也可以变更为投保人。那么婚内领取的年金是否属于夫妻共同财产？法律并没有明确规定。那么，我们可以根据年金来源的性质，分析一下是否属于夫妻共同财产。

对于年金来源的性质，有三种不同的看法和主张。

观点1：认为年金是保险财产的法定孳息，这种情况下属于个人财产。法定孳息一般是指物的用益转让而发生的对价，如把钱存在银行，钱归银行使用，但所有权仍属于存款人，银行需要支付对价利息。但是，与存款不一样的是，人寿保单约定投保人把保费交给保险公司后，投保人是不能随时取回保费的，等于投保人不仅仅转让保费的使用权，也转让了保费的所有权。换句话说，保费一旦交给保险公司，其物权已经发生了转移。从这个角度来看，保险年金显然不属于法定孳息。

观点2：认为年金是保险财产的投资收益，此情况下属于共同财产。如果按照"非此即彼"的推论，既然年金不属于法定孳息，那就属于投资收益了。在投保人和受益人为同一人的情况下，这个推论似乎没有异议。但如果投保人和受益人不是同一个人，则投保人付出保费却没有任何收益，受益人没有付出任何本钱和精力，却获得了收益，从这一点看，年金不能看作投资收益，这是其一。其二，根据投资财产的性质，应该是用益权暂时发生了转移但所有权并没转移，而人寿保险保单属于用益权和所有权同时发生了转移。因此，年金不是投资收益。

观点3：认为年金是保险公司依据合同给付受益人的，此情况下属于个人财产。普通合同一般都必须贯彻等价有偿原则。但保险合同是一类非常特殊的合同即射幸合同，投保人付出保费，可能得不到任何利益或者获得的利益远少于付出的保费；而保险公司可能只获得保费而不履行任何义务，也可能要负担比获得的保费大得多的义务，这显然不是等价有偿。

结论：保险年金的取得，既不属于法定孳息的范畴，也不是投资收益，而是保险公司依据保险合同对生存受益人的给付，类似于赠与。根据《中华人民共和国民法典》的规定，婚内接受的赠与，属于夫妻共同财产，但明确赠与夫妻一方的除外。《第八次全国法院民事商事审判工作会议(民事部分)纪要》规定，婚姻关系存续期间，夫妻一方依据以生存到一定年龄为给付条件的具有现金价值的保险合同获得的保险金，宜认定为夫妻共同财产，但双方另有约定的除外。"具有现金价值的保险合同获得的保险金"实际上就是年金。

当然，如果在签订合同时，投保人明确约定生存受益金归生存受益人个人所有，与其配偶无关，则可以免除争议。因此，如果涉及金额较大的年金型保险，投保人可以在签订保险合同以后再写一个声明，某保单号码的人寿保险保单的生存受益金归受益人个人所有，与其配偶无关。这样就明确了生存受益金的归属。

根据以上分析，年金是否属于共同财产，可以根据保险合同当事人关系以及年金受益人来界定，年金归属情况详见表2-6。

表 2-6 年金归属情况

不同情形	投保人	被保险人	生存受益人	年金归属	是否共同财产
情况 1	夫 / 妻	夫 / 妻	夫 / 妻	夫 / 妻	是
情况 2	夫	妻	妻	妻	是
情况 3	夫	妻	夫	夫	是
情况 4	夫 / 妻	父母 / 子女	夫 / 妻	夫 / 妻	是
情况 5	夫 / 妻	子女	子女	子女	否
情况 6	父母	夫 / 妻	父母	父母	否
情况 7	父母	夫 / 妻	夫 / 妻	夫 / 妻	存在争议

表 2-6 的简要说明如下。

(1) 在投保人、被保险人和受益人为同一人的情况下，生存受益金获得者要么为妻子要么为丈夫，从法律关系上看，当然属于夫妻的共同财产（情况 1）。

(2) 投保人、被保险人和受益人不是同一个人，年金归属生存受益人。但如果是夫妻之间相互投保，或者被保险人虽然是夫妻外的第三人如父母，但年金的受益人是夫或妻，这种情况下，婚姻存续期间的年金可视为共有财产。情况 2、情况 3、情况 4 均属此类。

(3) 夫或妻给父母或子女投保，年金受益人为父母或子女，被视为给予父母或子女的赠与，年金归受益人，如情况 5。

(4) 如果投保人为夫或妻一方的父母，被保险人为夫或妻一方，其保费付出与夫妻的另一方没有关系。若生存受益人为父母，则与另一方完全无关（情况 6）；若生存受益人为夫或妻，年金被视为自己父母的赠与，一般被视为共同财产，但投保人（父母）在合同中注明为一方专属的除外（情况 7）。

5. 保险的分红所得的归属

从财产的性质来看，分红保险中的红利属于投资所得，个人购买分红保险也是作为一种投资而取得收益，属于《中华人民共和国民法典》中规定的其他应归共同所有的财产之一，但保险的分红的归属具体又分为离婚前和离婚后两种情况。

(1) 婚姻存续期间，对于已交保费与所获返利部分，红利所得应属于夫妻共同财产。如果是以婚前个人财产购买的保险，其红利是否属于共有财产存在争议，否定派认为保单产生的红利属于法定孳息，应属于个人财产。

(2) 离婚以后有可能得到的保险分红，只是一种潜在收益，按照保险射幸合同特征，不确定的分红不应属于夫妻共同财产，应属于受益方。

2.3.3 离婚后保单如何处理

在离婚案件的审判实践中，保单财产的分割主要涉及两方面，一是所交的保费，二是保单的现金价值。但是，保费的分割是不现实的，因为把保费交付给保险人之后，即丧失保费的所有权，而转化为保险人的资产。因此，实际上分割保险单的现金价值才是保单财产分割需要面临的问题。

婚前以夫妻一方个人财产购买的保单属于一方个人财产，并不涉及另一方。这里所讲的保单主要是指婚姻存续期间购买的或者婚前投保但婚后以夫妻共有财产续保的保单。

1. 离婚后保险财产的处理情况

1) 不分割的情形

(1) 婚前父母为自己(子女)投保的保单以及自己为自己投保的保单，且所交保费为婚前个人财产，离婚时不予分割。

(2) 人寿保险、健康保险(如重疾险、医疗保险等)、意外伤害保险等保险受益人获得的保险金离婚时不予分割。

(3) 夫妻用共同财产给孩子买的保险。夫妻为孩子投保，一般视为对孩子的赠与，作为父母一般情况下不宜因为离婚而要求终止保单。双方可以在离婚时协商确定将来需缴纳保费的承担方式。

2) 可分割的情形

(1) 婚姻关系存续期间以夫妻共同财产购买的各类保险的现金价值、红利收益等，离婚时，应进行分割。法律依据为《中华人民共和国民法典》和《第八次全国法院民事商事审判工作会议(民事部分)纪要》。

(2) 婚姻关系存续期间以夫妻共同财产购买的年金保险及其保险金，离婚时，应进行分割。法律依据为《第八次全国法院民事商事审判工作会议〈民事部分〉纪要》

2. 保单处于不同财产形式下的处理方法

1) 保单现金价值

仍在保险期内的人身保险单，以夫妻共同财产缴纳的保费，其现金价值为夫妻共同财产。如果退保或终止合同，双方对现金价值进行分割，各50%；如果不退保，保险合同继续有效，需要办理投保人变更手续，比如丈夫为妻子或自己买的保险，受益人为妻子，因现在离婚身份已经发生变化，彼此不再互为利益人，若要保持合同继续有效，就必须把投保人由前夫变更为受益人自己。此时新的投保人应该支付原投保人已交保费的现金价值。

2) 保险金

夫妻关系存续期间获得的保险金，一般属于受益人个人财产。若以共同财产缴纳保险费的且现金价值较高的年金型、分红型保单，其保险金所得夫妻应各占50%，但健康和伤残理赔金等保障型理赔金不应分割。

3. 夫妻作为保单不同主体时的处理方法

根据 2016 年《第八次全国法院民事商事审判工作会议〈民事部分〉纪要》，婚姻关系存续期间以夫妻共同财产投保，离婚时处于保险期内，保单的处理分以下几种情况。

(1) 投保人和被保险人为同一人时，离婚并不影响保险合同的继续履行。假如受益人为另一方，投保人也可以通知保险公司进行变更。如果投保人选择继续投保，应补偿另一方保单现金价值的 50%；投保人不愿意继续投保的，双方达成协议并由投保人作退保，退还的保险单现金价值部分按照夫妻共同财产处理。

(2) 投保人和被保险人为不同人，即夫妻一方为投保人，另一方为被保险人的，分两种情况。①分红险保单、年金险保单，应认定为夫妻共同财产，需要双方协商达成协议，如果选择退保，退还的保险单现金价值按照夫妻共同财产进行分割；被保险人若不愿意退保，应对原投保人进行补偿，并变更投保人。②意外伤害保险、健康保险的保险金应认定为被保险人个人财产；以死亡为给付条件的人寿保险赔付的保险金，应认定为死亡受益人的个人财产。

(3) 夫妻一方为投保人，子女为被保险人的保单。夫妻双方为子女投保的人身保险，无论以个人财产还是共同财产投保，被保险人若为子女的，一般不建议退保和分割，只需变更投保人或受益人（变为抚养方），由获得抚养权一方将保险现金价值的 50% 补偿给对方；确实不能变更的，对退保后的费用进行分割。受益人为子女的，所得保险金一律为子女所有；子女死亡的，理赔金作为受益人遗产继承后分割。

上述的建议是依据相关的实际判例和最新的相关法规而提出的。但在现实中，婚姻关系的复杂程度远超出了书本及现行法律。

根据相关法律，婚后取得的财产，原则上属于夫妻共同财产，但是指定了夫或妻一方为受益人的身故保险理赔金，仍是一方的个人财产；接受明确赠给夫妻一方的财产，比如父母作为投保人赠与子女的保单，也属于婚内个人财产。为了避免日后产生争议，夫妻事先通过财产分配协议进行财产约定是一个行之有效的方法。根据《中华人民共和国民法典》规定，夫妻可以约定婚姻关系存续期间所得的财产以及婚前财产归共同所有、各自所有，或者部分共同所有、部分各自所有。所以，其实保单的财产归属也是可以提前进行约定的。

2.3.4 保险在婚姻财产保全中的应用

1. 实现婚前婚后财产的隔离

婚前、婚后的银行存款、现金等，因为极易发生混同，保全难度非常高。大额保单可以为婚前财产建立"防火墙"，防止婚后夫妻财产混同，实现婚姻财产的保全。

【案例 2-26】如何用大额保单来保护婚前财产

徐若云今年 30 岁，一年前离婚，现带着 3 岁的女儿一起生活。离婚时，徐若云分得住房一套 (价值 800 万元、无贷款) 和 1000 万元现金，现金一直存在银行，一部分存定期，另一部分购买银行理财，是徐若云和女儿的生活保障。

曹小强是徐若云的同事，31 岁，没有结过婚，被徐若云的善良和美丽所吸引，对徐若云百般照顾体贴，并表示将视徐若云女儿如己出。徐若云被小强的诚意打动，准备结婚。但她担心再婚后自己的钱与小强的钱极易混到一起，以后万一离婚现金财产就会被分走一半。徐若云想到和小强签订婚姻财产协议，又觉得这会影响二人的感情；如果不签未来风险又太大。徐若云陷入了两难的境地。

案情分析：要解决徐若云的问题，大额保单就是一个不错的选择。但大额保单如何设计更好呢？

方案 1：以年金保险来保全现金资产。徐若云可以从 1000 万元中拿出 500 万元，以女儿为被保险人，购买一个年金式保单，年金受益人为女儿，身故受益人为徐若云，既能作为她们以后生活的保障，又能把 500 万的现金财产以保单的形式保全起来。年金保险的其他细节选择参考如下：年缴保费 100 万元，分 5 年缴清，最好带万能账户，将每年所得年金转入该账户；若有分红，最好采用保额分红方式。同时订立一个遗嘱明确说明，如果投保人去世，年金险和万能险的现金价值和投保人的权益归女儿一人所有，若女儿还未成年，则由徐若云的父亲或母亲作为投保人代为持有直至女儿十八岁。

理由分析：

(1) 为什么要选择年金型大额保单？首先，选择年金保险，实现了婚前部分财产的隔离，可以保全 500 万元的现金资产。其次，大额年金险给徐若云及其女儿提供了相对稳定的现金流。年金收益与银行理财基本相当，远高于一年定期存款收益，且可以实现复利。再次，签订保单不需要征得曹小强同意，可以避免签订财产协议的尴尬。

(2) 为何被保险人和生存受益人设为孩子？①年金险生存受益人如果是徐若云，则年金是否属于夫妻共同财产可能引发争议，同时年金领取后极容易混同；若生存受益人为孩子，徐若云作为监护人有管理权而无所有权，年金将来可以作为孩子的生活费用和教育金。②被保险人一般不得更改，假如万一保单面临分割或者强制执行的风险时，因涉及第三人孩子的人身权益，可以起到一定的保护作用；同时万一徐若云身故，被保险人是孩子，该保单可继续有效。

(3) 为什么年金险最好带万能金账户？如果不带万能险账户，则获得的年金或者直接领取，或者保险公司给付固定利息，不利于复利增值。

(4) 分红为何要以保额分红的形式？保额分红仍然以保额增长的形式留在保单内部，且有复利增值效果，如此也可以保证保单资产的独立性和完整性。若用现金分红，则属投保人的投资收益,是否系夫妻共同财产或有争议。

(5) 为何要设立公证遗嘱?徐若云和小强结婚后,将互为第一顺位法定继承人。如果没有遗嘱,万一徐若云意外身故,因徐若云为投保人,保单现金价值将变成徐若云遗产;如果女儿为被保险人,保险合同还将继续有效,但需要变更投保人,这就存在很大风险。①保单的现金价值将变成徐若云的遗产,由徐若云的父母、女儿和小强共同继承,保单现金价值存在被瓜分的风险。②如果当时徐若云的女儿未成年,则继父小强可能成为其法定监护人,投保人也极大可能变成小强,则徐若云女儿的利益不能确定得到保障。用遗嘱的形式将保险投保人的利益明确归属女儿后,如果女儿当时已经成年,则投保人直接变更为女儿,资产顺利传承给女儿;如果当时女儿未成年,则徐若云父母极有可能健在,根据遗嘱可将投保人变更为徐若云的父母。

方案 2:防止房产混同的预案。根据《最高人民法院关于适用〈中华人民共和国婚姻法〉若干问题的解释(三)》,徐若云名下的房产属于其个人所有。但房子如果卖掉再换新房子的时候,就极易发生混同。徐若云如果要换新的住房,需要注意以下三点:①房产证只写徐若云一人的名字;②将老房产出售后,房款最好放入新开立的账户中,然后再用这个账户的钱购买新的房产,并留好付款凭据;③如果不需要贷款,则房子依然属于徐若云个人所有,如果需要贷款,也要以徐若云的名义用徐若云个人账户进行贷款。

2. 实现子女的婚姻财产保全

富豪嫁女或儿子结婚,中国的父母习惯于给子女送豪宅、豪车和大量的现金。虽然说父母明确赠给一方的财产属于婚前个人财产,但是两位年轻人结合成为一家后,必然会带来婚后财产的混同,一旦离婚,不可避免要面临财产分割的问题。因此,为防止家庭资产外流,高净值人士应当对子女婚姻财产的筹划给以足够的重视。

婚后取得的财产,原则上属于夫妻共同财产,但是指定了夫或妻一方为受益人的身故保险理赔金,仍是一方的个人财产。

【案例 2-27】如何给女儿的嫁妆"加把锁"

马总是民营企业家,家产颇丰,独生女儿小丽去年结婚了,女婿曹小军的父亲曹总也是企业家,两家可谓门当户对。

双方领结婚证后,即开始筹办婚礼。婚房自然是曹家准备,价值 1600 万元的别墅由曹总全款购买,登记在儿子曹小军名下。买房时小丽也提出要增加自己的名字,但因为当时事情很多没有及时去办就忘了。为了使自己不掉份儿,女方也花了 300 万元装修别墅,马总同时给了女儿 1000 万元现金和一辆价值 100 万元的保时捷作为嫁妆。不曾想,女儿和女婿结婚后才发现二人性格不合,经常闹矛盾,女婿还经常家暴且屡教不改。马总和女儿都认为,趁着现在没孩子赶紧离婚。起初女婿曹小军并不同意离婚,小丽将小军告上法庭，经过两审，耗时一年多终于离婚成功，但财产分割让小丽傻了眼。

别墅因为是小军父母出资全款购买，登记在小军名下，属小军个人财产；300万元装修、1000万元现金和保时捷车虽然是娘家的陪嫁，但属于婚后所得，且长期与共有财产混到一起被判为夫妻共同财产，两人依法分割。

马总这才想起来，女儿结婚前他的理财师小王曾经给他提出建议：一是房子必须加小丽的名字，二是嫁妆最好不要用现金的形式，应当进行规划。他当时觉得太麻烦，也没认真听取意见，现在后悔为时已晚。

那我们来看一下马总嫁女，1300万元的嫁妆应当如何安排更为合适呢？

(1) 关于婚房。房子最好由双方视家境情况共同出资，产权登记在夫妻双方名下，这样对双方都比较公平。本案中女方出资300万元的装修款，最好有专门账户，且保留好原始账务证据，否则就会"打水漂"。

(2) 关于现金。马总可将1000万元现金用大额年金保险形式给女儿，可以安排分5年缴清，投保人为马总，被保险人为小丽，生存受益人为小丽，死亡受益人为马总或马总妻子。将来小丽生了孩子，再将身故受益人变更为小丽子女。同时马总设立遗嘱，如果马总去世，投保人的所有权益包括现金价值归女儿马小丽所有，与曹小军无关。这样安排有三大好处。

第一，实现婚前财产的隔离和保全。只要女儿女婿恩爱幸福，保单会给这个小家庭提供一个稳定的现金流；但如果不幸婚姻走到尽头，保单的财产权益归投保人马总所有，即便马总去世，保单依然有效，无论是变更投保人还是继承，与女婿都无直接关系。为了安全起见，建议马总生前设立遗嘱，明确说明自己身故后保单归属小丽个人所有，与其配偶无关，这样就能从法律上保障该大额保单属于小丽的个人财产。如果马总想在生前把投保人变更为女儿，须签一个赠与协议，明确保单赠与小丽个人，与其配偶无关，赠与协议也不需要女婿曹小军签字。

第二，创造伴随女儿一生的现金流。1000万元保费的年金保险，若为分红型年金险，每年的分红水平大概在15万～30万元，非分红的年金则每年保证给付一般在30万～40万元，可作为小丽的基本生活费。如果这些年金和分红用不上，可以放入保险的投资账户继续复利计息。小丽为被保险人，活多久可以领多久，直至终身，可保证小丽一生衣食无忧。

第三，防止女儿挥霍。马总作为投保人，保单的掌控权和所有权归马总所有，小丽只是每年领取年金，可以防止1000万元的本金被挥霍或者被骗。

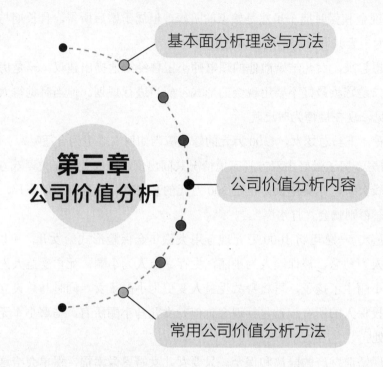

第三章 公司价值分析

- 基本面分析理念与方法
- 公司价值分析内容
- 常用公司价值分析方法

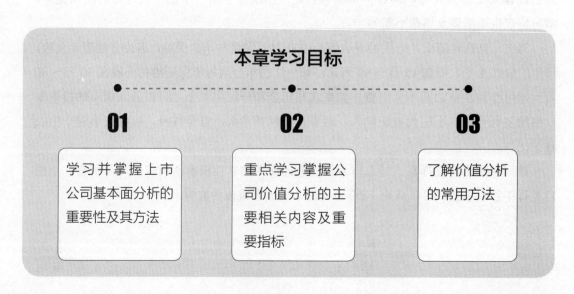

本章学习目标

01 学习并掌握上市公司基本面分析的重要性及其方法

02 重点学习掌握公司价值分析的主要相关内容及重要指标

03 了解价值分析的常用方法

> **本章简介**

本章通过对宏观经济、目标行业的发展现状、目标公司的产品竞争力、商业模式等多维度的研究分析来判断目标公司的基本情况，从而判断是否对其进行投资关注，要求重点学习常用的价值分析方法。

3.1 基本面分析理念与方法

公司价值分析，就是通过对公司基本面的分析，来判断公司的价值。基本面分析通过对决定股票内在价值和影响股票价格的宏观经济形势、行业状况、公司经营状况等进行分析，评估股票的投资价值和合理价值，与股票市场价进行比较，相应形成买卖的建议。

公司的基本面分析，包括以下三个方面内容。

(1) 宏观经济分析。研究经济政策(货币政策、财政政策、税收政策、产业政策等)、经济指标(国内生产总值、失业率、通胀率、利率、汇率等)对股票市场的影响。

(2) 行业分析。分析产业前景、区域经济发展对上市公司的影响。

(3) 公司分析。具体分析上市公司行业地位、市场前景、财务状况。

其中，宏观经济分析主要探讨各经济指标和经济政策对证券价格的影响。除了经济指标之外，主要的经济政策有货币政策、财政政策、信贷政策、债务政策、税收政策、利率与汇率政策、产业政策、收入分配政策等。

行业分析和区域分析是介于宏观经济分析与公司分析之间的中观层次的分析。行业分析主要分析产业所属的不同市场类型、所处的不同生命周期，以及产业的业绩对于证券价格的影响；区域分析主要分析区域经济因素对证券价格的影响。

公司分析是基本面分析的重点。公司分析主要包括以下四个方面的内容。①公司财务报表分析。财务报表分析是根据一定的原则和方法，通过对公司财务报表数据进行进一步的分析、比较、组合、分解，求出新的数据，用这些新的数据来说明企业的财务状况是否健全、企业的经营管理是否妥善、企业的业务前景是否光明。财务报表分析的主要目标是分析公司的获利能力、公司的财务状况、公司的偿债能力、公司的资金来源状况和公司的资金使用状况。财务报表分析的主要方法有趋势分析法、比率分析法和垂直分析法。②公司产品与市场分析，包括产品分析和市场分析两个方面。前者主要分析公司的产品品种、品牌、知名度、产品质量、产品的销售量、产品的生命周期；后者主要分析产品的市场覆盖率、市场占有率以及市场竞争能力。③公司管理层和管理架构分析。④公司资产重组与关联交易等重大事项分析。

总结起来就是一句话：基本面分析就是价值型投资。

由此可见，公司基本面分析可以分成定性分析和定量分析两个部分，其中对公司的定性分析是前提。所谓定性分析，即通过分析、鉴定确定公司是否为优秀公司，只有公司是优秀公司，才有投资的基础。定量分析是在确定公司的优秀基因后，决定以什么价位介入可以确保足够的安全边际。

我们可以看出，基本面分析的特点是：①分析价格变动的中长期趋势；②研究价格变动的根本原因；③分析的是宏观性因素。

基本面分析的优点主要有两个：①能够比较全面地把握证券价格的基本走势；②应用起来相对简单。相应地，基本面分析的缺点主要有两个：①预测的时间跨度相对较长，对短线投资者的指导作用比较弱；②预测的精确度相对较低。

3.2 公司价值分析内容

知己知彼，百战不殆。如果把一家公司研究得很透彻，对于我们的投资来说，是最大的帮助。

那么，如何把一家公司研究透彻，确定其"质地"呢？下面是对一家公司进行估值所需要考虑的一些因素。鉴于篇幅有限，我们把分析内容的重点聚焦于公司本身，而宏观经济分析和行业分析在此暂不表述。

3.2.1 公司产品分析

天花板是指企业或行业的产品（或服务）趋于饱和、达到或接近供大于求的状态。在进行投资之前，我们必须明确企业属于下列哪一种情况，并针对不同情况给出相应的投资策略。在判断上，既要重视行业前景，也必须关注企业素质。

1. 公司提供的产品或服务是其盈利的来源

产品竞争能力、市场份额、品牌战略等的不同，通常对其盈利能力产生较大的影响。一般而言，公司的产品在成本、技术、质量方面具有相对优势，更有可能获取高于行业平均盈利水平的超额利润；产品市场占有率越高，公司的实力越强，其盈利水平也越稳定；拥有品牌优势的公司产品往往能获取相应的品牌溢价，盈利能力也高于那些品牌优势不突出的产品。分析预测公司主要产品的市场前景和盈利水平趋势，能够帮助投资者更好地预测公司未来的成长性和盈利能力。

2. 公司经营战略与管理层

公司的经营战略是对公司经营范围、成长方向、速度以及竞争对策等的长期规划，直接关系着公司未来的发展和成长。管理层的素质与能力对于公司的发展也起着关键性作用，卓越的管理者能够带领公司不断进取发展。

优秀的上市公司，应当拥有长期可持续的竞争优势和良好的发展前景，具备强劲的持续盈利能力，能较好地抵御周期波动，同时具备以持续、稳定的现金分红方式回馈投资者的公司治理机制。重视现金分红，一方面可以合理配置上市公司资金，抑制投资的盲目扩张；另一方面，有助于吸引长期资金入市，稳定公司股价，充分保障投资者回报的稳定性。

3.2.2 商业模式

商业模式是一个企业满足消费者需求的系统，这个系统组织管理企业的各种资源（如资金、原材料、人力资源、作业方式、销售方式、信息、品牌和知识产权、企业所处的环境、创新力等，又称输入变量），形成能够提供消费者无法自力而必须购买的产品和服务（输出变量），因而具有自己能复制且别人不能复制，或者自己在复制中占据市场优势地位的特性。

3.2.3 企业的核心竞争力

美国能力专家潘汉尔德和哈默把核心能力比作企业竞争优势之树的根，由能力之根生长出核心产品，再由核心产品到各经营单位生产出各种最终产品。树的根系则提供了大树所需的营养，大树的稳定性就是核心能力。

而现代管理认为，企业持续创新或创新组合是企业核心竞争力，其中创新包括技术创新、管理创新和营销创新。比如在20世纪90年代，VCD刚推出的时候价格为几千块，后期规模化生产以后价格就变成了几百块。还可以通过管理创新的方法，提升产品的质量，降低生产成本让产品在竞争中更有议价能力。另外，营销创新也很重要，它在互联网思维中是最具代表性的，比如滴滴打车、共享单车等都是创新思维的产物。

虽然不同的企业实际表现出来的核心竞争力不尽相同，但企业核心竞争力的大小最终体现为获利能力、市场份额、企业形象及公众对企业产品和服务的认同等。在知识经济时代，企业的核心能力已经成为市场竞争优势之源，成为企业发展的基石。许多成功企业，在经营过程中早已把企业核心竞争力作为战略决策的前提。

3.2.4 经济护城河（市场壁垒）

护城河是一种比喻，通常用它来形容企业抵御竞争者的诸多保障措施。前面所述的核心竞争力是护城河的重要组成部分，但不是全部，我们还可以通过以下几个条件来确认企业护城河的真假和深浅。

1. 回报率

从历史上看，企业是否拥有可观的回报率？回报率主要指毛利润、ROE(股东权益报酬率)、ROA(总资产回报率)和ROIC(投入资本回报率)。这几种回报率指标分别适用于不同的商业模式。重点是要从商业逻辑上判断，企业的高回报率是由哪些方面构成？决定因素是哪些？能否持续？企业采取了何种措施以保障高回报率的持续性？

2. 转化成本

企业的产品或服务是否具备较高的转化成本？转化成本是指用户弃用本公司产品而使用其他企业相类似产品时所产生的成本(含时间成本)与仍旧使用本公司产品所产生的成本差值。较高的转化成本构成排他性，如微信和易信，易信在本质上与微信差别不大，但对于用户来说弃用微信而用易信存在诸多不便，存在较高的转化(重塑)成本，微信因为先发优势而具有较强的生命力和商业价值。如果能让用户不选择竞争对手的产品，说明企业的产品对用户来说有粘性和依赖性，那么这家企业就拥有比较高的转化成本和排他性。了解企业的转化成本必须要从消费者和使用者的角度考虑，从常识、使用习惯和商业逻辑来判断。转化成本不具备永久性，须结合实际情况综合研判。

3. 网络效应

企业通过哪些手段销售产品？具体地说，是通过人力推销、专门店销售、连锁加盟，还是网店销售？各种销售手段分别为企业带来多少销售额？传统企业如何应对电商？企业的网络规模效应如何？网络效应通常是指企业的销售或服务网络，这些网络的存在为用户提供了便利，以用户为中心的便捷性就能产生粘性。随着用户数量的增加，企业的价值也逐渐由于网络和规模的扩大而不断放大。比如，就全国范围来说，工商银行的营业网点遍布全国大街小巷，甚至在国外主要城市也有网点分布。相比而言，它比地区性银行具有更大更广的网络效应，因此，工商银行的用户更多，其企业价值也相对更高。

4. 成本与边际成本

企业的成本构成是怎样的？成本的决定因素有哪些？企业的成本能否做到行业最低？如何做到？单位成本能不能随着销售规模扩大而下降？企业要想长久地保持成本优势并不容易，它需要有优于对手的资源渠道(原材料优势)，以及更优越的生产工艺(流程优势)、更优越的地理位置(物流优势)、更强大的市场规模(规模优势)，甚至是更低的人力成本。低成本的另一面就是高毛利，高毛利就是一种强势竞争力的体现，高毛利的企业通常具有定价权。

5. 品牌效应

产品或服务是否具有品牌效应？事实上，对于大多数用户而言，他们对于品牌的敏感度远不如对价格的敏感度那么高，价格是指导购买行为的第一要素。品牌的意义在于它能够反映出产品或服务的差异性、质量、品位和口碑。品牌的价值在于它能够改变消费者的购买行为，从而为企业带来高于平均水平的附加值。因此，具有品牌效应的产品或服务应该具有如下特征：①具有很强的辨识度；②让消费者拥有信任、依赖和满足感；③高于一般水平的售价；④体现企业的文化和价值观；⑤对于消费者来说是一种优先购买的选择。

此外，我们还要看企业采取了哪些措施来保持以上这些优势(护城河)不被侵蚀。

3.2.5 成长性

成长性侧重未来的成长，着眼看远景。成长性需要定性分析，而无法精确地定量分析。对于新兴行业来说，历史数据的参考意义不大。而对于成熟行业来说，较长时间的历史数据(最好涵盖一个完整的经济周期)能够提供一些线索，作为参考还是很有必要的。

3.2.6 回报率水平

看一家企业的回报率水平要重点关注三个指标。
(1) ROE(股东权益报酬率或净资产收益率)。
(2) ROA(总资产回报率)。
(3) ROIC(投入资本回报率)。

需要注意的是，在计算过程中须对涉及净利润和净资产的项目进行拆解，获取属于经营活动的真实数值。这能最大程度地避开财务陷阱。

3.2.7 安全性：关键是现金流与现金储备

企业内容价值分析关于安全性的问题，需要关注以下几方面。

1. 资产结构

(1) 现金资产。资产中现金及现金等价物的比重，代表了企业的现金储备。
(2) 可转换现金资产，包括金融资产、交易性资产和投资性资产等。
(3) 经营性资产。

2. 负债结构

(1) 有息负债。
(2) 无息负债。

3. 运营资本与资本流转

(1) 应收账款与主要欠款方。
(2) 存货构成。
(3) 资本流转情况，即本期运营资本变动与上一期运营资本变动的差值。运营资本变

动 =(预收 + 应付)-(应收 + 预付 + 存货)。

(4) 用别人的钱赚钱。具体来说就是企业的运营资本变动为正值,即 (预收 + 应付)>(应收 + 预付 + 存货)。上游客户的应付款与下游客户的预收款相当于一笔无息贷款,满足了企业正常运作所需的流动资本。

(5) 信用。这里的信用是指票据信用。票据是一种信用融资,企业的应收票据是对下游客户的信用,应付票据体现了上游客户给予企业的信用。票据信用反映了企业与上下游合作方之间的关系和地位,也是一种商业模式。

4. 现金流

现金流是评估企业竞争力的关键指标,因为利润可以被粉饰,其结果水分较多。经营现金流持续为正的企业具备研发和投资实力。

5. 企业的商业模式决定了估值模式

重资产型企业 (如传统制造业),以净资产估值方式为主,盈利估值方式为辅;轻资产型企业 (如服务业),以盈利估值方式为主,净资产估值方式为辅;互联网企业,以用户数、点击数和市场份额为远景考量,以市销率为主;新兴行业和高科技企业,以市场份额为远景考量,以市销率为主。

3.3 常用公司价值分析方法

企业估值虽然很多时候被称为艺术,而不是科学,但尽可能进行严谨的估值是投资者的追求。企业估值方法可分为绝对估值方法和相对估值方法。以现金流折现模型为代表的绝对估值,优点很鲜明,逻辑框架完美,也具有实践操作性;但缺陷也同样明显,模型中充满了假设和猜想,各个参数都处于一种被质疑的动荡之中,以至于有人称其为"数学与财会伪装下的玄学"。市盈率、市销率等是相对估值方法的代表。

无论使用哪一种估值方法,市值都是一种最有效的参照物。市值被看作是市场投资者对企业价值的认可,侧重于相对的"量级"比较而非绝对值的高低。例如,同样是影视制作与发行企业,国内华谊兄弟市值 419 亿人民币,折合约 68 亿美元,而美国梦工厂 (DWA) 市值 25 亿美元。另外,华谊兄弟 2012 年收入为 13 亿人民币 (折合 2.12 亿美元),同期梦工厂收入为 2.13 亿美元。这两家公司的收入在一个量级上,而市值量级却不在一个水平上。由此推测,华谊兄弟可能被严重高估。当然,高估值体现了市场预期定价,高估低估不构成买卖依据,但这是一个警示信号。精明的投资者可以采取对冲套利策略。

下面介绍几种常见的企业估值方法。

(1) 市值 / 净资产 (P/B),市净率。注意事项有:考察净资产必须明确有无重大进出报表的项目；净资产要做剔除处理，以反映企业真实的经营性资产结构。市净率要在比较中才有意义，绝对值无意义；找出企业在相当长的时间段内的历史最低、最高和平均三档市净率区间。考察周期至少5年或一个完整经济周期。若是新上市企业，必须有至少3年的交易历史；找出同行业具有较长交易历史的企业做对比，明确三档市净率区间。

(2) 市值/净利润(P/E)，市盈率。注意事项有：考察净利润必须明确有无重大进出报表的项目；净利润要做剔除处理，以反映企业真实的净利润。市盈率要在比较中才有意义，绝对值无意义；找出企业在相当长的时间段内的历史最低、最高和平均三档市盈率区间。考察周期至少5年或一个完整经济周期。若是新上市企业，必须有至少3年的交易历史；找出同行业具有较长交易历史的企业做对比，明确三档市盈率区间。

市盈率可细分为静态、动态和滚动三种。静态市盈率，简称PE LYR或者PE(静)，计算方式为当前总市值除以去年一年的总净利润。动态市盈率，简称PE(动)，计算方式为当前总市值除以预估今年全年总净利润。注意"预估今年全年总净利润"，这个数据也有不少计算方式，比如以6个月内券商预测的净利润取平均数。滚动市盈率，简称PE TTM，计算方式为当前总市值除以前面四个季度的总净利润。一般PE TTM用在比较严谨的期刊、研报等地方，讲究数据的准确性，不用PE(动)的原因也就是其中的计算数据是"虚"的。

要确定一个合理的市盈率倍数，目前大概有三个版本的算法，一是用行业平均市盈率作为合理倍数，二是用企业历史平均市盈率作为合理倍数，三是根据行业长期增速、目前企业增速和企业长期品质来确定合理市盈率倍数。

(3) 市值/销售额(P/S)，市销率。注意事项有：销售额须明确其主营构成，有无重大进出报表的项目；找出企业在相当长的时间段内的历史最低、最高和平均三档市销率区间。考察周期至少5年或一个完整经济周期。若是新上市企业，必须有至少3年的交易历史；找出同行业具有较长交易历史的企业做对比，明确三档市销率区间。

(4) PEG，反映市盈率与净利润增长率之间的比值关系。PEG=市盈率/净利润增长率。PEG把股票当前的价值和该股票未来的成长联系了起来。比如一只股票当前的市盈率为30倍，从传统市盈率的角度来看可能并不便宜，但如果其未来5年的预期每股收益复合增长率为30%，那么这只股票的PEG就是1，可能是物有所值。当PEG等于1时，表明市场赋予这只股票的估值可以充分反映其未来业绩的成长性。如果PEG大于2，说明公司的利润增长跟不上估值的预期，则这只股票的价值就可能被严重高估。如果PEG小于0.5，说明公司的利润增长远好于估值的预期，则这只股票的价值就可能被严重低估。通常认为，这种方法在投资实践中仅作为市盈率的辅助指标，实战意义不大。

PEG告诉投资者相对市盈率估值而言更应该关注公司的利润增长情况。短期内，利润增速高的股票在一段时间内走势都会强劲，即便估值已经偏高。

(5) 本杰明·格雷厄姆成长股估值公式。

价值 = 年收益 ×(8.5+ 预期年增长率 ×2)。公式中的年收益为最近一年的收益，可以用每股收益 TTM(最近十二个月的收益) 代替，预期年增长率为未来 3 年的增长率。该公式具有比较强的实战价值，计算结果须与其他估值指标结合，不可单独使用。

(6) 还有一种常用的估值方法——利率估值法，计算方法类似于市盈率。比如，目前市场利率为 3%，企业年净利润为 1 亿元，则合理的市值为 1÷3%=33.3 亿元。该估值方法一定意义上可以代替安全边际。

(7) EV 法。企业价值 (Enterprise Value, EV)，是指收购某一家公司所需要支付的对价。而这里所谓的收购某一家公司，是指有权利风卷残云地彻底攫取这家公司所有的现金流。企业价值的计算公式是：EV = 股票市值 + 公司债务 - 现金；展开公式稍微浮夸一点：EV= 普通股市值 + 优先股市值 + 负债市值 + 少数股东权益 + 退休金负债 - 现金及有价证券。EV 法的优点是真正地做到巴菲特提倡的把股票当成整个生意来看，而不仅仅是通过一个股东狭隘的小眼睛来看估值，另外受不同的会计规则扭曲和受非核心业务扭曲的影响较小。

(8) EV/EBITDA 又称企业价值倍数，计算公式为 EV÷EBITDA。EV/EBITDA 和市盈率 (PE) 等相对估值法指标的用法一样，其倍数相对于行业平均水平或历史水平较高通常说明高估，较低说明低估，不同行业或板块有不同的估值 (倍数) 水平。其中 EV 是指公司价值，其计算公式为 EV= 市值 + 总负债 - 总现金 = 市值 + 净负债。EBITDA 是企业在付息、交税、折旧和摊销之前的利润额，其计算公式为 EBITDA=EBIT+ 折旧费用 + 摊销费用。其中，EBIT 是息税前利润，其计算公式为 EBIT= 经营利润 + 投资收益 + 营业外收入 - 营业外支出 + 以前年度损益调整 (或 = 净利润 + 所得税 + 利息)。

以上方式均不可单独使用，至少应配合两种联合研判，其绝对值亦没有实战意义。估值的重点是比较，尤其是相似企业的比较，跨行业亦没有意义。

事实上，当前的自由现金流和未来的增长共同决定了公司的价值，但二者之间具有内在的权衡关系 (trade-off)，而最终影响这种权衡结果的变量是 ROIC。ROIC、增长率和要求回报率是驱动股价的三个核心要素。所以，一般都要把市盈率和 ROIC 结合起来考虑。比如，金融股不仅是绝对市盈率低得多，而且与可选消费相比，其相对市盈率也低于历史均值水平。看起来金融的估值吸引力相对更大，但是当我们深究市盈率，研究其背后的 ROIC、利润增长率和资本成本之后，我们发现，金融的估值其实是偏高的。

另外，我们也要注意对"另类数据"的应用。传统数据的劣势在于滞后性，是对企业历史经营的总结，容易受主观影响，存在片面性。另类数据的特点在于快速、实时更新、较为客观全面。比如，2018 年 11 月在澳大利亚一辆装载了 268 车铁矿的火车脱轨，铁矿价格出现了上涨，许多投资人认为这起事件会导致铁矿的供给短缺。但实际上，如果找来当时事故发生地的卫星图像，仔细分析后会发现在事故地点把铁矿重新装车并不难。掌握这个消息的投资人认为铁矿短期内价格可能会上涨，但过后铁矿价格一定会回落。基于这个信息，这些交易员赚了一大笔。

再比如，通过观察小区21点后开灯率，可以分辨小区是投资属性还是居住属性，从而判断该小区是被有投资需求的人购买，还是被有真实居住需求的人购买。

著名的"做空"机构浑水公司曾经"狙击"一个中概股——东方纸业，认为这家企业存在财务造假，它是如何发现的呢？据称，浑水公司曾派人蹲点东方纸业厂区的生产经营活动，发现从物流的情况来看90分钟内仅一两辆车出入，与其财报所示的销售规模不成比例，因此判断东方纸业存在严重夸大收入的行为。

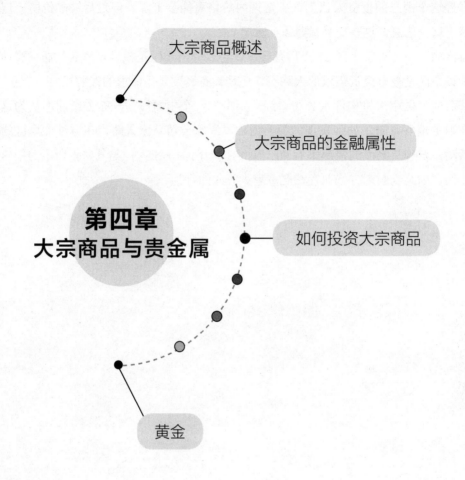

本章学习目标

01 学习并掌握什么是大宗商品及其特点

02 了解大宗商品的金融属性以及如何投资大宗商品

03 了解并掌握投资黄金的种类及方法

> **本章简介**

本章主要讲解大宗商品交易的特殊性、大宗商品与贵金属的关联性。通过本章的学习可以了解到在投资过程中大宗商品如何配置、黄金投资理财的主要渠道、世界黄金走势的影响点有哪些等。

4.1 大宗商品概述

大宗商品是指可进入流通领域,但非零售环节,具有商品属性用于工农业生产与消费使用的大批量买卖的物质商品。在金融投资市场,大宗商品则指同质化、可交易、被广泛作为工业基础原材料的商品,如原油、有色金属、钢铁、农产品、铁矿石、煤炭等。大宗商品包括3个大的类别,即能源化工商品、金属商品和大宗农副产品。农副产品约有20种,包括玉米、大豆、小麦、稻谷、燕麦、大麦、黑麦、猪腩、活猪、活牛、小牛、大豆粉、大豆油、可可、咖啡、棉花、羊毛、糖、橙汁、菜籽油等。其中大豆、玉米、小麦被称为三大农产品期货商品。金属产品包括金、银、铜、铁、铝、铅、锌、镍、钯、铂、镁、钨、钼、锂、锗等。能源化工产品包括原油、取暖用油、无铅普通汽油、天然气、天然橡胶等。其中石油化工、金属、煤炭能源等大宗商品属于国家战略控制和调节的商品,如动力煤、焦炭、铜等,这些商品的数量影响着国家战略方针的制定。

大宗商品从上市交易开始,就具有商品和金融的双重属性。根据大宗商品的金融属性,有时也把大宗商品细分为六大类,分别是有色金属商品、贵金属商品、黑色系商品、能源化工商品、农副商品和软商品。

有色金属通常是指除去铁(有时也除去锰和铬)和铁基合金以外的所有金属。有色金属又可分为重金属(如铜、铅、锌)、轻金属(如铝、镁)以及稀有金属(如钨、钼、锗、锂、镧、铀)。有色金属商品是国民经济、人民日常生活及国防工业、科学技术发展必不可少的基础材料和重要的战略物资。农业现代化、工业现代化、国防和科学技术现代化都离不开有色金属商品。现在世界上许多国家,尤其是工业发达国家,竞相发展有色金属工业,增加有色金属的战略储备。在大宗商品交易中,有色金属商品交易的主要品种是铜、铝、锌、铅。

贵金属商品包括8种金属元素:金(Au)、银(Ag)、铂(Pt)、钯(Pd)、铑(Rh)、铱(Ir)、锇(Os)、钌(Ru)。这些金属由于在地壳中含量少,勘探开采提炼难度高,所以被称为贵金属。贵金属商品由于其独特的物理化学性能,在应用领域为其他任何金属材料所无法代替,更在某些应用领域起着决定性和关键性的作用。大多数贵金属拥有美丽的色泽,对化学药品的抵抗力相当大,保值性强。无论是大宗商品现货交易,还是大宗商品期货交易，贵金属交易商品都主要是指黄金和白银。

黑色系商品就是指黑色的大宗商品，主要包括煤矿商品(如焦煤、焦炭、动力煤等)、钢铁(如螺纹钢、铁矿石、热卷板、硅铁、锰硅等)、建材(如玻璃等)。在大宗商品交易中，黑色系商品交易的主要品种是动力煤、螺纹钢、铁矿石、焦炭等。

能源是指可产生各种能量(如热量、电能、光能和机械能等)或可做功的物质的统称，是指能够直接取得或者通过加工、转换而取得有用能的各种资源，包括煤炭、原油、天然气、煤层气、水能、核能、风能、太阳能、地热能、生物质能等一次能源，电力、热力、成品油等二次能源，以及其他新能源和可再生能源。化工与能源的密切关系表现在化石燃料及其衍生的产品不仅是能源，而且还是化学工业的重要原料。以石油为基础，形成了现代化的强大的石油化学工业，生产出成千上万种石油化工产品。在大宗商品交易中，能源化工商品的主要品种是原油、天然气、橡胶、PTA、塑料、PVC等。

农副商品主要包括谷物(如大豆、小麦、玉米、大米等)、饲料(如豆粕、菜粕等)、食用油脂(如豆油、棕榈油、菜籽油等)，还包括鸡蛋和淀粉。在大宗商品交易中，农副商品的主要品种是大豆、玉米、豆粕、小麦、豆油、棕榈油、菜籽油、鸡蛋、淀粉等。

软商品与硬商品对应(硬商品，一般是指金银等可以充当货币的商品，特别是金，它天生就是货币)，是指除了金银等可以充当货币的商品以外的其他商品。硬商品和软商品的主要区别是：硬商品具有可以充当一般等价物的功能，而软商品则没有这个功能。在大宗商品交易市场中，软商品主要是指白糖、棉花、橙汁、可可、咖啡等商品。在国内期货市场，软商品的主要交易品种是白糖和棉花。

总体来说，大宗商品具备比较鲜明的特点。

一是价格波动大。只有商品的价格波动较大，有意回避价格风险的交易者才需要利用远期价格先把价格确定下来。比如，有些商品实行的是垄断价格或计划价格，价格基本不变，商品经营者就没有必要利用期货交易来回避价格风险或锁定成本。也正是因为大宗商品的价格波动过于剧烈，在衡量通货膨胀的CPI(消费者价格指数)外，还另外增加了核心CPI指标，即不包含能源类和食品类在内的价格指数。

二是供需量大。期货市场功能的发挥是以商品供需双方广泛参加交易为前提的，只有现货供需量大的商品才能在大范围进行充分竞争，形成权威价格。

三是易于分级和标准化。期货合约事先规定了交割商品的质量标准，因此，期货品种必须是质量稳定的商品，否则，就难以进行标准化。

四是易于储存、运输。商品期货一般都是远期交割的商品，这就要求这些商品易于储存，不易变质，便于运输，保证期货实物交割的顺利进行。电能原来不可大规模储存，现在技术已经有所突破；天然气存储的成本较高。除此之外，其他均易存储。

五是季节性特征明显。很多大宗商品的供给，尤其是小麦、大豆等农产品，具有鲜明的季节性。同时，很多大宗商品的需求，尤其是燃料油、天然气等，也具有鲜明的季节性。我们在分析每一种大宗商品的时候，必须仔细考虑其供给和需求的特点。

六是大宗商品的价格易受天气和突发事件的影响。农产品受气候变化的影响最突出，金属商品受矿难、罢工和政治动荡等因素的影响很大，这主要是由于在金属商品领域形成了具有重大影响力的生产商和交易商。

自从原油等期货市场产生后，相应的大宗商品市场便成为金融市场的一部分，石油、铜、铁矿石等大宗商品逐渐脱离商品属性的枷锁，散发出浓厚的金融化气息。

大宗商品的金融化，对大宗商品的价格波动有巨大的影响。据测算，资金流动性对大宗商品价格指数的贡献率超过 20%，实际产业需求的贡献率约为 10%，美元汇率变动的贡献率约为 5%，金融属性对大宗商品的价格上涨贡献率远大于商品属性，这也是国际大宗商品金融化的重要推手。进入 21 世纪，国际大宗商品市场金融化呈现新的特点。

其一，大宗商品市场与其他金融市场的联动性更为明显。

其二，虽然价格影响因素日益增多，但国际大宗商品与美元汇率有脱钩趋势，国际油价和黄金价的波动幅度远远超过了美元指数的波动幅度。

其三，大宗商品的价格差异化加剧。

大宗商品金融化的影响是十分深远的。考虑到大宗商品市场曾经的半分割状态，大宗商品金融化有助于分散大宗商品价格风险和降低套期保值成本，指数投资者重组投资组合能将外界波动引入大宗商品市场，将石油价格波动引入非能源类大宗商品，增加大宗商品波动性，尤其是非能源类大宗商品，指数交易者多为金融机构投资者，其风险观、资金约束和杠杆率等特征会影响他们，进而影响到市场价格。

对大宗商品来讲，市场风险主要表现在市场的交易风险、流动性风险和政策风险，以及操作性风险、汇率风险。影响大宗商品的宏观因素包括产业、政治、资金各方面。大宗商品未来的走势、变化和经济形势密切相关，和宏观背景密切相关。从市场的风险角度来讲，由于美国长期的宽松货币政策引起的美元贬值，包括世界主要货币大的汇率波动，以及人民币长期地走向国际化，在这种利率博弈和汇率博弈的过程当中，大宗商品产生了一些新的变化。货币政策导致大量的资金流入商品市场，长期以来商品市场泡沫远远超过了实际交易的需要。同时，从这种角度来讲，大量的资金在进出市场当中，导致大宗商品价格偏离实体价格，大宗商品价格的区间波动幅度过大，出现一些价格操纵行为。

从短期来讲，在市场发展过程中新技术的推广，包括像人工智能的发展，新的交易策略的采用，在交易的过程当中，实际上会导致价格在一段时间内出现大的波动。

其次，在具体操作过程当中，对市场的不同理解也会产生交易风险。汇率和信用风险，以及仓单融资方面造成的风险和交易，也都增加了最近几年大宗商品交易平台出现风险事件的概率。

最后,在大宗商品,尤其是期货国际化的过程当中,也会产生一些风险点,比如出现交割量的不足、跨境支付的风险,以及一些流动性的因素所引发的风险。跨境监管、国际化会导致国际商品在监管政策上的差异和交易、交割制度的差异。在新形势下,这些因素都会导致大宗商品的价格波动,情况会越来越复杂,而且出现很多新的风险点。

当然,在具体的风险管理当中,也会相应产生新的风险工具来应对风险。衡量大宗商品价格变动的指标,最重要的就是大宗商品指数。常见的大宗商品指数也很多,并且未来还会不断增加,但是有些指数是投资者十分注重的。这些指数包括德意志银行流通商品指数、道琼斯瑞银大宗商品指数、高盛大宗商品指数、路透杰福瑞美国商品调查局指数、罗杰斯国际大宗商品指数和交易者持仓报告指数。国内最重要的指数是中国大宗商品指数。

高盛大宗商品指数是最受重视的指数之一。实际上,高盛大宗商品指数已经不属于高盛公司,该公司于2007年将此指数卖给了标准普尔公司。高盛大宗商品指数追踪24种大宗商品,权重则根据各商品的全球产量而定。为了避免出现异常值,权重的计算以五年为周期。

中国大宗商品综合指数体系立足于商品市场相关单位,以抽样调查的方式,采集详实、动态的数据信息,对行业中不同品种、不同经营主体、不同区域分别设立相关指数,通过各个指标的变化,观察行业内乃至国民经济运行的发展状况和变化规律。

4.2 大宗商品的金融属性

除了将大宗商品用来对冲风险,在很多经典的投资组合中,如世界领先的养老基金和捐赠基金中,我们都能看到大宗商品成为资产配置的组成部分,这是为什么呢?

1) 大宗商品在投资组合中的优势

我们看看大宗商品在投资组合中的优势。

(1) 大宗商品的流动性较高。与其他另类投资的资产类别相比,大宗商品期货合约以及投资大宗商品公司权益都有比较好的流动性。

(2) 大宗商品与股票和债券的相关性较低。许多投资者将自己的投资组合局限在股票以及债券中,如此集中的配比,组合风险会比较高。大宗商品恰好能为投资者提供组合多样性,分散风险。

(3) 大宗商品可以抗通胀。同房地产一样,商品属于实物资产。实物资产的一个共同点就是其与通胀的相关性高,能有效对抗通货膨胀。因为大多数商品的价格会伴随通胀走高,所以商品资产成了对抗通胀的有效手段。

2) 大宗商品在投资组合中的劣势

不过大宗商品也有劣势。

(1) 长期来看,大宗商品的收益比股票和债券要低。

(2) 大宗商品的周期较长,影响因素较多,价格波动较大。

(3) 技术进步提高了商品产量,但同时也会进一步打压价格。

虽然大宗商品优势与劣势都非常明显,但是资产配置,就是要追求相同风险下最大收益组合或者相同收益下最小风险组合。选择资产配置,就是为了尽力避免经济周期轮动和"黑天鹅"带来的风险。

所以,大宗商品对于资产配置组合的意义在于:多样性能够扩展投资边界;负相关性和高波动能分散风险;在 CPI 飙升的时期缓解通货膨胀带来的压力。

在投资大宗商品市场前,我们需要了解历史上大宗商品与其他投资市场的相关性。比如,其与股市、债市之间的联系等。在新世纪之前,大宗商品同各金融市场是分开的,不同大宗商品市场之间也是分开的。新世纪之初,低利率时期的投资组合多元化和新世纪初的股市崩盘促使金融机构开始投资大宗商品。

很多大宗商品生产国(多来自新兴经济体)欠缺完善且流动性强的金融市场。随着近年大宗商品价格的攀升,大宗商品生产国开始转向世界金融市场。各大金融机构通过投资大宗商品期货指数、大宗商品证券、ETF 进入大宗商品市场。

4.3 如何投资大宗商品

大宗商品与其他投资品种有些不一样,大宗商品的交易量、需求量和供给量一般都比较大,因此大宗商品的期现货市场都是以商品供需双方广泛参与交易为前提,大范围进行充分竞争才形成权威价格。

此外,大宗商品也是一种标准化的商品,它所对应的期货合约事先规定了交割商品的质量标准。

因为大宗商品多是上游工业产品,其供需状况决定的期货及现货价格会直接影响到整个经济体系,因此大宗商品投资受到许多个人或机构投资者的信赖。

事实上,大宗商品很长一段时间都是资本大鳄们追逐的对象。政治经济学上有句名言:如果你控制了石油,你就控制了所有国家。无论政治斗争还是经济运行都需要"动力",石油作为现代经济的血液,影响力非常大。早期的历史中,金融制度不完善,在地缘政治斗争中左右逢源的投资大鳄以及一些权贵家族常通过垄断市场控制价格、控制交易所、控制仓储等手段玩转大宗商品,以获取暴利。

如今,得益于大宗商品指数及交易型开放式指数基金等投资方式得到普及,同时美国纽约商品交易所的大宗商品交易平台实现电子化交易，监管得以加强，基础建设方面的改善使得交易更加迅速，成本进一步降低。现在，普通的投资者也可以配置大宗商品。

4.3.1 大宗商品投资渠道

目前投资者投资大宗商品，主要有五种渠道。

1. 直接投资商品现货

但要注意的是，如果你要直接投资大宗商品现货，那你得先找到卖家，然后找到能够存储这些现货的场所。卖掉现货时，你还得自己找到买家，并想办法搞定物流。所以，投资那些存储运输麻烦、你不了解的商品现货并不一定能带来最好的收益。是否参与直接现货投资你要考虑清楚——你是否要使用这些商品？你打算持有这种商品多久？商品的仓储、运输、保险成本等费用是多少？

目前，大宗商品现货更多的是企业通过电子交易平台，进行产品的销售、采购，完成电子化的购销合同、收付货款等工作，最终实现货物的有效交收。

现货大宗商品电子交易的特点：双向交易，对冲机制，涨跌均可赚钱；杠杆机制，以小搏大，放大资金交易。

回顾历史，市场化的电子商务平台、大宗商品交易平台、大宗商品供应链平台发展，对中国经济发展的重要性无论如何强调都不过分，面对世界百年未有之大变局，其肩负的使命任重而道远。

2. 投资大宗商品的期货、期权合约

相比直接持有商品，期货、期权合约给投资者提供了另外一种选项，不用担心如何"照顾"现货了。期货合约是双方在未来某个确定的时间，以确定的价格、确定数量共同履行的合约。但期货合约并不适合所有人，举个例子，如果你想要一份黄金期货合约，合约里面规定你半年后要购买100盎司黄金，总价超过12万美金，小投资者是买不起的。所以，很多商品生产商、商品原料需求商才是买这种"未来货品"的大客户，通过期货合约对冲，以防止未来价格的不稳定，影响生意。

但需要注意的是，目前国内只有三大合法的商品期货交易所。

上海期货交易所，主要交易铜、黄金、铝、锌、天然橡胶、燃油等；大连商品期货交易所，主要交易大豆、豆油、豆粕、玉米、棕榈油、聚乙烯等；郑州商品期货交易所，主要交易强麦、硬麦、棉花、白糖、PTA、菜籽油等。

在我国的很多省份，还存在一些大宗商品交易所，这些交易所并不是全国性的。投资者务必要在投资之前，确认这些交易所的合法性问题。因此当碰到一些所谓的其他的交易所、外盘等，还需要多个心眼，而且期货投资本质上是以获取价差为目的的，是投机业务，带有杠杆属性，如果遇到市场剧烈波动，可能会造成极大损失。

此外，因为期货合约具有到期日的时间限制，这就不可避免地会造成一个问题，当期货合约到期日临近时，如果你并不打算现在交割现货，或者平仓，而是想长期持有，那你就要中止先前这些合约，再买进另一批不同期限的合约，这就叫作转仓。转仓的时候不可避免会出现一些亏损或盈利。如果该商品的期货处于溢价的状态，换句话说，如果接下来要买的期货合约价钱变高了，那就会亏损，所以投资大宗商品合约要尽量减少溢价带来的影响。

3. 投资商品类上市公司股票和可转债

另外，投资者还可以直接持有商品类公司的股票和可转债。不过必须注意的是，公司的股价不一定会跟他们生产商品的价格走势一致，反而更易被股票市场整体走势影响。也就是说，投资者不仅要承担大宗商品价格波动的风险，还要承担证券市场的系统性风险。

4. 投资大宗商品 ETF

我们经常能在市场上看到的基金，如名称为黄金 ETF、××原油、××商品、××商品 ETF 联接以及商品 QDII 等，都属于投资大宗商品市场的基金。

在大宗商品 ETF 中，有的 ETF 会直接持有商品现货，有的 ETF 会持有商品期货合约，还有的 ETF 会投资和商品相关的公司。

投资者要注意，对于长期持有商品期货合约的 ETF，它的表现可能会和底层资产的价格有偏离，因为期货合约的价格已经把储存费用等都算进去了。所以对于那些储存成本较高的商品来说，期限较长的合约溢价也会大一些（期货溢价是指商品期货价格高于预期现货价格的情况）。这意味着，即使现货价格上涨，但可能已经包含在未来的期货价格中，导致 ETF 持有者不能获得这个上涨收益。

5. 通过商业银行等渠道购买挂钩大宗商品的理财产品

这也是很多投资者常用的大宗商品投资渠道。这里要注意的是，投资者必须对所购买的理财产品的投资逻辑有清晰的了解，明白其风险控制措施，只有这样才能降低投资的风险。自从"资管新规""理财新规"颁布后，我国的银行理财产品实现净值化报价、降低杠杆、前后端穿透等管理措施，但最大的特点是已经不再"刚兑"，投资银行理财产品还是存在一定风险的。

以原油为例，部分商业银行提供了账户原油投资。所谓的账户原油是银行向个人客户提供的以原油为标的的交易产品，采用保证金模式交易、只记份额、不提取实物，分人民币和美元两个币种。客户可根据银行报出的账户原油双边报价买入或卖出账户原油份额。账户商品报价综合考虑国际商品价格走势、客户所在银行的交易头寸及市场流动性、外币/人民币汇率等因素后，在价量平衡的原则上开展。这类业务的交易门槛低。

还有部分商业银行提供了与原油相关或者挂钩的理财产品，但一定要清晰了解其投资逻辑和风险控制措施，防止出现第二个"原油宝"事件。

4.3.2 大宗商品投资理论与定价方式

投资大宗商品，一定要了解大宗商品的投资理论和大宗商品的定价方式。

1. 投资理论

投资大宗商品，"美林投资时钟模型"是投资者常用的理论之一。根据"美林投资时钟模型"，将经济周期划分为衰退、复苏、过热和滞胀四个阶段，每个阶段各投资市场的强弱表现和收益率是不同的。

在衰退期：经济下行，产出缺口减少，通胀下行。货币政策趋松，债券的表现最突出。此阶段，债券 > 现金 > 股票 > 大宗商品。

在复苏期：经济上行，产出缺口增加，通胀下行。经济转好，企业盈利改善，股票获得超额收益。此阶段，股票 > 债券 > 现金 > 大宗商品。

在过热期：经济上行，产出缺口增加，通胀上行。通胀上行增加了现金的持有成本，加息的可能性降低了债券的吸引力，商品受益于通胀的上行，明显走牛。此阶段，大宗商品 > 股票 > 现金 / 债券。

在滞胀期：经济下行，产出缺口减少，通胀上行。经济下行对企业盈利形成拖累，对股票构成负面影响，债券的吸引力提升。此阶段，现金 > 债券 > 大宗商品 / 股票。

大宗商品不管是从产品自然属性，还是过往的历史数据上来看，都是不同于股票和债券的一种独特的资产类型。如何将股票、债券、商品、房地产等不同属性的资产配置组合，是一个被永恒讨论的问题。投资市场理想的状态是：随着经济周期的变化，盘子里的热门资产能不断轮动。但从实证研究和经验来看，实现的代价相对较大。

2. 大宗商品的主要定价方式

1) "一对一"的现货贸易之协商定价

即通过市场交易的买卖双方平等协商定价，所定的商品交易价格包括即期交易的价格和远期交易的价格。在此基础上，又发展出来"一对多""多对多"的谈判定价。在现货交易市场的基础上，逐渐发展并形成了大宗商品的电子化的远期交易市场，例如余姚的塑料交易市场等。

2) 以期货价格为基准价格的定价方式

在现货市场的基础上发展起来的期货市场，是目前我国大宗商品交易的主要场所之一。大宗商品品质差别小，其价格波动幅度大且频繁，尤其是对供求关系、宏观经济状况等因素变化十分敏感，正因为存在价格风险，套期保值者需要用期货交易规避价格风险，同时投资者也可以利用价格波动赚取利润。

期货市场上对于大宗商品的定价有以下两种影响方式。

(1) 间接影响。期货市场中形成的价格主要是为了给大宗商品的定价提供参考依据，使得大宗商品的生产、加工和贸易企业以此为参考，及时了解大宗商品的价格变动信息，合理安排本企业的生产、加工、投融资结构等。

(2) 直接影响。在这种方式下，期货价格成为大宗商品交易的基准价格，即形成点价交易，也就是以某月份的期货价格为计价基础，以期货价格加上或减去双方协商同意的升贴水来确定双方买卖现货商品的价格的定价方式。以铜为例，在铜精矿和阴极铜的贸易中通常利用伦敦金属交易所或纽约商品交易所的铜期货价格作为点价的基础。

值得注意的是，期货价格之所以能通过直接或间接的方式为大宗商品定价，主要还在于期货市场的价格发现功能。期货市场能够对现货价格变化产生反应，当影响价格变化的新信息出现时，期货价格能够迅速变化，并通过期货与现货的套利机制，将信息传递至现货市场，从而使得现货市场和期货市场紧密融合在一起。

4.4 黄金

黄金不同于一般商品，从被人类发现开始就具备了货币、金融和商品属性，并始终贯穿人类社会发展的整个历史，只是其金融与商品属性在不同的历史阶段表现出不同的作用和影响力。

黄金是人类较早发现和利用的金属，由于它稀少、特殊和珍贵，自古以来被视为五金之首，有"金属之王"的称号，享有其他金属无法比拟的盛誉。正因为黄金具有这样的地位，一度成为财富和华贵的象征。随着社会的发展，黄金的经济地位和商品应用在不断地发生变化，它的金融储备、货币职能在调整，商品职能在回归。随着现代工业和高科技快速发展，黄金在这些领域的应用逐渐扩大，到目前为止，黄金在国际储备、货币、首饰等领域中的应用仍然占主要地位。

4.4.1 黄金的主要用途

1. 外汇储备

由于黄金的优良特性，历史上黄金具有价值尺度、流通手段、储藏手段、支付手段和世界货币等职能。20世纪70年代黄金与美元脱钩后，黄金退出流通货币的舞台，黄金的货币职能大大减弱。但是，目前许多国家的外汇储备中，黄金仍占有相当重要的地位。

2. 黄金饰品

黄金饰品一直是社会地位和财富的象征。随着人们收入的不断提高，财富的不断增加，保值和分散化投资意识的不断提高，黄金饰品的需求量逐年增加。

3. 工业与高新技术产业

黄金有着特有的物化性质：具有极高抗腐蚀的稳定性；良好的导电性和导热性；原子核具有较大的捕获中子的有效截面；对红外线的反射能力接近100%；在黄金的合金中具有各种触媒性质；有良好的工艺性，极易加工成超薄金箔、微米金丝和金粉，很容易镀到其他金属、陶器及玻璃的表面上；在一定压力下黄金容易被熔焊和锻焊；可制成超导体与有机金等。因此，黄金被广泛应用于工业和现代高新技术产业中，如电子、通信、宇航、化工、医疗等领域。

4.4.2 黄金的供应与需求

1. 黄金的供应

据统计，目前世界查明的黄金资源量仅为10万吨，地下金矿总储量略微超过5.5万吨，黄金储量的静态保证年限为15年。

世界上有80多个国家生产黄金，南非的黄金资源量和储量基础分别占全球总量的50%和38%，其他主要的黄金资源国有俄罗斯、中国、美国、乌兹别克斯坦、澳大利亚、加拿大、巴西等。截至2020年年底中国已探明黄金资源储量为1.47万多吨。

世界黄金市场的供给主要有以下几个方面：世界各产金国的矿产金；再生金；官方售金，如央行或国际货币基金组织售金。中国是世界上最重要的黄金生产国之一，黄金产地遍布全国各地，几乎每一个省都有黄金储藏。

地球上的人类在几千年文明史中不断开采黄金，到2016年累计形成了18.83万吨的黄金存量。据GFMS 2015年的统计，地表黄金储量中有48%是作为珠宝首饰存在的，还有3.47万吨和3万吨分别形成了私人储备资产和各国官方储备，其他部分存在于制造业和其他领域。全球每年新开采出来的矿产金，会持续转化为新的珠宝、私人投资等形式。

2. 黄金的需求

1) 消费需求

黄金的消费需求主要有首饰业、电子业、牙科、官方金币、金章和仿金币等。一般来说，世界经济的发展速度决定了黄金的工业总需求，尽管科技的进步使得黄金替代品不断出现，但黄金因其特殊的金属性质其需求量仍呈上升趋势。世界经济的发展状况决定了黄金的居民消费需求，在经济持续增长，人们收入水平持续提高，生活水平不断改善的时候，人们对黄金饰品、摆件等的需求就会增加。

从目前黄金需求结构看，首饰需求占总市场需求的40%以上。亚洲，特别是中国和印度，具有黄金消费的传统和习惯，并且这两个大国的经济正在快速发展，居民经济收入正在快速提高，因此黄金消费需求也在不断增加。

2) 储备需求

黄金的储备需求主要是指官方储备。官方储备是央行用于防范金融风险的重要手段之一。中国黄金储备与外汇储备总额的占比远远低于欧美发达国家的水平。

3) 投资需求

由于黄金具有储值与保值的特性，人们对黄金还存在投资需求。对于普通投资者，投资黄金主要是在通货膨胀情况下，达到保值的目的。此外，投资者也可以利用金价波动，获取价差收益。

目前，受世界经济形势与政治局势影响，黄金价格波动较为剧烈，黄金现货及依附于黄金的衍生品品种众多，黄金的投资价值凸显，黄金的投资需求不断放大。

4.4.3 世界黄金市场

全球黄金市场主要分布在欧、亚、北美三个区域。欧洲以伦敦、苏黎士为代表；北美主要以纽约、芝加哥为代表；亚洲主要以日本东京、中国香港为代表。

1. 美国黄金市场

美国黄金市场是20世纪70年代中期发展起来的。1977年后，美元贬值，美国人(主要是以法人团体为主)为了套期保值和投资增值获利而投资黄金，因此黄金市场发展了起来。美国黄金市场经过了一系列合并整合，如今以美国芝加哥商业交易所(Chicago Mercantile Exchange，CME)集团下属的COMEX交易所为主。美国芝加哥商业交易所是美国最大的期货交易所、世界上最大的金融衍生品交易所和第二大期货期权合约交易所。

美国黄金市场以做黄金期货交易为主，目前纽约黄金市场已成为世界上交易量最大和最活跃的期金市场。1994年8月3日，纽约商业交易所和COMEX交易所正式合并，合并后的名称仍为纽约商品交易所，而原先的COMEX交易所则作为分部。合并后的交易所一跃成为世界上最大的商品期货交易所。

2. 伦敦黄金市场

伦敦是世界上最大的黄金市场，其发展历史可追溯到300多年前。伦敦黄金市场的交易制度比较特别。狭义来说，伦敦黄金市场主要指伦敦金银市场协会(London Bullion Market Association，LBMA)，该市场不是以交易所形式存在，而是OTC市场。LBMA的金价定盘价具有很大的市场影响力。

3. 苏黎士黄金市场

苏黎士黄金市场是第二次世界大战后发展起来的世界黄金市场。由于瑞士特殊的银行体系和辅助性的黄金交易服务体系，为黄金买卖者提供了一个既自由又保密的环境，这使得瑞士不仅是世界上新增黄金的最大中转站，也是世界上最大的私人黄金的存储与借贷中心。苏黎士黄金市场无金价定盘制度，在每个交易日特定时间，根据供需状况议定当日交易金价，这一价格为苏黎士黄金官价。全日金价在此基础上的波动无涨停板限制。

4. 东京黄金市场

日本黄金交易所成立于1981年4月，1982年开设期货，是日本政府正式批准的唯一黄金期货市场，为日本的黄金业者提供了一个具有透明度和有效率的交易平台。日本市场与欧美市场的不同之处在于，欧美的黄金市场以美元/金衡制盎司计而日本市场以日元/克计，每宗交易合约为1000克，交收纯度为99.99%的金锭，在指定的交割地点交割。

5. 中国黄金市场

1) 中国香港黄金市场

1974年，当时的香港政府撤销了对黄金进出口的管制，香港金市开始快速发展。因为香港黄金市场在时差上刚好填补了纽约、芝加哥市场收市和伦敦开市前的空档，可以连贯亚、欧、美，形成完整的世界黄金市场，所以香港发展成为世界五大黄金交易市场之一。目前香港地区最重要的黄金交易市场有香港金银贸易场、伦敦金市场以及期货市场。

2) 中国大陆黄金市场

20世纪30年代，上海金业交易所曾是远东最大的黄金交易中心之一，炒金是当时极为流行的投资方式。中华人民共和国成立后，政府对黄金实行统一管理。1950年4月，中国人民银行制定下发《金银管理办法》，冻结民间金银买卖，明确规定国内的金银买卖统一由中国人民银行经营管理。2002年10月上海黄金交易所开业，标志着中国的黄金业开始走向市场化。2008年1月9日，经国务院同意和中国证监会批准，黄金期货在上海期货交易所上市。目前，我国黄金市场体系基本建成，初步形成了上海黄金交易所黄金业务、商业银行黄金业务和上海期货交易所黄金期货业务共同发展的市场格局，形成了与黄金产业协同发展的良好局面。

4.4.4 黄金投资的渠道

1. 实物金

实物金买卖包括金条、金币和金饰等交易，以持有黄金作为投资。其投资额较高，但涉及的金额一般会较低(因为投资的资金不会发挥杠杆效应)，而且只在金价上升之时才可以获利。一般的饰金买入及卖出价的差额较大，视作投资并不适宜，金条及金币由于不涉及其他成本，是实物金投资的最佳选择。但需要注意的是，持有黄金并不会产生利息收益。

实物金可以从金店、商业银行、黄金生产商等处购买。

金币有两种，即纯金币和纪念性金币。纯金币的价值基本与黄金含量一致，价格也基本随国际金价波动，具有美观、鉴赏、流通变现能力强和保值功能。纪念性金币更具有纪念意义，对于普通投资者来说较难鉴定其价值，因此对投资者的素质要求较高，主要为满足集币爱好者收藏的需求，投资增值功能不强。

黄金现货市场上实物黄金的主要形式是金条和金块，也有金币、金质奖章和首饰等。金条有低纯度的砂金和高纯度的条金，条金一般重 400 盎司。市场参与者主要有黄金生产商、提炼商，中央银行，投资者和其他需求方。

黄金现货投资有两个缺陷，须支付储藏和安全费用，持有黄金无利息收入。于是通过买卖期货暂时转让所有权可免去费用和获得收益。中央银行一般不愿意通过转让所有权获得收益，于是黄金贷款和拆放市场兴起。

黄金掉期交易是黄金持有者转让金条换取货币，互换协议期满则按约定的远期价格购回金条。

2. 纸黄金

"纸黄金"交易没有实金介入，是一种由银行提供的服务，也称"账户金"，投资者不需要通过实物的买卖及交收来投资，而采用记账的方式来投资黄金，由于不涉及实金的交收，交易成本更低。值得留意的是，虽然它可以等同持有黄金，但是账户内的"黄金"一般不可以换回实物，如想提取实物，只有补足足额资金后，才能换取。

3. 黄金保证金

黄金保证金交易主要有两种交易方式，即 Au(T+5) 交易、Au(T+D) 交易。

Au(T+5) 交易是指实行固定交收期的分期付款交易方式，交收期为 5 个工作日（包括交易当日）。买卖双方以一定比例的保证金（合约总金额的 15%）确立买卖合约，合约不能转让，只能开新仓，到期的合约净头寸，即相同交收期的买卖合约轧差后的头寸，必须进行实物交收。如买卖双方一方违约，则必须支付另一方合同总金额 7% 的违约金；如双方都违约，则双方都必须支付 7% 的违约金给黄金交易所。

Au(T+D) 交易是指以保证金的方式进行的一种现货延期交收业务，买卖双方以一定比例的保证金（合约总金额的 10%）确立买卖合约。与 Au(T+5) 交易方式不同的是该合约可以不必进行实物交收，买卖双方可以根据市场的变化情况，买入或者卖出以平掉持有的合约。

4. 黄金期货

一般而言，黄金期货的购买者、销售者，都在合同到期日前出售和购回与先前合同相同数量的合约，也就是平仓，无须真正交割实金。每笔交易所得利润或亏损，等于两笔相反方向合约买卖差额。这种买卖方式，才是人们通常所称的"炒金"。黄金期货合约交易只需占交易额 10% 左右的定金作为投资成本，具有较大的杠杆性，少量资金推动大额交易。所以,黄金期货买卖又称"定金交易"。

世界上大部分黄金期货市场交易内容基本相似,主要包括保证金、合同单位、交割月份、期货交割、佣金、日交易量、委托指令等。

5. 黄金期权

期权是买方支付权利金,约定好将来以某一价格购买或出售标的物的权利。如果价格走势对期权买卖者有利,会行使其权利而获利。如果价格走势对其不利,则放弃购买的权利,损失只有当时购买期权的费用。由于黄金期权买卖投资战术比较多且复杂,不易掌握,目前世界上的黄金期权市场不太多。

6. 黄金股票或可转债

所谓黄金股票,就是金矿公司向社会公开发行的上市或不上市的股票,所以又可以称为金矿公司股票。由于买卖黄金股票不仅是投资金矿公司,而且还间接投资黄金,因此这种投资行为比单纯的黄金买卖或股票买卖更为复杂。投资者不仅要关注金矿公司的经营状况,还要对黄金市场价格走势进行分析。可转债的风险与其类似。

7. 黄金基金

黄金基金是黄金投资共同基金的简称,所谓黄金投资共同基金,就是由基金发起人组织成立,由投资人出资认购,基金管理公司负责具体的投资操作,专门以黄金或黄金类衍生交易品种作为投资媒体的一种共同基金。其由专家组成的投资委员会管理。黄金基金的投资风险较小、收益比较稳定,与我们熟知的证券投资基金有相同特点。

第二篇
科学规划应用

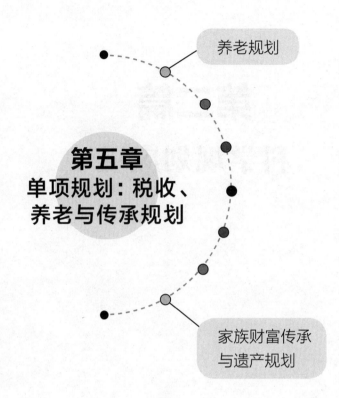

第五章
单项规划：税收、养老与传承规划

- 养老规划
- 家族财富传承与遗产规划

本章学习目标

01 掌握税务规划的重要性及其要点分析

02 学习并掌握养老规划的主要模式及工具

03 了解为什么要学习财富传承

04 掌握财富传承的类型及实现工具

> **本章简介**

本章主要介绍通过制订单项计划来达到养老及财富传承的相关目的。本章运用较多案例来讲解如何合理安排养老的主要模式及工具、财富传承的主要类型。通过对这些案例的解读能掌握财富传承的设计方案,通过选择适当的遗产管理工具和制定合理的遗产分配方案,对其所拥有或所控制的财产进行安排,确保这些财产能够按照自己的意愿实现传承。

5.1 养老规划

5.1.1 养老规划概述

1. 养老规划的原则和意义

退休规划需要遵循一定的原则,但其总体原则就是:一要本金安全,二要适度收益,产生的现金流可以抵御通货膨胀和生活成本的上升。具体而言,养老规划的原则包括以下几个方面。

1) 尽早规划原则

每一个人都希望自己晚年能够生活得幸福,有好的生活品质,但是退休后生活的好坏、品质的高低一定程度上取决于退休前后消费水平是否能维持一致。要想消费水平不降低,就必须未雨绸缪,事先对退休养老目标做好规划。退休养老规划必须提早安排,时间越长才可使资金的增值时间达到事先预期的效果。

2) 弹性化原则

退休规划不仅要提早规划,更重要的一点是必须具备可调整性。这个可调整性也称为弹性化原则,即退休养老规划必须根据个人与家庭的价值需求以及现实能力而制定,如果感到事前制定的目标不切实际,无法实施,则需要依照现实情况对制定的目标进行必要的调整,规划出切实可行的目标。同时,在规划时可能会遇到一些无法预料的情况或事件,比如,遭遇经济下滑期,整体环境与投资收益无法达到预期水平等;也有可能遇到行业不景气导致周期性失业,收入水平大幅降低等情况。所以,弹性化原则对退休养老规划而言非常重要,目的是确保能够应对现实状况的变化并及时做出相应的调整。

3) 退休基金使用的收益化原则

为了保证退休后生活的正常进行,通常的做法是增加储蓄。因为资金的时间价值原因,在增加储蓄的同时应当考虑到这部分投入的收益情况。退休养老资金是刚性需求,所谓刚性需求,就是到了那个时间点,就必须保证有一笔收入能满足这个需求。因此这部分资金的收益情况通常考虑的不是高低问题,而是尽可能稳健的问题,所以这部分资金投资的产品一般情况下会比较保守,但这并不是说退休基金的投资收益不用考虑。通常来说,投资收益应该寻求一个平衡点,这个平衡点体现在稳健性与收益性之间,即在保持稳健性的前提下,再考虑追求最大化的收益。

4) 谨慎性原则

大多数人对退休养老秉持的都是较为乐观的态度,而退休规划其中一个原则就是谨慎性原则。该原则要求规划退休目标的个人和家庭,不应该对退休生活和经济条件过于乐观,如退休收入的高估,或过于低估退休后的开支。还有就是,认为退休后的社会保障和储蓄完全可以覆盖自己的生活,或是认为退休后消费水平会显著下降,亦或是认为医疗保障会承担大部分医疗费用等。综上所述,个人与家庭在制定退休养老目标时,务必遵照谨慎性原则的要求,更多地估计消费水平会提高,更少地估计自己退休后可能会带来的收入,只有这样,才可能更好地保障退休后拥有较高品质的生活。

退休养老规划对于个人与家庭而言非常关键,是实现有品质的退休生活的基础。一个好的个人退休养老规划,可以帮助个人实现更美好的退休生活。

2. 养老规划的流程

为了更好地保证退休养老规划的准确性和有效性,应当结合相关情况分析退休后的养老需求,通常来说分为以下几个步骤。

1) 确定退休目标

退休目标,是指人们所追求的退休后的生活状态,比如过什么样的生活,这种生活预计持续多久等,即退休年龄和退休后的生活质量要求。退休年龄的确定至关重要,这对于确定剩余的工作时间以及资金和投资渠道的选择尤为关键。当前,我国企业职工的退休年龄是国家法定的,男性应年满60周岁,女性应年满50周岁,如果是女干部,能够年满55周岁退休。随着人口老龄化的趋势日益严峻,未来极有可能会延迟退休。同时,随着平均寿命的不断延长,老龄人口所面临的经济压力也必然越来越大。退休后的生活质量是确定退休目标的又一重要环节。考虑退休规划时,应当建立在规划目标合理、可实现的基础上,过高或无法达到的目标只会让退休规划无法完成。因此,在制定退休养老规划时,切忌为了短期利益而做出损害退休生活的行为,例如原本的退休目标在既定时间内无法实现,则不得不延长工作时间,推后退休的时间。

2) 从退休后的支出角度预测资金需求

退休后的余寿不能简单地用社会平均年龄减去退休年龄来预测,而是要根据自己的健康状况以及家族遗传因素等诸多方面来预估自己的终老岁数。一般来讲,退休后面临的风险是活得太长,而不是通常所想的死得太早,"活得太长"则意味着提前准备的生活费可能不够用而面临窘境。因此,应该根据自身情况,假设自己活得更长一些,以此作为计算退休总需求的条件。另外,随着医疗水平的不断提高,人的预期寿命一定是向上增长的，出于这个角度，也应该将余寿年龄估计得长一些。测算退休后的资金需求量，比较简单的方法就是以当前的支出水平和支出结构为初步依据，将通货膨胀、投资收益率等因素考虑后，分析退休后支出水平的变化，由此可以大致得到退休后的资金总需求。在计算过程中，还需考虑以下几个方面。

第一，退休后家庭成员结构发生变化，所需费用支出必然会有所改变，如一个四口之家，预计退休后子女已独立，测算生活费用时则仅考虑两个人的开销。

第二，应该去掉退休前已支付完成的负担，如子女高等教育费用、房贷车贷每月应摊的本息、商业保险费用等应在工作时支付完成的项目，退休费用测算时可以予以减除。

第三，剔除因工作而产生的额外支出费用，如置装费、交通费等。

第四，需增加退休后休闲娱乐费用及医疗费用的预算。

按照上述四点调整完之后的费用即为按目前水平测算的退休后所需费用，考虑通货膨胀等因素后，可以计算出退休后第一年所需费用，再乘以估计的余寿，就可得出退休后大致所需的整体费用。

3) 退休养老规划目标的调整

退休养老规划实际上是一个整体规划，它要求个人及家庭在当期累积的资金和未来可能进行的消费之间达到一个平衡点，根据个人情况的差异而各有不同。当个人退休目标、资金需求以及预期收入等因素发生变化时，规划就要进行适时调整，比如推迟退休年龄、降低退休后的生活质量、降低即期消费水平、提高投资收益率等。

5.1.2　养老规划的成本收益分析

1. 养老金需求分析

从需求端来看，我国老龄化程度加深、首批中产人群退休等因素催生了养老市场庞大的需求。老年人口总量方面，按照联合国标准，65岁老人占总人口的7%即视该地区进入老龄化社会。根据国家统计局数据，2021年我国65岁及以上人口占比达到14.2%，老龄化程度进一步加深，已经迈入"深度老龄化社会"。老年人口结构方面，我国首批中产人群年龄在50～65岁，具有较强的财富存量和消费潜力，即将面临退休和养老问题，有望将成为养老市场最大的需求来源，造就养老服务广阔的市场前景。根据中国保险行业协会发布的《中国养老金第三支柱研究报告》预测，未来5～10年时间，中国预计会有8万亿元～10万亿元的养老金缺口，这个缺口会随着时间推移进一步扩大。

2. 养老金投资的收益情况分析

根据全国社会保障基金理事会发布的2020年社保基金年度报告，2020年年末，社保基金资产总额29226.61亿元。其中2020年，社保基金权益投资收益额3786.60亿元，投资收益率15.84%，远高于社保基金自成立以来的年均投资收益率8.51%。人力资源和社会保障部发布的2020年全国企业年金基金业务数据摘要显示，截至2020年年末，全国企业年金积累基金总规模为2.25亿元，投资收益为1931亿元，加权平均收益率达10.31%。因此，整体来看，国内养老金资产投资运营的效果良好，投资收益率处于较高水平，全国社保基金历年收益情况见表5-1。

从海外情况来看，加拿大养老基金投资公司(Canada Pension Plan Investment Board，CPPIB)管理加拿大养老金计划，是加拿大最大的养老金管理机构之一，其所管理的加拿大退休基金也是世界最大的养老基金之一。截至2019年3月31日，CPPIB净资产3920亿加元，年化投资收益率达到8.9%，远超CPPIB内部制定的基准投资收益率6.6%[①]。CPPIB的资产配置多元化程度不断提高，从最初1999年全部投资固定收益资产，到现在以权益类资产为主，实物类资产也颇具规模。近年来，CPPIB的资产配置中另类投资占比不断上升，已占据半壁江山(56.8%)。

表5-1 全国社保基金历年收益情况

编制单位：全国社会保障基金理事会

年度	投资收益额（亿元）	投资收益率(%)	通货膨胀率(%)
2000年	0.17	—	—
2001年	7.42	1.73	0.70
2002年	19.77	2.59	-0.80
2003年	44.71	3.56	1.20
2004年	36.72	2.61	3.90
2005年	71.22	4.16	1.80
2006年	619.79	29.01	1.50
2007年	1453.50	43.19	4.80
2008年	-393.72	-6.79	5.90
2009年	850.43	16.12	-0.70
2010年	321.22	4.23	3.30
2011年	74.60	0.86	5.40
2012年	654.35	7.10	2.60
2013年	685.87	6.20	2.60
2014年	1424.60	11.69	2.00
2015年	2294.78	15.19	1.40
2016年	319.61	1.73	2.00
2017年	1845.77	9.68	1.60
2018年	-476.76	-2.28	2.10
2019年	2917.18	14.06	2.90
累计投资收益	12464.06	(年均)28.14	(年均)32.31

---

① 数据来源：CPPIB 2019年年报。

5.1.3 养老规划的主要模式和工具

1. 三支柱养老金模式

三支柱养老金模式目前是国际上普遍采用的养老金制度模式。在 20 世纪 80 年代，全球人口老龄化逐步加剧，当时很多主流国家实行的以现收现付制为主的养老金制度面临着财务平衡难以持续、国家财政负担不断加重等情况，老年人的生活面临较大的挑战。在这样的背景下，世界银行在总结了智利等国家养老金改革经验的基础上，于 1994 年 10 月在《防止老龄危机——保护老年人及促进增长的政策》的报告中提出了三支柱养老金改革模式的建议，其核心在于通过多个模式的不同养老金支柱来应对单一制度内老龄化带来的问题。

第一支柱，法律强制的公共养老金。第一支柱一般是由政府法律强制实施的公共养老金计划，旨在给退休人员提供最基本的养老保障，同时政府为公共养老金提供最终责任和保障。通常公共养老金采取的是现收现付制，由当期工作人口纳税融资支付给当期的退休人口作为养老金，体现现代社会资源的代际再分配。

第二支柱，企业个人共同缴费的职业养老金计划。由企业和个人共同缴费的职业养老金计划在有些国家已经成了养老金体系的主体。通常职业养老金计划采取的是完全积累制，即由个人缴费和企业匹配进入个人账户成为养老金来源的主体，加上多年的累计投资收益最终成为给付的基础，体现了精算平衡原理，能够有效应对公共养老金不足和人口老龄化的加剧，并且目前职业养老金计划也越来越多地由 DB 模式转为 DC 模式。该计划在美国等国家是自愿实施的，同时政府给予税收优惠和政策引导，但也有部分国家是实施强制性的职业养老金计划。

第三支柱，个人养老储蓄计划。第三支柱是基于个人意愿和完全积累制的个人养老储蓄计划，由个人自愿缴费，国家通常会给予税收优惠，能够为老年生活提供更为丰厚的养老回报。

美国的养老保险体系中，除国家提供基本保障外，职业养老金、个人养老基金所占的比重较大。美国庞大的养老资产，注重大类资产配置，相当一部分来自于投资收益。以美国的 DC 计划为例，投资的对象包括共同基金、信托、机构专户、公司股票等，主要配置共同基金，且以权益类基金为主。

2. 养老规划的主要工具

1) 长期护理险等各类商业养老保险

商业养老保险是以获得养老金为主要目的的长期人身险，它是年金保险的一种特殊形式，又称为退休金保险，是社会养老保险的补充。商业性养老保险的被保险人，在交纳了一定的保险费以后，就可以从一定的年龄开始领取养老金。这样，尽管被保险人在退休之后收入下降，但由于有养老金的帮助，他仍然能保持退休前的生活水平。商业养老保险主要包括分红型商业养老保险、万能型商业养老保险、传统型商业养老保险和投连型商业养老保险。

近年来国内逐步流行的长期护理险（被称为社保"第六险"），主要是为被保险人在丧失日常生活能力、年老患病或身故时，侧重于提供护理保障和经济补偿的制度安排。长期护理保险大约20年前在美国开始出现，德国和法国的长期护理保险发展势头一直很好。在美国，长期护理保险日益成为广大家庭最受欢迎的险种，已占美国人寿保险市场30%的份额。2016年，长期护理险开始在我国试点，以长期处于失能状态的参保人群为保障对象，重点解决重度失能人员基本生活照料和医疗护理所需费用。2020年9月，经国务院同意，国家医保局会同财政部印发《关于扩大长期护理保险制度试点的指导意见》，将长期护理保险试点城市增至49个。2020年11月8日，深圳市人大常委会发布《深圳经济特区养老服务条例》，明确长期护理保险于2021年3月1日起实施。

2）养老目标基金等养老理财产品

2019年6月，人力资源和社会保障部提出为完善多层次的养老保险体系，多类金融产品均可参与养老第三支柱，即符合规定的银行理财、养老目标基金等金融产品都可以成为养老第三支柱的产品。2018年3月3日，证监会发布《养老目标证券投资基金指引（试行）》，养老目标基金开始上市前筹备。《养老目标证券投资基金指引（试行）》对养老目标基金的概念给予明确界定，即"以追求养老资产的长期稳健增值为目的，鼓励投资人长期持有，采用成熟的资产配置策略，合理控制投资组合波动风险的公开募集证券投资基金"。养老目标基金是继建立社会保险中央调剂基金制度和税收递延型商业养老保险制度后又一项应对老年经济风险的重要举措，对养老保险多支柱体系发展具有重要实践意义。养老目标基金具有养老专项规划、期限灵活选择、配置稳健投资组合的公募基金属性，对个人退休养老规划和基金投资市场产生积极影响。

养老目标基金是用公募基金实现的大类资产组合投资，通过不同类型、相对确定的大类资产配置比例，实现具有不同层次风险收益特征的大类资产配置性组合投资。养老目标基金为个人养老储蓄投资者提供了一种有效的资产配置解决方案，为个人养老储蓄投资者解决了一个棘手的问题，即资产配置的纪律性问题。养老目标基金的核心是资产配置，就是以产品的形态将资产配置固化起来，让个人养老储蓄在投资者可承受的风险范围内，针对资本市场波动，完善风险控制预警机制，对养老金投资者进行风险管理及风险预测，按配置比例获取各类配置资产的长期收益。养老目标基金的类型包括目标日期基金和目标风险基金。根据不同生命阶段风险承受能力调整投资配置的基金称为目标日期基金，该基金根据投资者年龄和风险承受能力的变化，按照预设的资产配置"下滑通道",对基金的大类资产配置进行全生命周期的有效管理,深受个人养老储蓄投资者的欢迎。

5.1.4 退休养老规划案例分析

1. 中等收入家庭养老理财规划

1) 案例介绍

王先生家庭是江苏淮安一个典型的工薪家庭。王先生是一名电梯维修工人,月薪5000元,加上年终绩效,年收入大约为7.5万元。妻子陈女士是一名护士,月收入约为5500元,加上年终奖后年收入约为8万元。王先生夫妇今年均为35岁,家中有女儿7岁,在上小学一年级,有自住住宅一套,市价约为85万元,还有20万元左右的贷款未还,每个月房贷约为0.2万元,还需还款13年,有现金0.2万元,活期存款3万元,基金投资现值8万元,每年基金投资收益约为0.4万元。王先生夫妇每月生活开支约为0.3万元,孩子教育费用每年约为1万元,父母赡养费用每年约为1.5万元,年旅游支出约为1万元。王先生夫妇都有社会养老保险,王先生社会养老保险已经缴纳了10年,养老金账户有7万元,陈女士养老金已经缴纳了12年,养老金账户有余额10万元。王先生夫妇最近有购置房产和车的计划,所以打算10年后再开始积累养老资金。王先生夫妇打算60岁退休,预期寿命为87岁,他们希望退休后生活质量不会有明显的下降。

2) 王先生家庭财务状况分析

王先生的家庭净资产和收支水平在淮安市处于中等水平,王先生家庭年结余金额为6.4万元,结余比率为40%,王先生家庭的储蓄水平远高于10%,财富的结余能力较强。王先生家庭打算在10年后开始积累养老资金,2030年到2044年,是王先生夫妇养老金的积累期,2045年到2072年是退休金的消耗期。

3) 王先生家庭养老理财规划

(1) 王先生家庭养老金需求分析。

国际养老金替代率为70%,即退休后养老金不应该低于退休前工资收入的70%,才能保证退休后的生活水平。退休后,教育、房贷等方面费用降低的同时,医疗和休闲娱乐方面的费用会增加,退休带来的往往只是支出结构的变化而不是支出总额的减少。但王先生家庭是一个工薪家庭,很难保证退休后每月能获得退休前70%的收入,他们所希望的是生活水平保持现在的水平,近十年我国平均通货膨胀率约为3%,从王先生夫妇的需求和实际情况出发,根据王先生夫妇现在的支出水平。可以按照每年3%的增长速度来计算他们退休后的养老金需求。

王先生夫妇现在的年消费额为9.5万元,王先生夫妇现在是35岁,到60岁退休还有 25 年，按照每年 3% 的增长率，王先生夫妇退休第一年所需的生活开支约为 20 万元。王先生夫妇退休后预计还需要生活 27 年，那么不考虑退休后生活费用随着物价水平增长，退休时，王先生夫妇所需要退休金总额为 540 万元（退休时刻的现值）。

(2) 王先生家庭养老金供给分析与缺口分析。

王先生夫妇养老金的供给主要包括两部分，一部分是王先生夫妇缴纳的社会养老保险，另一部分是王先生夫妇的养老积蓄。我们先来计算王先生夫妇社会养老保险部分可以提供的养老金数额。

根据淮安市人力资源保障部门公布的数据，淮安市 2018 年平均月工资水平为 5208 元，根据最近几年江苏省平均工资水平进行计算，考虑经济放缓的影响，把江苏省人均工资增长水平按 6% 计算。已知王先生今年 35 岁，已交养老保险 10 年，养老金账户有 7 万元，月工资为 5000 元，工资年增长率为 6%，60 岁退休，运用退休金计算器可以计算出王先生退休后第一年的月退休金为 5382 元。已知妻子陈女士月收入为 5500 元，今年 35 岁，已交养老保险金 12 年，养老金账户余额为 10 万元，工资年增长率为 6%，60 岁退休，运用养老金计算器可以计算出陈女士退休后第一年月退休金为 5851 元。

从以上数据可以计算出王先生夫妇退休第一年退休金总额为 13.48 万元，假设物价上涨引起的退休后生活费增长和养老金增长的速度一致，那么两者相抵，就不用考虑物价上涨或养老金增长带来的影响，王先生夫妇退休的 27 年里可以获得的退休收入总额为 363.96 万元。

根据上述计算可得，王先生夫妇退休后资金需求总量为 540 万元，王先生夫妇的养老保险金可以提供的养老金总额为 363.96 万元，那么王先生夫妇养老金缺口为 176.04 万元。近两百万元的养老金缺口相对比较大，需要王先生夫妇采用延迟退休、个人积蓄、以房养老等各种方法来弥补巨大的养老金缺口。

(3) 养老金缺口的弥补方案。

方案一，延迟退休。

王先生夫妇的养老金缺口相对较大，每年积蓄额度不高，想要单纯靠积蓄来弥补养老金缺口难度较大。随着民众寿命的延长，年轻时积累的养老金难以支持退休后接近 30 年的漫长生活，延迟退休成了一种必然趋势。因此建议王先生夫妇考虑延迟退休，这样一方面可以增加退休前的养老资金积累，另一方面可以通过减少退休后的年限来降低退休后的总支出，可以有效地弥补养老金的缺口。建议王先生夫妇可以在 65 岁退休。按照前面的步骤重新计算王先生夫妇养老资金需求，并计算延迟退休后王先生夫妇养老资金缺口。

延迟退休后，养老资金需求为 65 岁时王先生夫妇的年支出总额和退休后生活年限的乘积，王先生夫妇现在年支出为 9.5 万元，按照 3% 速度增长，王先生夫妇 65 岁退休时的年支出总额约为 23 万元，退休后生活年限为 22 年，共需要资金约 506 万元。

当王先生夫妇退休年龄延迟为 65 岁时，结合前面的数据，运用养老金计算器可以计算出王先生退休后第一年月退休金为 6662 元，陈女士退休后第一年月退休金为 7228 元，退休后第一年，王先生夫妇共可以领取退休金 16.67 万元。王先生夫妇预计退休后要生活 22 年，那么退休后社会养老保险能提供的养老金总额为 366.70 万元，养老金缺口约为 139.30 万元。

方案二，储蓄存款。

经上述计算发现通过延迟退休弥补王先生夫妇巨大的养老金缺口，所起的作用是比较有限的，王先生夫妇还有较大的养老资金缺口等待弥补。可见仅仅依靠基本养老保险是难以保证退休后的生活质量的，王先生夫妇还需要及早积累养老资金。王先生夫妇近十年有再次购房和购车的规划，所以近十年王先生夫妇不能为养老积累资金，王先生夫妇十年后才能开始为养老积累资金。十年后王先生夫妇还可能要面对儿子上大学、赡养父母费用增加等支出增加事项。假设可以用于养老金积累的资金为每年 4 万元，投资报酬率为 4%，那么王先生夫妇从 45 岁到 65 岁，运用年金终值公式可以计算出 20 年内可以积累的资金为

$$F = A \sum_{t=0}^{n} (1+i)^t = 4 \times 29.7781 = 119.11(万元)$$

其中：A 为每年的支付金额，i 为利率，n 为期数。

通过个人的养老储蓄，王先生夫妇的养老金缺口 139.30 万元中的 119.11 万元可以弥补，养老金缺口还有 20.19 万元。

方案三，以房养老。

从以上计算可知，王先生夫妇通过延迟退休和储蓄养老金两种方式，还是不能完全弥补养老金缺口。王先生现有一套住房，并计划十年内再购买一套住房。那么，王先生夫妇以房养老是一个不错的选择。王先生夫妇可以选择将拥有的一套住房出租养老，考虑通货膨胀因素，假设王先生退休时将一套住房出租，租金为 2 万元/年，22 年租金总额为 44 万元，足以弥补王先生夫妇的养老金缺口。除此之外，王先生还可以考虑退休后，家庭人口减少，可以将大房子置换为小房子来进行养老，或者以将其中一套住房办理银行倒按揭的方式来进行养老。通过以房养老，不仅可以弥补养老金缺口，还会有一定的富余，可以充分保证王先生夫妇的退休后生活。王先生家庭资产负债表如表 5-2 所示。王先生家庭收入收入支出表如表 5-3 所示。

表 5-2　王先生家庭资产负债表

资产	金额（万元）	负债	金额（万元）
现金	0.2	房屋贷款	20
活期存款	3		
基金	8		
自用房地产	85		
资产合计	96.2	负债合计	20
净资产	76.2		

表 5-3　王先生家庭收入支出表

收入	金额（万元）	支出	金额（万元）
薪资收入	15.5	按揭支出	2.4
理财收入	0.4	日常支出	3.6
		赡养支出	1.5
		教育支出	1
		旅游支出	1
收入总额	15.9	支出总额	9.5
年储蓄额	6.4		

4) 结语

王先生家庭是淮安比较典型的工薪家庭，工薪家庭社会养老保险提供的养老金替代率相对较低，难以保障退休后的生活，对于这样的家庭，只有及早进行养老理财规划，根据自己的情况综合考虑其他各种养老规划手段，才能保障退休后的生活质量。

2. 金字塔型家庭养老规划

实际上，我国目前的家庭结构多为传统金字塔型。下面介绍一个传统金字塔型家庭养老理财规划案例[①]。

1) 案例介绍

李成，36 岁，部门经理，年收入 20 万元，年终奖 5 万元。韩梅，33 岁，培训机构教师，年收入 12 万元左右。家中有 8 岁儿子，需赡养 4 位退休老人，无住房贷款。夫妻二人收入和福利不错，事业有很大的晋升空间，经济状况日渐提升。对于未来的养老生活，韩梅认为她和李成的社保养老金估计只够退休后的基本生活。夫妻二人希望退休后，不给儿子添麻烦，能够生活得快乐而高品质。

2) 案例分析

这个家庭属于传统金字塔型，夫妻二人是家庭支柱，上有老下有小，责任重大，不

---

① 西雷. 养老规划宜趁早，怎样投资最靠谱. 金融经济. 2016 年第 7 期．

容"闪失"。建议选择安全稳健的养老金规划方式。延迟退休政策将会到来,原先"养老靠政府"的观念逐渐被"养老靠自己"所取代。目前二人正是人生的黄金时期,养老规划做得越早越好,在做好家庭保障的前提下,认真规划,合理投资,才能逐步实现既定的养老目标。

3) 理财建议

(1) 梳理需要考虑的关键因素。

目前李成和韩梅离退休年龄还有30年左右,参照目前的生活支出并考虑通货膨胀的影响,可以估算其退休后的生活水平。通过盘点家庭目前可用于养老金准备的预算,对比资金缺口,评估夫妻二人对风险的接受程度为中性,力争抗通胀、争取收益,稳健与收益并重,乐于尝试不同的理财方式。综合以上因素,可以配置适当的投资组合,兼顾安全性、收益性和流动性三大原则。

(2) 家庭备用金也别闲着。

梳理好影响养老金规划的因素后,李成和韩梅可以进行养老投资了。进行投资前,先要预留好家庭备用金,备用金一般为3～6个月的生活开支,以备不时之需。这部分资金一定要保证高度的流动性,能随时支取。可以选择互联网"宝宝"类产品作为时下年轻家庭储备这部分资金的方式,目前年化收益率均在3%左右,既稳定,还能及时提现,以备急用。

(3) 组合投资配置稳健品种。

对于李成和韩梅这样的小康家庭来说,要赡养老人养育孩子,投资风格仍应以稳健为主。建议每月配置基金定投,摊薄成本,降低风险,获取收益。较大额度的理财产品可补充配置固定收益类产品。

(4) 甄选优质互联网金融产品。

充分利用互联网金融平台,投入一定资金比例进行投资。互联网金融在投资项目的透明性、资金的流动性和收益性等方面,与传统的投资渠道相比有较大优势。专业人士认为,经过优胜劣汰和行业规范后,优质的互联网金融产品将成为未来理财投资的上佳选择。投资者的预期收益目标最好降至10%左右,对继续给出20%甚至更高收益率的平台,小心为上。关注和考察平台安全性成为选择互联网金融产品的重中之重。

(5) 购买商业养老保险。

商业养老保险是社会养老体系的重要补充部分,与社保体系相比,商业养老保险的缴费年限、缴费金额及领取时间更加灵活,收益也不错,它是退休后的持续收入。理财师建议选择有分红功能的产品,既保障养老金最低收益,也可适当避免利率风险。选择自己适合的商业养老保险,越早投资越好,有时每月几百元的投入也会有较大的收益。

总体而言，对于养老投资，目前人们投资的两极分化非常严重，一种是拿出极大比例的财产进行风险投资，另一种是极其保守将所有资产存在银行。专业人士认为，投资规划是在流动性、安全性、收益性这三个标准中进行比例调配。通常情况下，流动性资本正常配比在10%~20%；而安全性是资产规划中最为重要的部分，这类资本应该占50%左右，以保证财富有保障地增值；收益性则是针对投资回报率而言的，可以结合自身专业的投资知识进行风险投资，配比在20%左右。

在为自己的老年生活进行投资规划时，要对自身的风险承受能力有清晰的认知，一般高净值的人群风险承受能力偏高，可以偏重收益性；而对于大部分普通家庭来说，投资理财应特别强调安全性，完全陌生的领域要谨慎介入。

5.2 家族财富传承与遗产规划

5.2.1 财富传承规划概述

财富传承是指这一辈的企业家或者资产持有者通过一定的方式，将财富传给下一代或者后几代。财富传承规划是以客户意志为中心，通过预先的、持续的、系统化的设计规划，综合运用各种金融工具及法律手段，以实现客户家族财富的风险隔离与代际继承。财富传承包括财产的划分、家族的接班以及财产的管理这三大核心内容，它们是财富传承中十分重要的组成部分。在财富传承这一方面做得非常出色的是世界上著名的洛克菲勒家族，该家族历经150年，至今已在地球上延续了六代。洛克菲勒是十分显赫的财富家族，其资产遍布全球，同时也创立多家慈善机构，可以说洛克菲勒在地球上建立起了庞大的慈善王国。并且，这个家族仍将继续运用它那巨大的财富力量改变这个世界。

财富传承规划是指为了保证财产安全继承而设计的方案，通过选择适当的遗产管理工具和制定合理的遗产分配方案，对其所拥有或所控制的财产进行安排，确保这些财产能够按照自己的意愿实现传承。在规划财富传承的方式上，对财富的掌控、家族企业的持续经营和财富的分配方式是两代人共同关心的问题。此外，创富者较为看重保障子女的生活、教育水平，甚至预留一笔资金，作为子女成年时的"创业启动资金"，为子女踏入社会、开创自身事业营造良好的开端。

财富传承规划的目标是帮助客户在其去世或丧失行为能力后分配和安排其资产和债务。首先要考虑其直接债务的偿还；其次要考虑客户的长期责任，主要包括为受赠（扶养）人留下足够的生活资源，为有特殊需要的受益人提供保障，家庭特殊资产的继承，以及其他需要（保证家庭和睦、遗产代代相传等）。

财富传承规划的原则主要包括两个方面，一方面是保证财产传承规划的可变通性，从制定到生效有一段不确定期间；另一方面是确保财富传承规划的现金流动性，在遗产中预留充足的现金以满足支出。

5.2.2　财富传承规划需要考虑的因素和传承资产类型

财富传承需要考虑三个因素。一是传承资产的类型，也就是说去传承什么样的资产，是会影响到财富传承效果的。二是家庭结构情况，已婚？再婚？独子？多子女？有没有兄弟姐妹？这些情况都会影响到财富传承。三是传承的方式，是通过法定继承去传承，还是通过遗嘱继承去传承，还是通过生前赠与、人寿保险、家族信托、保险金信托去传承财富，这些方式的选择也会影响到财富传承的效果。

传承资产的类型主要包括以下三种。

1）现金类资产

我们在银行的存款、短期理财产品、基金等，这些就是我们的现金类资产，流动性比较强。现金类资产传承会面临三个问题。

第一个问题就是很容易产生子女夫妻婚内财产的混同。比如说通过给现金的方式，一下子给子女500万元，或者是1000万元现金，通过银行转账的方式，给到子女以后，到了子女的卡里，这时候如果子女对这笔资金进行投资，买卖股票、理财产品等，一买一卖很难区分是子女的个人财产还是夫妻共同财产。

第二个问题就是子女的挥霍。也就是说一下子给了子女一笔现金，子女是否能够管理好这部分资产，会不会拿去挥霍买豪车买豪宅买奢侈品，浪费掉等，这个是我们需要考虑的问题。

第三个问题是家企混同，或者说是担保引发的债务问题。很多中小企业主去办银行贷款，更多办理的贷款类型叫中小企业经营性贷款，这个贷款银行明确要求企业主需要以家庭的夫妻共同财产来对贷款进行担保，那么其实这一行为，对于银行来说，就是要求企业主把家庭和企业融合在一起。但是作为企业主来说，需要将家庭和企业来进行有效的隔离，否则一旦贷款出现任何问题，就会影响到家庭资产，会对家业造成侵蚀。

2）不动产类资产

中国人对于房产的偏好是较强的，所以在传承的时候可能首要考虑的就是房产的传承。不动产类资产(房产)传承会面临的三个难点。

第一个难点，子女婚内资产混同及共同债务问题。也就是说，你把这一套房子传给子女后，如果没有配套赠与协议，说明本意是给子女一方的财产，但实际上该房子会很容易成为子女的夫妻共同财产。另外一种情况，一旦女婿，或者说是儿媳妇，把这套房子拿去做抵押，贷款按期还不上，房子很容易被拿去抵债，这部分债务有可能会成为夫妻的共同债务。

第二个难点，继承权公证难关。就目前来说，无论是继承权公证还是不动产继承登记都会碰到诸多阻碍，首先公证很难，材料很难去获得，办理的手续也十分复杂，所有继承人都需要到场配合；其次是执行起来很难，因为一套房产多个执行人，执行意见很难进行统一；再次是一套房产分割难度也非常大，一套房子对于几个继承人来说，很难去进行分割。

第三个难点，税务问题（主要指房产税）。一二线城市的土地供应量逐年减少，随着供应量的减少，未来房产交易环节的税收会有一定的变化。

3) 股权类（企业）资产

股权类（企业）资产同样也是财富，当然也希望传承给子女，企业（股权）在传承过程中同样面临许多难点。中国私营企业的平均寿命只有2.9年，约60%的企业在5年内破产，约85%的企业在10年内消亡，能够生存3年以上的企业只有约10%，还有约40%的企业在创业阶段就宣告破产，中国企业想成为"百年老店"可谓是难上加难。日本有一家企业，它的名字叫"金刚株式会社"，这是一家做寺庙修建业务的企业，成立于公元578年，居然到今天这家公司还存在。世界各地都在研究日本的企业，发现日本的企业长寿的特别多，超过100年的企业占全世界的70%，到达2万多家。经过研究发现日本的长寿企业都有两个共同的特征：一是都有自己的家族文化；二是每家公司都有一笔"埋在地下的钱"。什么叫"埋在地下的钱"？因为一个企业如果走过100年，需要经历10次左右的经济危机，约每十年一次，当经济危机的浪潮扑过来的时候，没有一点准备金是不可能活下去的。所以这就是日本企业长寿的秘诀。这其中，保险起着至关重要的作用，保险涉及财富传承的问题，有文化的概念。保险是一种"埋在地下的钱"，你会发现保险和长寿的企业密不可分，在企业顺风顺水的时候作为储备库，在企业碰到经济危机或者是债务危机的时候，作为一笔东山再起的资金。

5.2.3 财富传承规划的主要工具

随着财富累积与年龄增长，企业家财富管理的重心从"如何创造更多财富"逐渐转移至"如何保护财富"和"如何将财富传承给下一代"，财富绵延与基业长青成了企业家群体的关注重点。对企业家群体而言，财富在代际传承过程中面临着经营风险、婚姻风险、继承风险、子女挥霍等多方面的风险，而合理运用财富传承工具可以有效规避风险，保障各类财富的传承。

财富传承的方式分为自然型与主动型。自然型传承指不做主动传承安排，身故后遗产通过法定继承的程序分配给后代,这是一种被动的传承。主动型传承指运用遗嘱、赠与、保险、家族信托等工具实现定向传承的目标。由于企业家群体财富类别多元、传承难度较高,因此他们更需要调整观念,从被动的自然型传承转变为主动规划。而主动型传承涉及法律、税务、财富管理、企业管理等领域的专业问题,企业家可通过咨询相关专业服务机构寻求解决方案,不同传承方式及传承工具的比较如表 5-4 所示。

表 5-4 不同传承方式及传承工具的比较

工具效果	自然型传承	主动型传承				
	法定继承	赠与协议	遗嘱安排	大额保险	家族信托	慈善基金会
定向传承的效果	低	中	中	高	高	中
适用财产范围	广泛	广泛	广泛	以现金为主	广泛	广泛
延续委托人意愿	无	可分期,但不够灵活	无	可分期,但不够灵活	效果比较完善	效果比较完善
保密性	办理继承时须公开	对接收方不保密	办理继承时须公开	较好	高度保密	公开
资产保值增值功能	无	无	无	基本的保值增值	较好,可参与投资决策过程	弱
企业经营风险隔离功能	无	需要一定条件	无	需要一定条件	较好	需要一定条件
税务管理功能	无	无	无	保险赔付金免税	综合的税务管理	一定比例的捐款额可免税
优势	无须任何安排	较便捷	较便捷	杠杆赔付功能	财富保护,灵活传承	提高家族声誉
劣势	无法控制财富去向,无法防范争产纠纷与子女挥霍等	无法延续财富的控制和防范子女挥霍		无法防范子女挥霍、不法侵占等	有一定门槛	需成立法人,管理成本高

1. 自然型传承(法定继承)

自然型传承指被继承人不进行任何安排与规划,在其身故后,其遗产自动按照相关法律的规定在有继承权的亲属中进行分配。《中华人民共和国民法典》规定,当没有制定遗嘱的公民身故时,其个人财富将按照法定继承的相关规则,向拥有继承权的继承人进行顺位分配。因此,自然型传承往往很难实现财富定向传承的效果,无法直接体现被继承人的个人意志,同时家庭内部在继承权及继承比例的问题上也可能会产生纠纷。此外,法定继承无法实现财富管理、税务管理、防范子女挥霍等功能,使家族财富在代际传承过程中面临潜在风险。

2. 主动型传承

由于企业家群体资产类型多、财富总量大、传承周期长,自然型传承将带来诸多问题。因此,企业家需主动制定传承规划,合理运用赠与、遗嘱、保险、家族信托、慈善信托等财富传承工具。其中,遗嘱安排、生前赠与及大额保险作为较为常见的主动传承的工具,在单一运用时各有优劣势。主动型传承工具 SWOT 分析如表 5-5 所示。随着代际传承需求的不断发掘,遗嘱、大额保险、家族信托和家族慈善基金会等各类传承工具的结合在近期已经逐渐被更多企业家所了解。

表 5-5 主动型传承工具 SWOT 分析

	方案一:订立遗嘱	方案二:遗产信托	方案三:终身寿险保单
优点 S	• 可按被继承人的意愿安排遗产; • 被继承人身故才公开,保密性强; • 经公证后法律效力强; • 遗产不会被视为子女夫妻共同财产	• 由专业机构管理信托财产,可缩短遗产认证时间; • 有些遗产分割后价值降低,信托可以用受益权分配取代遗产分割; • 可设定取得受益权的条件,如遗孀不能改嫁; • 资产保护,不受债权人追索	• 以填写受益人的方式用过世后的保险金传承财富
缺点 W	遗产认证时间长、成本高	• 要交信托管理费; • 遗产信托的门槛高,只适合高净值家庭	• 要先交高额保费; • 有最高保额的限制; • 无法规划非现金遗产
机会 O	遗嘱通常是一次分配,继承人可提早管理所分配的财产	遗产信托可将受益权分散至遗属有生之年,可以避免继承人挥霍、败家	生前安排受益人,可引导子女孝顺,不孝时可随时变更受益人
风险 T	遗嘱效力不明时容易引起家族财产纷争	国内信托登记法规不明确,目前信托公司只能承做无须登记的金钱信托	可能因为身体健康因素而不符合保单购买要求

主动传承工具及传承工具组合如图 5-1 所示。

资料来源:中国银行,普华永道分析

图 5-1 主动传承工具及传承工具组合

1) 家族信托

家族信托是指高净值人群委托信托机构，代为管理、处置家族财产的信托计划，其目的在于实现富裕人群的财富管理和子孙福祉。根据信托法律原理，一旦设立家族信托，投至信托计划内的财产即具备独立性，无论富人离婚析产或破产、死亡，家族信托计划内的财产都将独立存在。而且富人可通过合同约定设定多样化、个性化的传承条件，以确保子孙后代衣食无忧。基于上述优点，家族信托在20世纪80年代出现后，受到世界各地高净值人群的广泛青睐。

(1) 家族信托的起源和发展。

家族信托的雏形可追溯到古罗马帝国时期（公元前510年—公元前476年）。当时《罗马法》将外来人、解放自由人排斥于遗产继承权之外。为避开这样的规定，罗马人将自己的财产委托移交给其信任的第三人，要求为其妻子或子女利益而代行对遗产的管理和处分，从而在实际上实现遗产继承权。

在美国，家族信托由来已久，最初出现于19世纪末、20世纪初。早期的家族信托受相同的法律法规监管，设立家族信托方式较为单一。在经历了长达25年的经济繁荣时期后（被称为美国的第二个"镀金年代"），许多州的法律也变得更灵活，设立和运营家族信托也变得更加容易——富人因此更容易实现其财富规划和传承的目标。

根据现行的信托相关法律法规，信托是指委托人基于对受托人的信任，与受托人签订信托合同，将其财产所有权委托给受托人，由受托人按照委托人的意愿以自己的名义管理信托财产，并在指定情况下由受益人获得收益。而家族信托是指个人作为委托人，以家庭财富的管理、传承和保护为目的的信托，受益人一般为本家庭成员。通常认为，家族信托是为总资产超过2亿美元的富裕家庭服务的，但实际上，家族信托的运用已非常广泛，一般富裕家庭也可使用这种工具规划传承财产。

(2) 设立家族信托的意义。

大多数的家族信托都是私益性质，家族后代可根据委托人设下的分配法则获取信托股权收益，保障自己的生活，特别是中国高净值财富投资者(HNWIs)非常在意家财是否由自己的血亲后代所继承，设立信托可保证无论委托人或其配偶再婚多少次，家族财产受益人都只能是其子女或其他指定受益人。设立朝代信托需要向托管的金融机构支付不菲的手续费及管理费（每年的费用有可能是信托资产的1%）。因此，为节省管理费，也有许多人会选择负责任的家庭成员或朋友作为受托人。对于HNWIs来说，设立家族信托是最有效的保证财富"合意传承"的方式。而对于有家族企业的人士来说，如何实现高效、平稳的家族股权转移和管理，尽量避免无谓的股权结构变动，防止股权传承导致不合格股东进入企业则显得更为关键和迫切。

在美国，委托人常常在信托契约或意愿书中设立家族财产不可分割和转让或信托不可撤销的条款,很多家族企业都由家族信托经营管理或由其持有股权。可见,家族信托也有紧锁企业股权的功能。

以家族信托方式控制企业,既保证了家族成员对公司的控制权和股权结构的稳定,又能引入对企业发展有巨大帮助的外部经理人管理企业事务,实现家族事业的基业常青。不少家族如长江实业的李嘉诚家族、恒基的李兆基家族、新鸿基地产的郭氏家族等,都使用家族信托来控股企业。

2) 遗嘱继承

遗嘱是立遗嘱人生前对其遗产所做的处分或对其他身后事务所做的安排,并在死亡时发生效力的单方民事法律行为。遗嘱继承是指由被继承人生前所立的遗嘱来指定继承人及其继承的遗产种类、数额的继承方式。

遗嘱继承的特征包括: (1) 遗嘱是单方民事法律行为,因此要求遗嘱人具有完全行为能力、意思表示的真实性和内容的合法性等;

(2) 遗嘱是死因行为,即只有在立遗嘱人死亡时才发生法律效力,因此立遗嘱人可以任意修改和撤销其遗嘱;

(3) 遗嘱是要式法律行为,必须采取法律规定的五种形式之一,并且每种形式必须符合法律规定的条件,否则无效;

(4) 遗嘱是死者生前处理其死后事务的意思表示;

(5) 遗嘱是处分财产的行为。

3) 保险 (保险金信托)

保险金信托让财富传承更加灵活,实现个性化定制;扩大了受益人的范围,避开继承权公证等繁杂的手续,高效实现传承;信托机构充当机构监护人,为幼小子女财产利益的保护提供新的解决方案;传承的私密性让人更安心。

4) 赠与合同

例如房产赠与过户,手续简单,早早把财产过户给子女可以避免纠纷,但同时也蕴含很多风险,如自己失去了对财产的掌控权;子女未来如果发生离婚、负债、死亡,无法防止赠与财产的流失;子女违背自己的意愿将财产转赠他人,或者私自为配偶加名,或者挥霍财产,自己无力阻止;子女得到财产后如果不尽赡养义务,无法维护自己的利益。

5.2.4　财富传承规划案例分析

1. 法定继承案例

40 岁的老李不幸意外过世,未留遗嘱。老李的父母健在,还有妻子与一儿一女。家庭的财产全部登记在老李名下,含房子 300 万元与金融财产 200 万元,合计 500 万元。按照法定继承分配,老李的妻子先以夫妻共同财产的名义得到一半 (250 万元),剩下的

250万元，妻子、儿子、女儿、父亲、母亲各分得1/5，即50万元。最后老李的妻子应分300万元，可以取得房子的所有权，并将金融资产分给子女与老李的父母。若老李的子女都未满18岁，老李的妻子可以暂时管理子女应分得的金融资产(100万元)，到其年满18周岁为止。

2. 遗嘱分配案例

老金在70岁时设立公证遗嘱，两年后过世。在老金设立的公证遗嘱中，把300万元的房子给了妻子，将100万元的存款给了大儿子，将市价50万元的股票给了小儿子。老金过世后，不论房子、存款与股票的增值如何，都会按照财产类别来分配。但若老金在这两年间中了100万元的彩票大奖，因为这笔钱不在公证遗嘱范围内，多出的100万元要按照法定继承顺序分配。老金的妻子可先拿50万元，剩下的50万元则由老金的妻子和两个儿子各得1/3。

3. 设立信托案例

老范45岁，是一名企业家，妻子是一名家庭主妇，两人生有一个18岁的儿子。老范的资产有企业股权(价值2亿元)、房子(价值2000万元)、金融资产(价值5000万元)和境外资产(100万美元)。建议老范可以5000万元金融资产设立一个境内信托，100万美元设立一个境外信托，并送儿子到国外读大学与研究生，以境外信托的投资收益来支付其学费与生活费。境内信托的受益人是妻子，部分投资收益支付境内的家庭支出，剩余的部分则可用于交保费(建议投保终身寿险，保额500万元，并设立保险金信托)。儿子学成回国后，可安排他接班，可每年将5%~10%的股权转移给儿子。但是，做好上述安排后，老范还是要预立遗嘱，以防万一，安排信托与保险以外的遗产分配方案(如将股权和房子分别交给儿子和妻子处理)。

4. 投保人身险案例

老林55岁，与前妻有一个26岁的女儿，女儿未婚，且工作不稳定。老林的现任妻子35岁，有一个8岁的儿子。老林打算尽量以保险的方式来做财产传承。因此，老林可以先购买500万元保额的终身寿险，受益人可为现任妻子与儿子，可安排保险金信托。另外，再以女儿为年金险被保险人与受益人，投保每年可以领取5万元的终身年金险，保障其生活无忧。

5. 富过三代的财富传承规划

创业容易守业难，如何逃离"富不过三代"的怪象是"创一代"最为关心的话题。根据《2018胡润财富报告》，全球家族企业的平均寿命不到25年，只有1/3能传承到第二代，仅有不到10%能够传承到第三代，淘汰率高达90%。这个数字足以让仍在辛苦打拼江山的很多人心灰意冷。无论是采取所有权与经营权分离，即只传承财富不移交企业经营权，引入高素质职业经理人经营企业，还是依照最为古老的血缘传承，将支配财富和经营企业的权力一同交给自己的下一代，"创一代"都必将面对财富的传承问题。

1) 财产传承案例解析

陆先生是一家上市公司的大股东,与众多民营企业一样,这家公司起步于家族模式。公司最大的5位股东均来自这一家族,分别担任董事长、财务总监、总经理、市场总监、人力资源总监这几个最重要的职位。5位"创一代"彼此信任,艰苦奋斗,共同创造了这家现今市值百亿元的上市公司。出于对企业发展的长远考虑,也为了避免富二代经营不善,搞垮企业,他们决定不以父辈股份占比传承经营权,而是引入职业团队管理,希望单一的家族企业发展壮大为群体式的企业家族。同时,他们设立了专项基金,富二代将根据父辈占股比例,享受基金收益。虽然公司经营权的问题暂时解决,但除股权外,陆先生还有众多其他资产需要传承。对此,陆先生尚有顾虑。陆先生和陆太太两人白手起家挣得一份家业,感情很好。他们有两个儿子,大儿子 Aron 今年 32 岁,已婚,育有一子一女,全家移民美国。二儿子 Ice 今年 30 岁,离异,带着一个儿子,现在和父母生活在一起。和他们的堂兄弟姐妹一样,Aron、Ice 并不在企业内就职,而是选择自己创业,只是根据父母的占股比例每年从专项基金里领取分红。现在 Aron 和 Ice 都处于事业发展期,未来走向尚不明确。因此,陆先生夫妇目前并未对家庭资产进行提前分配。不过,对资产迟迟不做传承安排也存在很多潜在问题,一旦夫妻俩突然离世,遗留的资产可能不仅不能给两兄弟带来幸福,还会使他们兄弟反目,失和分家。陆先生目前的资产结构及资产状态,如表 5-6 所示。

表 5-6 陆先生目前的资产结构及资产状态

资产	目前的状态
股权	专项基金,只享受分红
房产	赠送给两个儿子各一套 1000 万元的房产,自留房产价值约 3000 万元
现金	尚未传承,不定期支持儿子创业
保险	指定受益人,合计总额 500 万元
其他资产	尚未传承

关于财富传承,陆先生夫妇做了很多研究,也咨询了多位资深理财师。他们希望传承安排能明确、安全,且改动方便,能随时根据情况进行调整。

2) 财产传承方式解析

目前,人们普遍采用的多种传承方式各有特点。

专项基金、家族信托——超级富豪的传承工具。经营权和收益权分离的专项基金能保证富二代享受企业红利,但又不损失本金,是很好的传承工具。家族信托是将资产的所有权与收益权相分离,一旦把资产委托给信托公司打理,该资产的所有权就不再归本人所有,但相应的收益依然根据本人意愿收取和分配。富人如果离婚分家产、意外死亡或被人追债,这笔钱都将独立出来,不受影响。且根据国外法律规定,该种方式还能有效规避遗产税，但该方式门槛较高，并不是所有人都能拥有。专项基金、家族信托在国内外都只由家产过亿元的富豪独享。

保险定向传承——便捷、经济的传承工具。2013年2月，国务院批转了发改委、财政部、人力资源和社会保障部制定的《关于深化收入分配制度改革若干意见的通知》。其中指出"研究在适当时期开征遗产税问题"。一般来说，被继承人投保人寿保险所取得的保险金不计入应征税遗产总额。这里所指的保险金必须为指定受益人的保险金，没有指定的按遗产处理，其父母、配偶和子女享受共同权利。根据陆先生的家庭状况，不同保险规划的法律意义如表5-7所示。

表5-7 不同保险规划的法律意义

投保人	被保险人	受益人	法律意义
陆先生	Aron、Ice	第三代	财产所有权归陆先生，收放自如，隔离资产。为Aron、Ice提供人寿、重疾保障，以及充足的现金流（年金保险）。资产在家族内部流转，不受婚姻、债务影响
陆先生	陆先生	Aron、Ice	财产所有权归陆先生，收放自如，隔离资产。财富加倍传承给Aron和Ice，不受婚姻、债务影响

保险具有杠杆和法律两个属性，能使财富加倍放大、指定传承。保险属于投保人的资产，投保人可随时变更受益人及其被分配的比例，无任何手续费，可用于融资、周转，也可随时解除合同变现，收放自如。保险资产独立于其他资产，安全隔离，不受投保人、被保人的婚姻风险或债务风险影响。同时，投保过程无须告知受益人，安全保密，避免家庭纷争。但保险定向传承的受益人范围狭窄，且只能现金投保，"创一代"很难将所有财产都以该种方式传承给下一代。因此，保险的投保金额以税费额度为限，是比较合理的数额，能保证下一代顺利继承所有遗产。根据已开征遗产税的一些国家遗产税法规定，继承者需先交纳遗产税，才能顺利继承遗产，不能以遗产抵交税费的方式继承。这也就是为什么美国每年有一大批人因无法缴纳遗产税而放弃继承遗产的原因。假设陆先生的财产市值1亿元，则约需缴纳遗产税5000万元（根据2021年美国遗产税相关规定，100万美元以上开始征税，250万美元以上税率为50%），其希望将这1亿元资产平分给Aron和Ice。此时Aron和Ice必须先各交纳2500万元遗产税，之后才能继承到5000万元财产。在这种情况下为避免儿子无力缴纳遗产税，陆先生可为自己投保身故保险金为5000万元的人寿保险，当陆先生百年之后，Aron先生和Ice先生可以获赔5000万元用于缴纳遗产税，顺利继承所有财产。

遗嘱——最常见的传承工具。遗嘱分自书遗嘱、代书遗嘱、口头遗嘱、录音遗嘱和公证遗嘱5种形式，遗嘱的形式及其效力如表5-8所示。公证遗嘱的法律效力优于前4种方式，一般建议采用此种方式。

表 5-8 遗嘱的形式及其效力

遗嘱形式	效力
自书遗嘱	逐字逐句
代书遗嘱	见证人问题多
口头遗嘱	生死未卜
录音遗嘱	争议最大
公正遗嘱	效力高，程序烦琐

无论"创一代"目前的身体状况如何，都建议预先设立遗嘱，以避免因突然离世，家人争产失和。在理财师的协助下，陆先生夫妇已经开始行动。根据理想的生活标准，他们划分出了养老基金，并配置了保险，同时设立自书遗嘱。当资产梳理完成后，他们还将逐步执行家族信托，设立公证遗嘱。陆先生夫妇传承安排方案的结果待实践验证，但对于这样的综合安排，陆先生夫妇安心了很多，减少了对资产安排结果未知的担忧。

第三篇
智能投顾应用

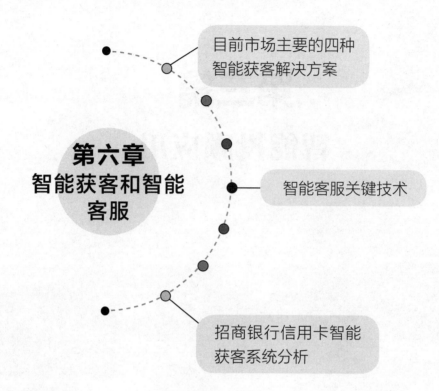

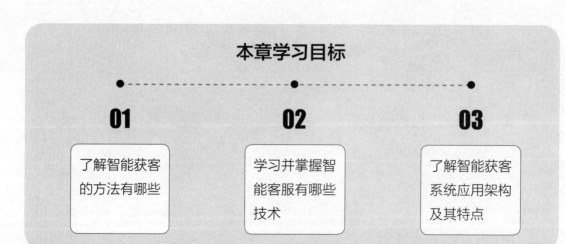

> **本章简介**

本章主要介绍目前在市场上的几种智能获客的主要方式以及解决方案。通过基于大数据的精准营销，利用大数据平台的模型来分析结果，挖掘出潜在客户，实现可持续的营销计划，获得更好的精准营销效果。

6.1 目前市场主要的四种智能获客解决方案

6.1.1 营销云

市场上对营销云的定义差异很大。比较权威还是 Salesforce 对营销云的定义，"营销云平台，为消费者提供高相关性、个性化的营销旅程，跨越平台和设备的限制，让营销人能够在正确的时间，将正确的信息传递给消费者。"也有人将营销云定义为，"营销云，是通过网络把多个成本较低的计算实体整合成一个具有强大营销能力的完美系统。"目前在国内，有公司将过去 CRM 的 Marketing 部分延伸放到云上，也称之为营销云。总之，这些说法给企业眼花缭乱的感觉，无法对营销云有一个清晰的定义。①

从产品的归属与提供价值两个角度来看，首先营销云属于 Martech，归属于企业可以完全掌控或者一段时间内完全掌控的产品平台（包括数据），严格区别于 Adtech，因为 Adtech 带来的平台技术通常由媒体方提供，企业只能被动接受。提供价值区别于过去的 CRM 销售过程管理，利用现有技术与数据为企业的营销资源的投入负责。因此，营销云应该是通过一个中间件平台，能不断地对接和拓展企业内外部各类数据源，融入资源和技术服务，打造一个开放、透明、共享的营销生态，实现为营销人提供一站式的、可定制化的、能覆盖整个消费生命周期的营销服务。它是处在广告之后，企业 CRM 之前的一个产品平台。

"营销云管理系统"通过引入先进的云计算和工作流技术，建立形式开放、功能严谨的办公自动管理体系，达到减少工作环节堵塞，提高审批效率，促进机构整体高效运转，提高工作效率的目的。通过系统应用增强沟通协作，拓展工作范围，优化工作环境，快速应对变化。它通过对云计算解决技术的创新性开发，以移动通信终端为载体，集中发布综合新闻信息，实现营销工作信息的实时传递和共享，具备会议和工作通知、各类工作安排、工作申请和批复等各项业务功能，可实施点对点和点对面的工作提醒和工作互动，进行网上多人文字、语音和视频动态交流，还可以利用 Wi-Fi 网络覆盖范围的特点

---

① 王雨.营销云——企业数字化转型的关键路径.中国大数据产业观察.2019-02-01.

开展考勤管理，特别是通过开放式的工作流传递技术，实现营销业务的流程化、规范化工作流转和指挥，形成定制业务的闭环式工作流管理方式，使营销办公的自动化水平达到新高度。

6.1.2 精准营销解决方案[①]

基于大数据的精准营销方案是利用大数据平台的模型分析结果，挖掘出潜在客户，实现可持续的营销计划。整体的应用目标是希望依托大数据平台的分析结果在线获取客户的各类信息，再通过模型分析、客户个性化需求、不同产品的特点等，在客户与产品之间建立精准的对应关系。在业务操作上，还应当能帮助客户经理对客户做出准入判断、提供营销方案、实现限额管理等智能决策信息。这些应用目标可以拆分成以下应用需求。

1. 客户挖掘功能

精准营销的首要目的就是寻找目标客户，只有寻找到精准的营销对象才可能实现最终的精准营销结果。客户挖掘功能应当从不同角度、不同渠道进行挖掘，最大限度发掘潜在客户群。

2. 智能决策引擎

在获得客户挖掘结果后，精准营销应用的下一步功能应当是针对具体客户，提供一整套智能决策方案，包括客户准入判断、产品推荐、定价指导等。对于集团客户、上下游客户或关联方客户等，还应当能够提出整体的营销计划。

3. 业务统一工作平台

精准营销系统除了可以提供精准营销的方案、计划等决策结果，还应配备完整的业务操作平台完成业务实现。业务统一工作平台可以实现整个精准营销从客户挖掘直至业务完成的各个工作环节，最大限度缩短业务操作流程、减少贷前调查复杂程度，实现精准营销的"一站式"操作。

4. 全生命周期的营销计划

精准营销的应用不应只以单次营销为目标，而是应当从纵向和横向两个方向提供持久的精准营销计划。纵向的可持续是指跟随客户的成长过程，在客户不同时期适时提供客户需要的产品和服务；横向的可持续是指通过集团客户、上下游客户和其他关联方客户不断挖掘目标客户，扩大精准营销范围。

精准营销的结果是否够"准"、系统功能是否全面、操作流程是否便捷友好等，还应多听取业务部门、客户经理甚至客户等使用者的意见。通过定期的使用反馈、意见搜集等，不断优化模型、改进系统。此外，精准营销作为大数据应用的重要方向之一，也

---

① 管微微. 商业银行基于大数据的精准营销解决方案. 电脑知识与技术. 2015 年第 29 期.

是商业银行业务发展和价值创造的重要工具。因此，精准营销的应用还应跟随业务发展、产品定位、客户结构乃至商业银行战略规划的变化等及时进行调整，以适应不断变化的现实情况。

6.1.3 智能虚拟机器人

高德纳在 2016 年年底就已预测，智能会话系统是 2017 年十大黑科技之一。此次革新中，互联网客服领域的智能虚拟客服机器人无疑是智能会话系统的典型代表。其具有自然语言处理、语义分析和理解、知识构建和自学习能力，几乎支持所有的人机交互渠道，包括微博、微信、短信等，能够通过文本、语音、多媒体等方式与客户正常交流，现已广泛应用于电信运营商、金融服务、电子政务和电子商务等领域。

智能虚拟客服机器人通过自然语言处理、语义分析和理解技术提供高精准、高拟人化服务，大大提升了客户体验。自然语言处理能力直接体现智能化的程度，能够在不同语境不同场景下提供更智能的交互。纵观其发展历程，该能力可以分为基础 AI 能力和深度 AI 能力。早期的基础 AI 能力主要解决客户简单、重复、明确的问题，比如多种问法识别 (同一个问题通过多种问法表达出来)、自动纠错 (自动纠正错误拼音和错别字)、敏感词过滤等，基础 AI 能力几年前就已经相当成熟。服务场景复杂程度不断升级，要求智能交互的能力在更多复杂场景中也能准确识别，更好地替代人工来解决客户的问题。因此，深度 AI 能力就是用来解决客户在特定场景下复杂问题的智能交互能力。

在一些特定场景中，深度 AI 能力表现出了超乎想象的智能化程度，可以更好地服务客户，提高客户体验，提升整体客户服务水平，例如：多轮对话 (通过多次主动询问完成所需信息的获取)、动态场景 (自动判断场景中的缺失元素，通过反问的方式进行元素补充，补充完整后进入相关场景)、语义深度推理 (经过类比对方的多次提问，通过引擎进行分析后给出推理结果)、多意图理解 (理解对方一句话中的多种意图)、意图推荐 (根据对方的语境和倾向，推理出最接近对方的意图并主动发问进行相关推荐) 等的应用。

智能虚拟客服机器人的智能所在，正是运用自然语言处理技术，基础 AI 能力和深度 AI 能力相结合，通过智能交互体现出来，这些能力应用于互联网客服领域可以为客户提供更智能、快捷、精准的服务。

智能虚拟客服机器人的任务就是在能力范围内尽可能多地处理掉客户问题，减轻在线坐席人员的工作量，目前来看是成功的。那么剩下的机器人未能处理的工作，还是需要在线坐席人员的介入，但也并不是纯人工来完成，人工智能技术发展到今天，可以说在后台也是一种人机协作的状态，也有两种协作形式。

一种是在服务过程中，在线坐席人员操作界面有个小精灵——人机协作助手。它可以优先于在线坐席人员从客户那里获得所问问题，随后通过智能引擎分析生成答案，同时推送给在线坐席人员，并询问其提供的答案能否全面正确地解答客户问题，如果在线坐席人员认为可以，那么就由在线坐席人员一键推送至客户前端；反之，在线坐席人员可以直接修改此答案，随后再一键推送至客户前端。此过程，效率提高，答案精准，而且前端客户感受不到是人机协作产生的结果，只知道是在很快的时间内得到了精准答案而已。

另一种是在线坐席人员通过智能坐席知识库，搜索客户问题，向客户推送精准答案。智能坐席知识库是一套基于自然语言处理、结合用户行为大数据分析的搜索引擎，以企业知识为主要内容，兼容处理结构化、半结构化和非结构化的企业知识，可以为坐席人员提供快速化、精准化、全面化的知识智能搜索服务。

6.1.4　智能语音外呼

智能语音外呼机器人系统可以根据电话营销的流程量身定制，通过在系统中预先设定外呼的流程，完成用户身份确认、营销引导、营销信息确认等营销操作。系统针对电话销售、电话营销业务流程而量身定制。智能语音外呼机器人系统自然流畅的声音、规范统一的标准、热情礼貌的沟通，如同真实的坐席人员一样，能轻松完成原由人工承担的大部分的重复外呼工作，并且可以实时与人工外呼进行切换互补，实现"智能语音外呼机器人+人工外呼坐席"结合的模式，准确把握每个高价值客户的销售机会，极大降低营销成本，提高营销效率。

目前，智能语音外呼系统除了应用在以营销为目的外呼领域之外，还可以在催收账款、潜客激活和客户回访等多业务层面展开应用。我们可以大胆预言，未来的外呼服务方式，不仅仅是简单的机器人语音外呼，而是属于智能语音交互模式，借助成熟的自然语言处理、语音识别和语音播报等人工智能技术，打造成全智能语音交互机器人，通过机器人弥补传统方式的不足，提高服务效率的同时减少对人力的依赖。

6.2　智能客服关键技术

6.2.1　智能客服系统原理

智能客服系统根据应用场景的不同，功能上会有一定的区别，通常一个完整的智能客服系统需要包括前端交互模块、语音识别模块、智能引擎模块和后台管理模块4个主要部分。前端交互模块主要实现智能客服系统与客户之间的交互活动，客户可以根据该模块使用语音或文本的形式输入需求，而智能客服系统则通过该模块将答案输出给客户。

语音识别模块则将客户输入的语音信息识别为文本信息，从而为智能客服系统理解客户需求做准备。智能引擎模块则包括信息预处理、语义理解两个主要功能，其中语义理解功能需要根据事先建立好的语义知识库，利用机器学习算法提取关键词，以完成自然语言处理。后台管理模块则包括语义检索、最优匹配和答案处理等功能，该模块需要根据智能引擎模块对语言处理的结果，结合建立好的语料库进行语义检索，找到用户需求的最优匹配，并根据匹配的结果整理答案。最后再进行语音转换，并将智能客服系统对客户的回答通过前端交互模块输出给客户，完成智能客服系统的完整流程。

智能客服系统原理如图 6-1 所示。

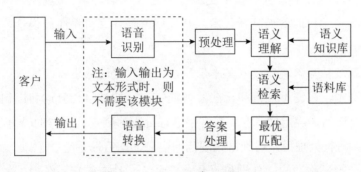

图 6-1　智能客服系统原理

6.2.2　语音识别技术

语音识别是将人类的声音信号转化为文字或者指令的过程。在进行语音识别的过程中以语音为主要的研究对象，需要对语音信号进行数字信号处理、模式识别以及语音学和认知学等多方面的综合处理，是一项综合多个学科非常复杂的技术。语音识别系统是智能金融客服系统前端的一个重要组成部分，是机器能够正确地识别客户需求的根本保障。目前，语音识别系统的基本原理是将采集到的语音信号进行特征提取，并将提取的特征参数输入已经训练好的语音模型库中进行语音的模式匹配，最后根据匹配的结果得到语音识别的结果。

图 6-2 展示了语音识别系统的基本原理。

图 6-2　语音识别系统的基本原理

6.2.3 语音合成技术

语音合成技术，又称为文语转化，其实质就是将文本数据转化为语音数据并播放语音的技术。此技术将一系列的输入文字信号序列经过适当的韵律处理后，送入合成器，产生出具有尽可能丰富表现力和高自然度的语音输出，从而使计算机或相关的系统能够发出像"人"一样自然流利声音的技术。这里，关键的是"人"字。如何让计算机发出像"人"一样的具有高度灵活性、强适应性、鲜明个性、丰富表现力的语音是语音合成研究的目标。而且，还希望合成系统能够超越一般人的发音状况，如实现多个发音人的输出或者声音转换等。语音合成技术是涉及声音学、语言学、心理学、数字信号处理、多媒体合成等多种学科的前沿高新技术，其表现就是计算机系统能说话，其目的就是用机器代替人来组织语言并说话。

语音合成系统从输入端口读入文本信息，由前端语法分析系统完成语法分析，主要包括：规范化文本，过滤不规范和无法发音的字符；通过自动分词和语句划分，分析文本中词、短语及语句，确定读音并对多音字进行处理；确定发音时的轻重音及语气变化。结合词典和规则进行处理后，得到格式规范的信息，向后端系统发送。

后端系统一般又称为韵律分析和语音合成系统，是在前端系统提供的语法分析的基础上，由韵律分析子系统根据韵律合成规则得到将输出语音的几个要素，包括音高、音强、音长、语调、停顿等。这些要素被输入语音合成引擎子系统，该子系统按照这些语音要素对照文本数据，运用语音合成算法合成出满足要求的音节波形数据，再将其拼接成语音流，输出到语音播放系统播放。

在市场需求和科技发展的联合推动下，语音合成未来的发展得到了越来越多的关注。国际语音交流协会对未来的研究方向和2008年后的研究热点做了深入的探讨，其着眼点是语音合成的高质量及未来广阔的应用前景。从这些现状分析和归纳中，我们可以得到高质量语音合成系统的发展目标：①确保可懂度；②提高清晰度；③完善自然度；④丰富表现力；⑤增加智能性；⑥减少音库容量和降低计算复杂度。现阶段，自然度的完善是高质量合成系统需要解决的迫切问题。

语音合成研究的这些目标，也反映了高质量语音合成系统的一些基本属性。

(1) 可训练性。系统能像人类一样能够接受训练，不断地学习新的知识和融入新的思想，适应新的环境。

(2) 多用性。计算机在某些方面比人类有大得多的优势，不但可以发出语音，还可以用来帮助我们了解生理机制。另外，也可以用来进行多语种合成、语音转换、说话人识别研究等。

(3) 易封装性。可以对合成系统的各个部分和各个模块灵活地进行改进和更新。这样,便于各个方法、各种模型的合成结果的比较和系统的各个版本之间的比较,从而优化出最佳的合成内核和韵律模型。而且,在不同的系统平台之间移植时将会有更好的适应性。

随着计算机技术、信号处理技术、生理学、语音学等学科的发展,人类对于合成系统的研究也越来越充分,正逐步实现人类期望的合成"人"声的梦想。

6.2.4 智能知识库技术

知识库是客服系统不可或缺的部分,不管是老版本客服还是人工智能客服,在管理流程中都需要在知识库中找到合适的标准知识和答案,再反馈给用户。

知识库的类型有很多,当前在用的相对普遍的是框架型知识库、规则型知识库、逻辑型知识库三类。

1. 框架型知识库

框架型知识库主要由框架结构、框架行为、框架推理三部分组成。

2. 规则型知识库

规则型知识库主要包括规则库以及按照规则推理的方法,另外还包括规则优化及优选的逻辑和流程。

3. 逻辑型知识库

逻辑型知识库的设计理念就是通过对问题的逻辑关系描述来告知用户寻求解释或解决的问题是什么,由知识库通过一系列的逻辑推理来找到解决问题的答案。

以上三种形式的知识库各有优缺点。框架型知识库描述应用领域对象相对自然,但是推理受限于框架结构本身;逻辑型知识库在逻辑推理方法和结果方面较好,但系统效率却较低;规则型知识库的可扩充性和可视性相当好,但对对象的描述能力却又较弱。所以,当前一般采用混合型的知识库构建方式,以满足不同的需求。

谷歌公司在 2012 年 5 月 17 日提出了知识图谱的概念,并以此为基础构建下一代智能化搜索引擎。本质上,知识图谱是一种揭示实体之间关系的语义网络,可以对现实世界的事物及其相互关系进行形式化的描述。当前知识图谱已被用来构建各种大规模的知识库。

6.3 招商银行信用卡智能获客系统分析

目前,信用卡发卡市场所采用的传统直销模式日益呈现出竞争激烈、效率低下的特征,人力驱动的信用卡推广模式难以为继。与此同时,互联网网民规模日益壮大,智能手机用户持续增长,以"80后"、"90后"为主的中坚群体已成为强大的消费力量。用户在线上自主选择并申请信用卡的需求日益强烈,银行便捷的线上信用卡申请服务可以更好地支持用户的消费行为。银行将线上与线下服务进行双向融合,可以形成更加有效的客群聚合平台,既提升了用户体验,又实现了低成本获客。科技进步日益加快,"互联网+"、大数据和人工智能的时代已经来临,新科技未来的应用前景十分广阔。同时,在商业经济及其他领域中,决策将日益基于数据和分析,而并非基于经验和直觉。在以"网络化、数据化、智能化"为目标的金融科技战略指引下,招商银行正发起一场由技术驱动的渠道优化和服务升级革命,以建设平台、引入流量、内接场景为重点,提升零售业务体系化运营能力,以开启全行新零售的未来。

多平台的系统支持,巧妙运用的决策引擎分流机制,开创性的互联网大数据征信的探索,O2DO双线下(网上申请、上门服务及网上申请、网点核实身份)的申请体验流程,高品质的服务支持,同时辅以中国最佳零售银行的品牌美誉,搭配专业化的上门服务,运用智能化的数据挖掘与业务场景分析模型,成功实现了以数据驱动的智能获客,招商银行也是国内首家拥有多种O2O线下体验的银行。系统主要解决了当前信用卡发卡市场增速下滑,竞争激烈,传统依靠人力驱动的直销模式成本高昂且难以为继的问题,同时借助于当前互联网,特别是移动互联网的快速发展,充分利用互联网的聚合力量,采用日益成熟的O2O营销模式开展金融服务,从而为客户提供更好的创新服务和体验。

数据驱动的互联网智能获客由用户从线上发起,银行实时进行名单收集及数据承接,随后进入"网上申请,上门服务"或"网上申请,网点核实身份"的业务流程,通过"线上申请+双线下"的体系化服务模式,帮助用户办理信用卡,在线获取信用卡客户。目前,系统每天实时向各地下发新户申请名单,巨大的数据流量支撑了招商银行全国39个信用卡部门、数千名的信用卡直销队伍及全国所有的招商银行营业网点,使招商银行成为全国率先实现规模化、集约化、成体系运作的商业银行。

该系统基于开放的体系架构,采用闭环的系统流程,通过多维度参数化设计,支持线下不同业务模式的动态接入,通过多渠道的客户信息实时收集及分配,实现对名单流量的无缝承接;通过智能分流决策引擎,激活网点资源,优化资源配置,实现双线下的数据分流以及对名单流量和产能的动态管理;利用外部海量数据,构建实时互联网大数据征信模型,提升内部风险控制水平;通过多场景下的用户行为分析和挖掘、多版本的转化率建模分析,提升系统的智能化水平,促进业务流程的持续升级,实现智慧增长。为了进一步完善智能获客系统,其今后的建设目标如图6-3所示。

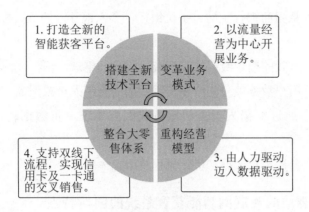

图 6-3　智能获客系统建设目标

6.3.1　智能获客系统应用架构

智能获客系统应用架构主要包括四大部分。

1) 业务处理系统

业务处理系统，包括接口服务系统 (允许合作厂商直接提交用户名单到招商银行系统)、流程管理系统 (新旧户流程管理、双线下流程管理等)、决策引擎系统 (判断用户的价值所在，比如是否为零售客户)、大数据征信系统。

2) 业务支持系统

业务支持系统，包括运营管理系统、智慧营销管理系统和用户行为分析系统。

3) 数据承接系统

数据承接系统，包括数据检核系统、数据筛选系统。

4) 数据驱动系统

数据驱动系统，包括名单分配系统 (将收集到的数据分配到各信用卡部及网点)、业务代表移动服务系统 (PAD 系统)。

数据驱动模型以用户数据为核心，形成以数据收集、数据承接、数据驱动、数据经营、数据分析为主要环节的闭环 (如图 6-4 所示)，从而在不同的阶段，以不同的方式和目的对用户数据的价值进行充分挖掘。

图 6-4　数据驱动模型

(1) 数据收集：从招商银行主站、手机银行、个人银行专业版、搜索引擎、合作方收集用户数据。

(2) 数据承接：有效的用户数据加工后统一收集及整理。

(3) 数据驱动：用户数据被分配给各信用卡部的直销人员或网点。

(4) 数据经营：通过直销人员上门服务或网点办理，将数据转化为客户，即流量变现。

(5) 数据分析：分析用户数据，优化流程及用户体验，更好地收集用户数据。

6.3.2 数据驱动的互联网智能获客系统的创新特点

1. 通过智能决策引擎分流机制，实现了对流量及产能的动态管理

系统采用了创新的智能决策引擎分流机制，建立了线上名单数据与双线下业务流程的完美对接，激活网点资源，优化资源配置，实现了对名单流量及产能的动态管理，防止成熟市场因无法及时响应用户需求而导致名单溢出以及无信用卡部门城市的新增网点流量浪费的现象出现。

2. 大数据征信辅助

传统的征信体系是银行业健康发展的基石，在互联网时代，要将风险控制及快速授信做到极致，还需要借助于大数据的威力，联合外部优质大数据厂商，组成策略联盟，洞察用户站外行为，完善和丰富用户画像，达到利用外部数据解决内部风险控制的目的。

3. 借助大数据的用户行为分析，持续优化系统流程

通过数据采集和监测，根据不同的业务场景进行建模，分析用户站内行为，最终实现可视化的呈现。通过大数据分析，银行可以全面了解用户在使用自身服务过程中的行为特点，从各种层面提供决策支持，实现运营内容优化，提升长尾资源和碎片资源的使用能力，这是银行业在大数据应用方面的有益探索。

4. 以流量经营为中心的业务模式

流量经营以智能管道和聚合平台为基础，以扩大流量规模、释放流量价值为方向，其最终目的是顺应移动互联网的发展，壮大基础用户规模，占领市场的至高点。通过建立以流量经营为中心的业务模式，基本解除了对人力驱动模式的依赖，极大降低了营销成本，为实现低成本获客提供了基础保障。

5. 以数据驱动为核心的业务模型

在传统的人力驱动模型之下，银行通过差异化的产品、高强度的资源投放，基本可以保障其在商业竞争中占据有利位置，而在移动互联时代，传统的人力驱动成本不断增长，但收益日渐下滑，难以为继。数据驱动的业务模型是信息技术对银行业界的一大改变。银行的经营理念需要从现有的人力驱动方式向数据驱动方式转变，这种转变实际上也是全球产业面临的一场新变革。通过数据驱动模型，银行线上获取客户的边际成本接近于零，目标客群扩大至所有的互联网用户，直销人员在上门服务时更有目的性，成效显著提高。

6. 独创的线下双通道，充分挖掘客户的价值

采用决策引擎分流机制，普通用户流向"网上申请，上门服务"的直销模式，而对于零售的价值客户则导向"网上申请，网点核实身份"的业务模式，在办理信用卡业务的同时，引导客户同时办理招商银行一卡通，通过双线下业务流程的设计，使客户价值得到充分的挖掘，资源得到充分的利用。

7. 落实两卡交叉销售，打造大零售体系的全行战略

通过流程设计，招商银行创造了信用卡与零售产品交叉销售的自然场景，打通了信用卡部门与全行零售部门交叉销售的关键环节，在获取信用卡客户的同时也为零售部门贡献了价值客户，促进了打造大零售体系的全行战略，提升了客户的综合价值贡献，成功将信用卡获客平台打造成了聚合零售客户的流量入口。

2013—2016年，通过该平台直接获取信用卡新户近千万个，2016年的新户获取量更是达到了2013年和2015年的总和，实现了跨越式、爆发式增长，其零售获客能力预计还将进一步提升。每一次的技术创新、自身管理和运营能力的跨越都对整个银行业具有举足轻重的意义。

招商银行数据驱动的智能获客系统项目突破了传统人力驱动的获客模式，实现了以互联网流量经营为中心，规模化、集约化、体系化运作的数据驱动的互联网智能获客，确立了移动化、数据化、智能化、协同化、模块化、开放化的发展方向，支持低成本、数字化、可度量的持续经营扩张。线上及双线下的系统流程设计创造了与零售产品交叉销售的自然营销场景，奠定了招商银行两卡交叉销售的技术基础和永续经营的驱动力量，支撑了全行大零售体系的战略。定位"金融科技银行"的招商银行，其零售客户数已突破一亿大关。作为股份制商业银行，招商银行在网点数量相对有限的情况下，在零售领域创造了如此傲人的佳绩，这得益于招商银行的内在创新基因。

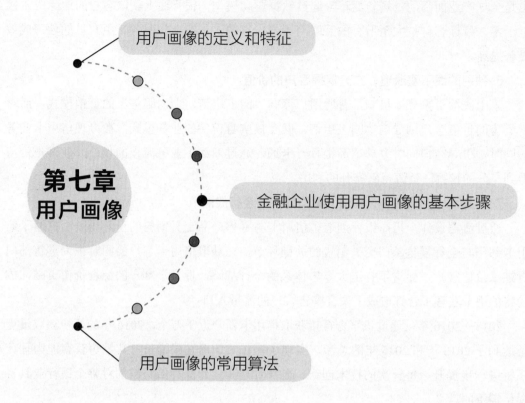

第七章 用户画像

- 用户画像的定义和特征
- 金融企业使用用户画像的基本步骤
- 用户画像的常用算法

本章学习目标

01 了解什么是用户画像及其运用场景

02 学习并掌握企业使用用户画像的基本步骤

03 了解什么是用户画像的算法

> **本章简介**

用户画像是大数据分析中的一个重要概念，被广泛应用于市场调查、产品客群分析、精准营销。本章主要介绍了用户画像的定义和特征；企业使用用户画像的基本步骤以及用户画像的常用算法。

7.1 用户画像的定义和特征

用户画像是大数据分析中的一个重要概念，被广泛应用于市场调查、产品客群分析、精准营销。用户画像的基础是数据，包括市场数据和个人信息。用户画像是指建立在一定数量和维度之上的目标用户分析模型。从统计学意义上看，用户画像的构建过程其实就是用户特征的统计分析模型构建过程，通过分析不同因子的相关性及有效性，构建多因子的统计模型，并进行相应的数据采集，在此基础之上得出针对群体或个体的具有统计学意义的分析结论。统计模型及其分析结论，形象地讲，就是用户画像。对于用户画像的概念，可以借鉴《信息安全技术个人信息安全规范》的表述：用户画像是通过收集、汇聚、分析个人信息，对某特定自然人的个人特征，如职业、经济、健康、教育、个人喜好、信用、行为等方面做出分析或预测，形成其个人特征模型的过程。金融机构的产品定价与用户信用风险、行为模式、风险偏好之间有紧密的联系，随着智慧金融、大数据的发展，金融用户画像成为金融机构产品风控、产品设计的重要工具。

7.1.1 用户画像具有的特征

1) 数据化

构建用户画像的过程本质上是一个统计分析过程，因此，数据化是用户画像的基础与核心。所有信息必须先被转化为数据，然后才能进行模型分析，并得出准确的结论。当然，非数据化、非定量化的分析并非不可以，但其精准度难以保障，且缺乏数量约束的模型和画像并不具有可操作性。

2) 动态化

由于相关分析因子之间存在相互作用的机制，而用户画像本身是基于一系列复杂的因子而构建的，社会经济生活的复杂性，会导致各个因子本身的影响力也在动态中变化。因此，用户画像并不是一成不变的，而是需要根据各个数据的变动做出及时调整。

3) 程序化

不同于传统的统计模型构建，用户画像更多地被用于市场调研、产品开发和精准营销，因此，不仅需要高效地构建分析模型，而且更需要能够快速地进行分析。为了满足高效的需求，用户画像的构建及分析通常是通过计算机程序加以实施的。

一般来讲，用户画像被分成两大类，一是群体用户画像，二是个体用户画像。群体用户画像是指对一定人群的数据进行挖掘和分析，形成数据模型的过程。这里所说的群体并不是某个固定人群，而是根据一定统计学特征归纳的人群，如成年男性、成年女性、年轻白领、产业工人、中小餐饮企业主、在校大学生等。根据分析视角的不同，群体用户画像的人群还可以做出各种分类。个体用户画像主要是对特定个体的数据和信息进行分析，从而为特定个体的特征构建一定的标签，以此对个人的偏好、行为倾向等进行预测。

7.1.2 用户画像的应用场景

在金融或商业领域的应用中，用户画像主要有三个应用场景。

1) 产品开发和行业分析

产品开发和行业分析主要应用的是群体用户画像。其流程一般是先采集与目标群体相关的数据信息，并对数据信息进行分类，再从中抽象出相应的特征和因子，构建分析模型，并将其转化为计算机程序和算法，最终构建出一定的群体用户特征。群体画像使用的是某个群体的数据，从而构建出群体特征，而基于群体特征和喜好，就可以有针对性地开发产品和服务，并进行相应的市场推广活动。如某金融机构需要针对白领人群开发一款理财产品，此时就需要了解这一人群的行为特征及风险偏好状况，在此基础上，才可以规划该理财产品的拟投资方向、预期收益等产品设计方案。群体用户画像的群体性特征，决定了该类用户画像具有明确的群体指向，因而可以用于产品开发，也可以成为营销活动的依据。

2) 精准营销

精准营销应用的主要是个体用户画像。与传统的广告或营销活动不同，传统广告采用广播、电视、报纸、网页广告等方式，传播对象不是特定用户，而精准营销广告则是针对特定的用户。传统营销的目的是通过广告找到符合用户画像的人，但由于广告不具有精确指向性，因此广告效率低下，而精准营销则可以通过对个体用户画像的构建和分析，使得广告的发布方精确地找到用户。互联网金融企业通过收集利用大量的用户数据，对用户进行分类并构建画像，从而进行精准营销并提供个性化的产品和服务。互联网金融领域的数据主要有四个来源渠道。一是互联网中的交易数据，包括第三方支付数据、电商购物数据以及生活服务类的缴费数据；二是QQ、微信、微博等社交大数据；三是信用卡以及银行卡大数据；四是互联网中的征信大数据，如阿里巴巴旗下的芝麻信用、腾讯旗下的腾讯信用等。互联网金融企业在具体的经营活动中，通过对用户基本信息、消费明细、行为明细、产品明细等原始数据进行统计分析，归纳出用户的人口属性、信用属性、消费特征、投资爱好等特征，通过模型构建，建立起包括用户基本属性、购买能力、兴趣爱好、心理特征等用户画像标签，对用户实施精准营销，提供个性化的产品和服务。

3) 对个人和企业进行风险管理

创新与风险相伴相生，互联网金融提高了金融效率，扩大了金融覆盖面，但也使风险跨越了地界和人际关系，呈现许多新形式，而传统监管的滞后和法律的缺失则非常不利于互联网金融风险的界定和防范。传统的金融风险如市场风险、信用风险、流动性风险、技术风险、法律风险、道德风险在互联网金融中都有不同程度的暴露，且表现出来的形式更为复杂。对互联网金融企业来说，通过用户画像技术，可以对用户的资信状况做到可记录、可追溯、可验证，能够卓有成效地帮助这些企业改善信息不对称现象，进而提升金融风险防范和控制能力。互联网金融企业利用大数据实时监控用户的交易行为，比如监测用户输入每个字母的间隔时间、地理位置的移动、交易行为、交易次数、交易金额等，与用户的画像进行对比，看是否是本人操作，可以有效保障用户的资金安全。

7.2 金融企业使用用户画像的基本步骤

7.2.1 数据采集

用户画像是根据用户的人口信息、社交关系、偏好习惯和消费行为等信息而抽象出来的标签化画像。用户画像数据来源多样，采集方式也不同：有线下采集的信息，比如通过访谈、调研等方式采集的数据；有线上采集的信息，比如消费记录、浏览日志、收藏记录等；有从第三方接口采集的信息，比如微信接口可以获取用户微信的昵称、性别、地域，QQ接口可以获取用户QQ的昵称、性别、年龄、生日、星座、地域等信息；有通过爬虫获取的数据，比如微博、评论、论坛等社交媒体的内容；还有利用网络爬虫不断抓取数据进行大量计算得出来的数据，比如情感偏好、购物偏好等。

7.2.2 数据清洗

大数据有一个特征，就是价值密度低。标签体系的建设是在大数据环境下进行的，大数据的低价值密度决定了在采集回来的数据中存在大量的噪声数据、脏数据，比如缺失值、重复、数值异常等。要构建精准的用户画像就需要对这些噪声数据、脏数据进行处理，这个过程我们叫作数据清洗。常见的数据清洗方法如下。

(1) 缺失值处理。对于缺失数据的处理方法有三种，一是删除缺失数据（数据采集不易，一般不轻易删除数据）；二是补齐缺失数据，常用方法有均值插补、中位数插补、最大值插补、最小值插补、固定值插补、最近邻插补、热卡填补法等；三是不处理缺失数据。

(2) 重复数据处理。常用方法是删除重复的数据。

(3) 异常数据处理。对于异常数据的处理常用的方式是按一定的规则先找到异常数据。查找异常数据常用的方法包括统计分析、分类聚类、箱型图分析、模型检测、密度分析、距离分析等。在找到异常数据后，根据业务情况确定是否删除、修正或补齐异常数据值。

7.2.3 数据标准化

在做用户画像分析之前，需要先将数据标准化，利用标准化后的数据进行数据分析。数据标准化处理主要包括数据同趋化处理和无量纲化处理两个方面。数据同趋化处理主要解决不同性质数据问题，对不同性质指标直接加总不能正确反映不同作用力的综合结果，须先考虑改变逆指标数据性质，使所有指标对测评方案的作用力同趋化，再加总才能得出正确结果。数据无量纲化处理主要解决数据的可比性。将数据标准化的方法有很多种，常用的有"最小—最大标准化""Z-score 标准化"和"按小数定标标准化"等。经过上述标准化处理，原始数据均转换为无量纲化指标测评值，即各指标值都处于同一个数量级别上，可以进行综合测评分析。用户画像的建立需要有整合多源数据的能力，比如一个用户可能使用多个设备，拥有多个账号，则须把多个身份 ID 组合，建立统一的标准，形成完整标识实体的用户画像。以上描述的这个场景被称为 One ID 体系——统一身份认证，即对于同一个人，使用不同设备或系统只有唯一身份。

7.2.4 数据建模

数据建模就是根据用户行为，构建模型产出标签、权重，例如，啤酒 0.8、安踏 0.6，标签表征了内容，用户对该内容有兴趣、偏好、需求等，权重表征了指数，用户的兴趣、偏好指数，也可能表征用户的需求度，可以简单地理解为可信度、概率。一个事件模型包括时间、地点、人物三个要素。每一次用户行为本质上是一次随机事件，可以详细描述是什么用户，在什么时间，什么地点，做了什么事。

什么用户：关键在于对用户的标识，用户标识的目的是区分用户、单点定位。

什么时间：时间包括两个重要信息，时间戳和时间长度。时间戳，为了标识用户行为的时间点，一般精确到秒。时间长度，为了标识用户在某一页面的停留时间。

什么地点：用户的接触点，包含两层信息——网址 + 内容。网址，每一个 url 链接即定位了一个互联网页面地址，或者某个产品的特定页面，可以是计算机上某电商网站的页面 url，也可以是手机上的微博、微信等应用的某个功能页面，某款产品应用的特定画面，如微信订阅号页面、某游戏的过关页。内容是指每个url网址中的内容，可以是单品的相关信息，如类别、品牌、描述、属性、网址信息等。对于每个互联网接触点，网址决定了权重，而内容决定了标签。

做了什么事：用户的行为类型。对于电商有一些典型行为，如浏览、添加购物车、搜索、评论、购买、点赞、收藏等，不同的行为类型，对于接触点的内容产生的标签信息具有不同的权重，如购买权重计为5，而浏览计为1。

用户标签权重的计算公式为

$$用户标签权重 = 时间衰减因子\ r \times 行为权重 \times 网址子权重$$

如用户A，昨天在品尚红酒网浏览一瓶价值238元的长城干红葡萄酒信息。标签：红酒。时间衰减因子：因为是昨天的行为，所以假设r=0.95。行为权重：浏览这一行为可以记为权重1。网址子权重：品尚红酒单品页的网址子权重记为0.9(作为比较，淘宝红酒单品页的网址子权重记为0.7，因为用户对红酒是真的喜欢，才会去专业的红酒网选购，而不在综合商城选购)。最后用户标签是红酒，用户标签权重是$0.95 \times 1 \times 0.9 = 0.855$。

7.2.5 标签挖掘

标签挖掘，即对用户标签体系中的用户数据进行挖掘，形成用户标签，这个过程也叫标签生产。用户画像标签的来源主要有三个。

(1) 基于业务场景抽象而来，尤其是在App上线之前，我们还无法获取到用户的行为数据，通过对业务场景的调研，可以梳理出初步的用户标签。

(2) 基于已有数据沉淀而来，App上线后，随业务的发展产生了大量的业务数据与用户行为数据，经过提炼可以不断充盈用户画像。

(3) 基于决策模型的数据归因验证而来，决策模型输出的决策会不断产生新的数据来验证与完善用户画像，所以引入模型是提高用户画像置信度的有效手段。在整体用户标签生产过程中，通过用户关系数据(用户关系数据体现了用户之间的客观重要程度)、用户内容数据(用户发布的信息，微博、微信、评论等)、用户行为数据(用户的浏览、搜索、收藏、下单、加入购物车、购买等行为)挖掘出用户的标签及其基础权重；接下来通过多个维度的定向挖掘进行标签的校正和增加标签的覆盖；最后，将挖掘出来的用户标签及权重输出至用户标签库，供上层业务调用。

7.2.6 数据可视化

数据可视化是基于标签体系的用户画像的重要应用，通过详实、准确对用户的各类标签数据进行汇集和分析，并以图片、表格等可视化手段帮助企业全面了解用户的基础信息，包括用户关系情况、用户经济情况、用户偏好情况、健康情况、饮食情况等信息。同时，利用数据标签体系的用户画像可视化技术，通过对用户关系数据、用户内容数据、用户行为等数据进行可视化展示，能够帮助企业管理人员、业务人员全面了解用户，了解用户是谁，他们有什么特征，他们的兴趣偏好等，从而为智能推荐、精准营销、产品和服务创新、渠道优化等业务提供支撑。

7.3 用户画像的常用算法

用户画像，是用户研究的重要输出，它能帮助我们更好地进行业务决策以及产品设计。构建用户画像的主流方法有四种：基于数据统计、基于规则定义、基于聚类、基于主题模型。前两者是基于已有数据的构建方法，其缺陷是无法处理数据缺失或不在规则范围内的用户。而解决这一类问题，也正是机器学习存在的意义，它让计算机像人一样去学习处理问题，并给出答案，但这类机器学习也存在问题，即学习的时间很长、学习需要的样本数量巨大，以及精确性不高。用户画像中的各种 AI 算法，主要作用是在众多数据中提取出用户最重要的特征，并且能够对用户进行准确分类。支持向量机 (SVM) 对小样本、非线性的用户识别有较大的作用；卷积神经网络能够在没有明确的数学或统计模型时，由机器自动构建出某种合适的模型；朴素贝叶斯是一种统计学上能自我修正的模型，是介于有明确模型与无模型之间的一种决策方式；决策树是机器学习中的一个树状预测模型，比较简单易懂。这四种算法代表了目前相关领域的主流方法。

7.3.1 支持向量机

支持向量机 (Support Vector Machines，SVM) 是建立在统计学习理论 VC 维理论和结构风险最小化原理基础上的机器学习方法。它在解决小样本、非线性的用户识别问题中表现出许多特有的优势，并在很大程度上克服了"维数灾难"和"过学习"等问题。此外，它具有坚实的理论基础，简单明了的数学模型，因此，在模式识别、回归分析、函数估计、时间序列预测等领域都得到了长足的发展。

支持向量机是一类按监督学习方式对数据进行二元分类的广义线性分类器。SVM 使用铰链损失函数计算经验风险并在求解系统中加入了正则化项以优化结构风险，是一个具有稀疏性和稳健性的分类器。SVM 可以通过核方法进行非线性分类，是常见的核学习方法之一。

SVM 是一个广义线性分类器，通过在 SVM 的算法框架下修改损失函数和优化问题可以得到其他类型的线性分类器，例如将 SVM 的损失函数替换为 logistic 损失函数就得到了接近于 logistic 回归的优化问题。SVM 和 logistic 回归是功能相近的分类器，二者的区别在于 logistic 回归的输出具有概率意义，也容易扩展至多分类问题，而 SVM 的稀疏性和稳定性使其具有良好的泛化能力并在使用核方法时计算量更少。

SVM 被提出于 1964 年，在 20 世纪 90 年代后得到快速发展并衍生出一系列改进和扩展算法，在人像识别、文本分类等模式识别问题中有得到应用。

按引用次数，LIBSVM 是使用最广的 SVM 工具。LIBSVM 包含标准 SVM 算法、概率输出、支持向量回归、多分类 SVM 等功能，其源代码由 C 编写，并有 JAVA、Python、R、MATLAB 等语言的调用接口。

基于 Python 开发的机器学习模块 Scikit-Learn 提供预封装的 SVM 工具，其设计参考了 LIBSVM。其他包含 SVM 的 Python 模块有 MDP、PyMVPA 等。TensorFlow 的高阶 API 组件 Estimators 有提供 SVM 的封装模型。

7.3.2 卷积神经网络

卷积神经网络 (CNNs) 是一种为了处理二维输入数据而特殊设计的多层人工神经网络，网络中的每层都由多个二维平面组成，而每个平面由多个独立的神经元组成，相邻两层的神经元之间互相连接，而处于同一层的神经元之间没有连接。CNNs 受到早期的时延神经网络 (Time Delay Neural Networks，TDNN) 的启发，TDNN 通过在时间维度上共享权值来降低网络训练过程中的计算复杂度，适用于处理语音信号和时间序列信号。CNNs 采用了权值共享网络结构使之更类似于生物神经网络，同时模型的容量可以通过改变网络的深度和广度来调整，对自然图像也具有很强的假设（统计的平稳性和像素的局部相关性）。因此，与每层具有相当大小的全连接网络相比，CNNs 能够有效降低网络模型的学习复杂度，具有更少的网络连接数和权值参数，从而更容易训练。

一个简单的卷积神经网络模型由两个卷积层 (C_1，C_2) 和两个子采样层 (S_1，S_2) 交替组成。首先，原始输入图像通过与三个可训练的滤波器 (或称作卷积核) 和可加偏置向量进行卷积运算，在 C_1 层产生三个特征映射图，然后对每个特征映射图的局部区域进行加权平均求和，增加偏置后通过一个非线性激活函数在 S_1 层得到三个新的特征映射图。随后这些特征映射图与 C_2 层的三个可训练的滤波器进行卷积，并进一步通过 S_2 层后输出三个特征映射图。最终 S_2 层的 3 个输出分别被向量化，然后输入传统的神经网络中进行训练。

自然图像有其固有特性，即对于图像的某一部分，其统计特性与其他部分相同。这意味着在这一部分学习到的特征也能用在另一部分上，因此对于图像上的所有位置，可以使用同样的学习特征。换句话说，对于大尺寸的图像识别问题，首先从图像中随机选取一小块局域部分作为训练样本，从该小块样本中学习到一些特征，然后将这些特征作为滤波器，与原始整个图像做卷积运算，从而得到原始图像中任一位置上的不同特征的激活值。

通过将卷积层提取到的特征输入至分类器中进行训练，可以实现输出最终的分类结果。理论上可以直接将卷积层提取到的所有特征输入分类器中，然而这将需要非常大的计算开销，特别是对于大尺寸高分辨率图像。例如，对于一个输入为 96×96 大小的图像样本，假设在卷积层使用 200 个 8×8 大小的卷积核对该输入图像进行卷积运算操作，每个卷积核都输出一个 (96-8+1)×(96-8+1)= 7921 维的特征向量，最终卷积层将输出一个 7921×200 = 1584200 维的特征向量。将如此高维度的特征输入分类器中进行训练需要耗费非常庞大的计算资源，同时也会产生严重的过拟合问题。然而，由于图像具有一种"静态性"的属性，在图像的一个局部区域得到的特征极有可能在另一个局部区域同样适用。因此，可以对图像的一个局部区域中不同位置的特征进行聚合统计操作，这种操作称为"池化"。比如计算该局部区域中某个卷积特征的最大值（或平均值），称作最大池化（或平均池化）。具体来说，假设池化的区域大小为 $m×n$，在获得卷积特征后，将卷积特征划分为多个 $m×n$ 大小的不相交区域，然后在这些区域上进行池化操作，从而得到池化后的特征映射图。

目前，卷积神经网络已成为当前语音分析和图像识别领域的研究热点，它是第一个真正意义上的成功训练多层神经网络的学习算法模型，对于网络的输入是多维信号时具有更明显的优势。随着深度学习掀起的新的机器学习热潮，卷积神经网络已经应用于语音识别、图像识别和自然语音处理等不同的大规模机器学习问题中。

7.3.3 朴素贝叶斯

朴素贝叶斯是以贝叶斯原理为基础，使用概率统计的知识对样本数据集进行分类。由于其有着坚实的数学基础，贝叶斯分类算法的误判率是很低的。贝叶斯方法的特点是结合先验概率和后验概率，即避免了只使用先验概率的主观偏见，也避免了单独使用样本信息的过拟合现象。贝叶斯分类算法在数据集较大的情况下表现出较高的准确率，同时算法本身也比较简单。朴素贝叶斯方法是在贝叶斯算法的基础上进行了相应的简化，即假定给定目标值时属性之间相互条件独立，也就是说没有哪个属性变量对于决策结果来说占有较大的比重，也没有哪个属性变量对于决策结果占有较小的比重。虽然这个简化方式在一定程度上降低了贝叶斯分类算法的分类效果，但是在实际的应用场景中，极大地简化了贝叶斯方法的复杂性。

朴素贝叶斯算法假设了数据集属性之间是相互独立的，因此算法的逻辑性十分简单，并且算法较为稳定，当数据呈现不同的特点时，朴素贝叶斯的分类性能不会有太大的差异。当数据集属性之间的关系相对比较独立时，朴素贝叶斯分类算法会有较好的效果。

朴素贝叶斯作为贝叶斯分类策略具备简单算法程序与快速计算效率的算法特征，因其在对分类方法进行构建、优化时，具有强稳定性、较高的准度与效率等优势，近年也被广泛应用于现实生活中。

朴素贝叶斯算法在文字识别、图像识别领域有着较为重要的作用，可以将未知的一种文字或图像，根据其已有的分类规则来进行分类，最终达到分类的目的。现实生活中朴素贝叶斯算法应用广泛，如文本分类、垃圾邮件的分类、信用评估、钓鱼网站检测等。

7.3.4 决策树算法

决策树是机器学习中的一个树状预测模型，通常其内部节点表示在一个属性上的测试，而叶子节点代表最终的类别。决策树模型被用来解决许多基本问题，诸如多阶段决策、表查找、最优化等，它很自然地还原了做决策的过程，将复杂的决策过程拆分成了一系列简单的选择，因而能直观地解释决策的整个过程。

在机器学习和数据挖掘领域，不乏一些如专家决策系统等需要展示或阐明处理过程的场景，大多数复杂的机器学习算法由于计算过程晦涩难懂，无法满足这类需求，而决策树模型正是最合适的解决方案。有调查表明决策树算法是经常被使用的机器学习算法之一，已经成功应用在医疗、广告、交通、金融等领域。学术界对决策树技术的研究也一直不断发展，出现了各种衍生算法及相关的优化。

构造决策树的过程与人做决策的行为模式相似。给定一个数据集 S，其包含多种属性的值以及所属的分类，首先要做的是使用一些统计方法选择一个属性 A 作为根节点，根据属性 A 的值将数据集 S 划分为多个子集。在这些子集上重复上述过程，直到满足一个特定的终止条件，如子集中超过一定比例的数据都属于同一个类别，最终叶子节点就代表它对应的集合中大部分数据的类别。

在决策树学习中，树的结构(大小和深度等)对决策准确率有很大影响，过拟合不仅会影响预测的准确性，还会导致决策规则复杂难懂。决策树的结构主要由不纯度的度量指标和后剪枝的方法决定。早期的研究对这两方面采取的常见方法做了介绍和评估，利用一些数据集上的实验结果表明了它们对决策树大小和预测准确度的影响。

剪枝是指用直接叶子节点替换掉一些子树，叶子的类用替换掉的子树中包含的大多数训练样本的类表示。它可以降低树结构的复杂性，改善过拟合的情况以提高预测准确性，快速预测结果以及简化决策过程。后剪枝最初由 Breiman 提出，相对于存在视野效果问题的前剪枝，它指一棵决策树初次构造完毕之后进行的剪枝。

最早提出的基于代价复杂度的剪枝方法首先自底向上依次用叶子节点替换掉一些子树，生成一簇决策树，然后对这些剪枝过的决策树进行评估比较，选出一个最好的作为最终的结果。最小化错误数的剪枝方法则更为简单，直接测试原始决策树的每一棵子树，一旦替换成叶子节点便能够减少错误数就执行。使用上述两种方法剪枝，除了生成决策树的过程中使用的训练数据集之外，还需要提供一个额外的测试数据集。而悲观错误剪枝方法使用原始训练样本集合，根据概率论和数理统计的知识，对每一棵子树的错误率做估计从而判断是否剪枝，因而不需要额外的数据集。

单一决策树分类器处理问题的能力有限，也较容易出现过拟合的情况，利用多算法或多分类器一起产生一个更好结果的方法就是集成学习的基本思想。

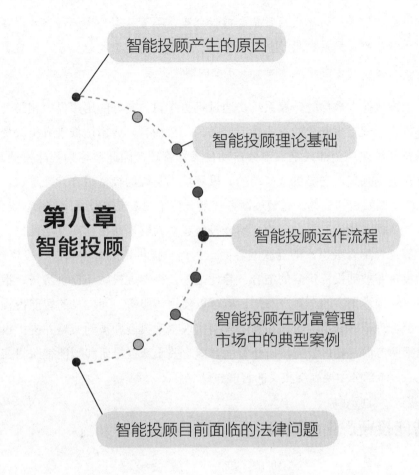

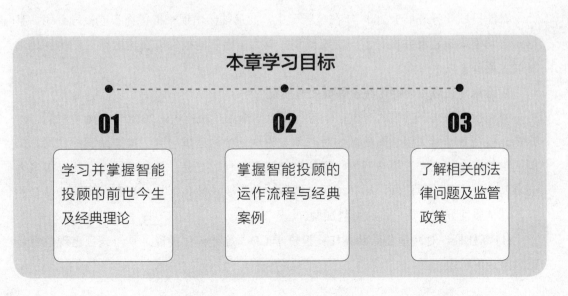

> **本章简介**

本章讲述了智能投顾诞生的背景与前世今生，不管是国外还是国内，财富管理市场巨大空间为智能投顾发展提供了坚实的基础。全民理财大势所趋，资产配置群体呈多层次发展，智能投顾为这些群体提供了多方位的解决方案。

智能投顾依托大数据的计算系统，通过机器学习与友好的用户界面相结合，提供可以和专业投资管理专家媲美的投资顾问服务。一般而言，成本远低于人类投资顾问，因其服务过程能够实现全部或绝大部分自动化操作管理，因此被称为智能投顾。近几年，智能投顾在美国兴起，它提供全自动的、以算法为基础的投资组合管理建议。未来随着智能投顾的不断发展和成熟，有望逐渐替代部分传统的人工理财顾问。就狭义角度来看，智能投顾是依据现代资产组合理论，结合投资者个人的理财目标和风险偏好，利用大数据和各种算法，配合吸引人的互联网界面，为用户提供资产管理和在线投资建议服务，实现主动投资和被动投资策略的结合。除此之外，机器人投顾还提供房贷、报税等增值服务。用户无须懂太多的金融产品知识就可以使用该服务。而广义的智能投顾除了上述依据资产组合理论、利用大数据和算法模型实现主动投资和被动策略并提供投资建议之外，还包括两方面内容：智能投研和智能客服。关于智能投研和智能客服将在其他部分加以描述，故本部分主要围绕狭义的智能投顾展开。

8.1 智能投顾产生的原因

8.1.1 智能投顾在美国快速崛起的原因

智能投顾业务最早于2008年在美国诞生，此后陆续出现一批优秀智能投顾公司，且这些公司都飞速发展并拥有了一定规模和影响力。而智能投顾能在美国得以产生并迅猛发展主要基于以下原因。

1. 金融危机爆发使得传统投顾模式遭质疑

智能投顾最初在美国的产生在一定程度上与金融危机有关。2008年金融危机后，华尔街让投资者非常失望。而美国的对冲基金为这场金融危机起到了推波助澜的作用。美国的对冲基金特点在于不透明的投资信息和高杠杆性的交易，且私募居多，所以很多为公募基金设立的法律法规，如必须严格披露信息等要求被私募基金规避。而对冲基金的以下几个属性导致次贷危机的形势加剧。

(1) 高杠杆。对冲基金借助高杠杆投资于CDO等结构性投资工具，一旦出现危机将把风险成倍扩大。

(2) 操作不规范。在利益的驱使下很多对冲基金不按规定通过对冲手段对风险敞口进行管理，且很多对冲基金可能操纵市场价格从中获取巨额利润，导致风险加剧。

(3) 信息不透明。对冲基金的投资组合是不公开的，这使得监管当局无法监测也无法采取应对措施，同时由于投资者不了解投资组合，在市场大幅波动时会产生更大的恐慌，产生"踩踏"现象。经过此次金融危机可以看出传统投顾行业存在很大的问题和弊端。而智能投顾相当于把不透明的黑匣子打开，增加资产配置的透明度和量化操作的公正性，由此以机器人投顾为代表的新兴投顾模式在美国呼之欲出。

2. 昂贵的人工成本催生机器人投顾

在美国，人工的劳动费用非常昂贵，尤其在金融行业。这些昂贵的人工成本在传统的投顾服务中将转移给投资者。而智能投顾的投资范围主要是美国市场上较为成熟的指数型基金，由于指数型基金的主要交易都是在线执行，因此可以省去很多人工操作，为用户节省很多交易成本。

3. 成熟的产品市场和大众较高的接受程度

在美国，ETF市场已相当成熟和完备，而且产品数量众多，这为智能投顾提供了丰富的投资基础。据统计，2018年1月至2018年12月初，美国发行了272只ETF，管理资产规模累计2.94万亿美元，较2017年年底增长了6%。2018年，美国ETF市场总规模近3万亿美元，产品数量达1682只，且2018年全年美国市场流入指数基金和ETF等被动投资产品中的资金达到4320亿美元。ETF产品的风险分散性、透明程度、强流动性以及低费用成本的特征，使其在资产配置方案中得以发挥优势。另外长期来看，指数型产品的收益率会跑赢大多数主动型基金。更重要的是，被动型投资策略一直都是美国市场最受欢迎的投资策略之一，投资者对被动投资产品的参与和接受程度也比较高，同时具备长期投资的理念。这双重的有利条件为美国的智能投顾迅速崛起奠定了坚实的基础。

4. 非高净值人群理财需求的爆发

在传统的美国投顾模式下，只有20%左右的高净值人群才能享受一对一且专业化的财富管理顾问服务，且私人财富顾问服务的门槛一般在100万美元或以上，然而剩下80%的长尾客户的财富管理需求却一直得不到满足。而智能投顾的出现由于门槛低、收费低等特点成功填补了长尾客户财富管理需求的市场，从而进一步倒逼智能投顾快速发展。从未来看，美国的年轻一代将成为财富管理的主力军，根据统计显示在未来5年之内1982—2002年出生的年轻人所掌管可投资资产也将由目前的2万亿美元增长至7万亿美元；在将来30～40年之内，美国将有30万亿美元金融以及非金融资产传承至这代年轻人手中。而且这代年轻人对利用互联网化、机器化、智能化的智能投顾接受程度和依赖程度更高，根据《2015年全球财富报告》，年轻一代投资者对智能投顾的接受度整体达到70%以上，这将带来美国智能投顾市场长期稳定发展的良好机遇。

8.1.2 中国智能投顾产生的原因

我国的财富管理市场具有百万亿空间，近年来我国的财富管理规模在全球所处的比例逐年提高，这主要得益于我国的私人财富总量正在逐年上升。从国内情况来看，大众富裕群体迅速崛起，让全民理财的热情呈现出爆发式增长。同时近年来，市场利率逐步下调，理财市场向多元化发展是大势所趋，老百姓打破常规不再只关注银行一种理财渠道，对股票、黄金的配置需求在不断扩大。但由于百姓缺乏金融知识，信息不对称等局限性因素让投资顾问变得尤为重要。然而现实情况是传统线下理财顾问存在高门槛、高成本的问题，难以全面覆盖到大众富裕群体。虽然互联网金融的诞生让理财实现了门槛和成本的突破，但实质却是用另一种方式将销售的渠道拓展。随着人工智能的迅猛发展和大数据云计算的广泛运用，机器人投顾应运而生。

1. 财富管理市场空间巨大为智能投顾发展提供基础

从国际层面看，我国的财富管理规模在全球所处的地位逐年提高。根据BCG《2017年全球财富报告》显示，2016年全球私人财富增长5.3%，达到166.5万亿美元，其中亚太区仍是增长速度最快的地区，增幅接近两位数。2016年中国私人财富出现最大幅度的相对增长(同比增长13%)和绝对增长，私人财富规模位列亚太区第一、世界第二，这是政府经济转型带来的增长结果。从国内层面看，随着我国人均GDP的提高，个人可投资总额逐年提升。南开大学财富管理研究中心发布的《2019中国私人财富报告》显示，2018年，中国个人持有的可投资资产总体规模达到183万亿人民币，如图8-1所示。2018年，可投资资产1千万元人民币以上的中国高净值人士数量达到158万人，到2019年年底，中国高净值人群数量达197万人。2018年，中国高净值人群人均持有可投资资产约3900万元人民币，共持有可投资资产56万亿元人民币。由此可见整个财富管理市场空间巨大，为智能投顾提供了最丰厚的客户资源及发展空间。

图8-1 2013—2019年中国个人持有的可投资资产总体规模

2. 全民理财大势所趋，资产配置群体呈多层次发展

据统计，近年来我国普通人均收入也在不断提升，如图 8-2 所示，从 2013 年开始我国居民人均可支配收入就在不断增加，2016 年 1—12 月我国居民人均可支配收入为 23821 元，同比增长 6.3%，而据相关统计数据，2019 年全国居民人均可支配收入已经达到 30733 元，比上年同比增长 8.9%。

图 8-2　中国 2013—2016 年居民可支配收入

与此同时富裕人群占比逐年提高。根据南开应用金融研究中心发布的《中国富裕阶层财富白皮书 (2019)》表明，2018 年我国大众富裕阶层数量达到 2012 万人，同比 2017 年增长 9.39%。所谓富裕阶层，指的是可投资资产在 60 万～500 万元的中产群体，这一群体在我国总人口中所占的比重在逐年提升。如图 8-3 所示，从 2011 年至 2015 年我国大众富裕阶层人数在不断增加。

图 8-3　中国 2011—2015 年大众富裕阶层人数及增长率

另一方面，市场利率逐步下调推动了理财市场向多元化发展。在过去的几十年间，居民主要依靠传统的银行存款的方式来进行财富的增值保值。而随着近年来，银行存款利率不断下调，以一年期存款利率为例，2019年6月一年期银行存款利率为1.43%，相比2015年下调了2.03%，下调幅度较大。同时在余额宝等货币基金的冲击下，居民存款的比例大幅下滑。未来居民投资将面向更多元化的方式，配置种类将逐步向基金、保险、外汇等各类丰富多样的金融资产转移。随着资本市场的不断发展演变，未来资产配置的种类将更加丰富。

3. 传统投顾人才匮乏，大数据催生智能理财

当我们进入全民理财时代，资产配置的多元化意味着对理财服务提出更高的专业要求，这更突显了理财顾问的重要性。但是传统投资顾问存在人才短缺、高门槛和高成本的问题，难以对全民做到一对一服务。随着中国财富的不断积累和较快的增长，2018—2019年全国个人可投资的资产规模在持续增大。据中国注册理财规划师协会披露，在过去几年中，中国理财规划业每年的市场增长率达到18%，国内理财规划师缺口很大且每年在递增，目前已被国家人力资源和社会保障部列为紧缺人才。由于时间、精力和人才的限制，传统理财顾问对客户设置了较高的准入门槛。自2007年中国银行成立第一家私人银行以来，招商银行、中信银行等银行纷纷开始布局私人银行。但我们发现他们的目标客户群均为高净值人群，普遍起点都是在600万元以上，高门槛将众多具有理财需求的普通投资者拒之门外，国内部分私人银行理财门槛如表8-1所示。而我国60万～500万元大众富裕人群由于高门槛的存在，这部分群体的理财需求难以得到满足。

表8-1 国内部分私人银行理财门槛

银行	门槛	成立时间
中信银行	600万元	2007年8月
平安银行	600万元	2013年11月
中国银行	800万元	2007年3月
工商银行	800万元	2008年3月
农业银行	800万元	2010年9月
兴业银行	800万元	2011年4月
浦发银行	800万元	2012年1月
建设银行	1000万元	2008年7月
招商银行	1000万元	2007年8月
光大银行	1000万元	2011年12月

所以在理财市场火热和投资者理财需求趋于多元化，同时传统理财顾问短缺带来投资门槛高的背景下，机器人投顾将改写历史并开启科技金融新篇章。未来随着投资人接

受程度的不断提高,传统大型金融机构的不断加入,在居民理财需求多元化的背景下,国内外智能投顾的发展规模将呈现快速增长。

8.2 智能投顾理论基础

8.2.1 投资组合理论

1952年,美国经济学家马科维茨在《资产组合的选择》中首次提出投资组合理论,构建了均值—方差模型,并因此获得诺贝尔经济学奖。该模型将资产的收益和风险分别使用均值和方差来表示,通过定量分析两者间的内在联系,对资产配置相关问题进行转化,解决在收益和风险一方既定条件下的另一方最优化的二次规划问题,学术界普遍认为该理论是现代资产投资组合理论的开端。基于投资组合理论,市场上所有投资组合的"风险—收益"可以在"风险—收益"二维坐标系中找到对应的点,具有最佳"风险—收益"表现的所有投资组合的合集被称为有效投资前沿,其上的组合构成有效组合。

投资组合理论的基本假设如下。

(1) 投资者理性。在这种情况下,投资者期望获得的投资组合能够满足在收益一定条件下的风险最小化,或是在风险一定情况下的收益最大化。

(2) 投资者依据不确定的风险和收益对投资组合进行选择。

(3) 所有投资者所处的投资期是一致的。投资组合理论采用定量分析的方法,分析收益率和风险,对每种资产的收益、风险以及与其他资产之间的关联度进行分折和数学规划,确定各类资产的配置占比,通过资产合理配置确定投资组合,使用多重资产有效降低投资风险,提高收益水平。

投资组合理论提出,投资者投资目标可以通过资产组合实现,资产间收益的相关性和组合中的资产数量决定了资产组合的盈利能力和规避风险的能力,当组合中资产收益相关性越小、资产数量越大,其分散效果越明显。智能投顾服务基于该理论通过选择资产收益不完全相关的资产构建资产库,通过对资产库中基础资产的风险和收益进行科学分析,建立备选投资组合,结合投资者投资目标和风险偏好,确定最优投资组合,通过运用分散资产投资方式实现投资目标。

我国智能投顾服务运作的基本模式是,通过对市场上基础理财产品的历史数据进行分析,得到可选有效投资组合。同时,运用网络问卷方式对投资者特征和期望收益进行测评,为投资者构建精准画像,描绘用户风险偏好无差异曲线,将其与有效投资组合前沿曲线进行匹配,得到用户的资产配置组合。在资产配置环节,资产的风险收益及投资者特征随着市场环境呈动态调整,智能投顾能及时跟踪数据信息的变化,及时向投资者推荐调整后的资产配置组合，构成资产再平衡。

8.2.2 信号传递理论

在现代经济决策中，经济主体对于信息的高度依赖构成了科学决策的前提条件。基于信息获取的时间成本和经济成本考量，经济主体对信息获取的倾向性存在差异。信息在经济主体中分配的不均衡性，会导致信息不对称现象，逆向选择问题产生的主要原因是由于信息在经济主体中分配不均衡，导致事前信息不对称，该问题于20世纪70年代由Akerlof首次提出。

Akerlof于1970年基于信息不对称对旧车市场进行分析，构建"柠檬品"市场模型，首次对逆向选择进行研究。其在研究中提出，在旧车交易过程中，买卖双方在交易前存在信息不对称，市场上存在"劣币驱逐良币"的现象，质量较好的旧车因价值低估退出市场，而质量较差的旧车得以在市场上进行交易。这种投资者和企业家之间的信息差异是引发"柠檬"问题的源头，会引发逆向选择，可能会造成资本市场分配资源的能力丧失。

Spence首次提出信号传递模型，对市场上逆向选择问题提出解决方案，通过向市场上信息劣势个体传递企业价值信号，并据此对其投资决策进行影响。依据信号传递理论，高质量的公司(或投资标的)倾向于主动将优质信号(如较好的盈利能力、稳定的收益水平等)及时传递给市场或投资者，通过充分披露信息，传递积极信号，增加投资者的投资决心，进而获得资源。对于投资者而言，其越早推测出管理层获取的信息，就越能更好地评估投资标的未来变化的能力。高质量的投资信号能够传递良好的监督和激励信号，提高投资者和投资标的之间的契约效率。在信号传递理论中，信号的有效性基于以下前提条件。

(1) 信号的可选择性。
(2) 信号的不易模仿性。
(3) 信号与可观察事件相关。
(4) 信号传递是最为经济的方法。

智能投顾服务在基础资产的选择过程中，同样存在信号传递理论的应用。从智能投顾服务对于基础资产库的选择来看，基础资产提供者与智能投顾公司之间也存在着信息不对称，基础资产提供者往往会通过盈利状况、盈利波动水平、管理者状况等信号向智能投顾传递投资价值信息，从而对基础资产库的选择倾向性产生影响。同时，智能投顾会依据一定标准对基础资产的信号进行甄别和筛选，从而实现投资价值的最大化。

8.2.3 量化投资理论

量化投资涉及很多数学和计算机方面的知识和技术，总体来说，主要有人工智能、数据挖掘、小波分析、支持向量机、分形理论和随机过程这几种。

1. 人工智能

人工智能（AI）是研究使用计算机来模拟人的某些思维过程和智能行为(如学习、推理、思考、规划等)的科学，主要包括计算机实现智能的原理、制造类似于人脑智能的计算机，使计算机能实现更高层次的应用。人工智能将涉及计算机科学、心理学、哲学和语言学等学科，可以说几乎涉及自然科学和社会科学的所有学科，其范围已远远超出了计算机科学的范畴。人工智能与思维科学的关系是实践和理论的关系，人工智能处于思维科学的技术应用层次。

从思维观点看，人工智能不仅限于逻辑思维，还要考虑形象思维、灵感思维才能促进人工智能的突破性发展。数学常被认为是多种学科的基础科学，因此人工智能也必须借用数学工具。数学不仅在标准逻辑、模糊数学等范围发挥作用，进入人工智能学科后也能促进其得到更快发展。

金融投资是一项复杂的综合了各种知识与技术的学科，对智能的要求非常高。所以人工智能的很多技术可以用于量化投资分析中，包括专家系统、机器学习、神经网络、遗传算法等。

2. 数据挖掘

数据挖掘是从大量的、不完全的、有噪声的、模糊的、随机的数据中提取隐含在其中的、人们事先不知道的，但又是潜在有用的信息和知识的过程。与数据挖掘相近的同义词有数据融合、数据分析和决策支持等。在量化投资中，数据挖掘的主要技术包括关联分析、分类、预测、聚类等。

关联分析是研究两个或两个以上变量的取值之间存在某种规律性。例如，研究股票的某些因子发生变化后，与未来一段时间股价之间的关联关系。关联分为简单关联、时序关联和因果关联。关联分析的目的是找出数据库中隐藏的关联网。一般用支持度和可信度两个阈值来度量关联规则的相关性，还不断引入兴趣度、相关性等参数，使得所挖掘的规则更符合需求。

分类就是找出一个类别的概念描述，它代表了这类数据的整体信息，即该类的内涵描述，并用这种描述来构造模型，一般用规则或决策树模式表示。分类是利用训练数据集通过一定的算法而求得分类规则。分类可被用于规则描述和预测。

预测是利用历史数据找出变化规律，建立模型，并由此模型对未来数据的种类及特征进行预测。预测关心的是精度和不确定性，通常用预测方差来度量。

聚类就是利用数据的相似性判断出数据的聚合程度，使得同一个类别中的数据尽可能相似，不同类别的数据尽可能不同。

3. 小波分析

小波这一术语，顾名思义，就是小的波形。所谓"小"是指它具有衰减性；而"波"则是指它的波动性，其振幅正负相间的震荡形式。与傅里叶变换相比，小波变换是时间（空间）频率的局部化分析，它通过伸缩平移运算对信号（函数）逐步进行多尺度细化，最终达到高频处时间细分，低频处频率细分，能自动适应时频信号分析的要求，从而可聚焦到信号的任意细节，解决了傅里叶变换的困难问题，成为继傅里叶变换以来在科学方法上的重大突破，因此也有人把小波变换称为数学显微镜。

小波分析在量化投资中的主要作用是进行波形处理。任何投资品种的走势都可以看成是一种波形，其中包含了很多噪音信号。利用小波分析，可以进行波形的去噪、重构、诊断、识别等，从而实现对未来走势的判断。

4. 支持向量机

支持向量机（SVM）方法是通过一个非线性映射，把样本空间映射到一个高维乃至无穷维的特征空间中，使得在原来的样本空间中非线性可分的问题转化为在特征空间中的线性可分的问题，简单来说，就是升维和线性化。升维就是把样本向高维空间做映射，一般情况下这会增加计算的复杂性，甚至会引起维数灾难，因而人们很少问津。但是作为分类、回归等问题来说，很可能在低维样本空间无法线性处理的样本集，在高维特征空间中却可以通过一个线性超平面实现线性划分（或回归）。

一般的升维都会带来计算的复杂化，SVM方法巧妙地解决了这个难题：应用核函数的展开定理，就不需要知道非线性映射的显式表达式；由于是在高维特征空间中建立线性学习机，所以与线性模型相比，不但几乎不增加计算的复杂性，而且在某种程度上避免了维数灾难。这一切要归功于核函数的展开和计算理论。正因为有这个优势，使得SVM特别适合于进行有关分类和预测问题的处理，这就使得它在量化投资中有了很大的用武之地。

5. 分形理论

被誉为大自然的几何学的分形理论，是现代数学的一个新分支，但其本质却是一种新的世界观和方法论。它与动力系统的混沌理论交叉结合，相辅相成。它承认世界的局部可能在一定条件下，在某一方面（形态、结构、信息、功能、时间、能量等）表现出与整体的相似性，它承认空间维数的变化既可以是离散的也可以是连续的，因而极大地拓展了研究视野。

自相似原则和迭代生成原则是分形理论的重要原则。它表示分形在通常的几何变换下具有不变性，即标度无关性。分形形体中的自相似性可以是完全相同的，也可以是统计意义上的相似。迭代生成原则是指可以从局部的分形通过某种递归方法生成更大的整体图形。

分形理论既是非线性科学的前沿和重要分支，又是一门新兴的横断学科。作为一种方法论和认识论，其启示是多方面的。一是分形整体与局部形态的相似，启发人们通过认识部分来认识整体，从有限中认识无限；二是分形揭示了介于整体与部分、有序与无序、复杂与简单之间的新形态、新秩序；三是分形从一特定层面揭示了世界普遍联系和统一的图景。由于这种特征，使得分形理论在量化投资中得到了广泛的应用，主要可以用于金融时序数列的分解与重构，并在此基础上进行数列的预测。

6. 随机过程

随机过程是一连串随机事件动态关系的定量描述。随机过程论与其他数学分支如位势论、微分方程、力学及复变函数论等有密切的联系，是在自然科学、工程科学及社会科学各领域中研究随机现象的重要工具。随机过程论目前已得到广泛的应用，在诸如天气预报、统计物理、天体物理、运筹决策、经济数学、安全科学、人口理论、可靠性及计算机科学等很多领域都要经常用到随机过程的理论来建立数学模型。

研究随机过程的方法多种多样，主要可以分为两大类。一类是概率方法，其中用到轨道性质、随机微分方程等；另一类是分析的方法，其中用到测度论、微分方程、半群理论、函数堆和希尔伯特空间等，实际研究中常常两种方法并用。另外组合方法和代数方法在某些特殊随机过程的研究中也有一定作用。研究的主要内容有多指标随机过程、无穷质点与马尔科夫过程、概率与位势及各种特殊过程的专题讨论等。其中，马尔科夫过程适用于金融时序数列的预测，是在量化投资中的典型应用。

8.3 智能投顾运作流程

8.3.1 业务流程分解

目前，主流智能投顾公司的运作流程主要基于马科维茨提出的投资组合理论，在收益和风险两者中一方既定，寻求另一方最优化的目标下，通过投资组合分散资产投资，降低投资风险。其主要运作流程包括：用户档案建立、资产配置建议、交易执行、智能再平衡、更新用户画像等。

1. 用户档案建立

智能投顾服务为用户提供资产配置建议的前提是通过用户评估了解用户特性并建立用户档案。在信息收集及评估环节的设计中，智能投顾服务基于线上流程，能够较传统投资顾问提供更为流畅快捷的服务，免除了面对面沟通、纸质化单据的填写和烦琐的审批流程，仅需在线填写调查问卷，获得用户年龄、收入、家庭状况、流动资产投资总额、预期收益、风险容忍度等相关信息，并进行分析归纳，构建用户的初步画像。在智能投顾服务中，通常采用线上问卷调查的形式，智能投顾对用户的总体特征建立相对客观的评价，确定客户属性并创建客户档案。

2. 投资配置建议

智能投顾服务基于投资组合理论构建模型，在大类资产配置中，依据不同的投资范围（境内、境外）和投资期限（长线、短线）对投资进行分类配置，结合智能投顾服务基础资产库中的产品建立优化的投资组合。根据用户画像，结合大类资产风险和收益情况，客观选择出与用户偏好相对应的投资组合，为不同风险收益偏好的用户定制个性化资产配置方案。在该环节中，智能投顾基于算法提供快速而有效的资产配置组合，屏蔽了传统投顾中的人为干扰，有效避免了人为因素产生的利益冲突和错误等，与传统投顾服务相比，其投资结果更为稳定。

3. 交易执行

智能投顾服务采用大数据分析和机器学习相结合的方式实现对市场的精准判断，从而提高自身的投资效益，吸引更多的客户。平台建立筛选标准实现基础资产库构建，并根据客户需求对不同种类的底层资产进行适配，提供投资组合推介。在交易执行环节，客户资金被转入金融机构开立客户交易账户，并进行第三方托管，智能投顾服务依据客户交易意图代理其发送交易指令，实现产品依指令买入卖出，完成交易过程。

4. 智能再平衡

资本市场瞬息万变，外部环境与客户特征随时发生变化，智能投顾服务能够据此随时提供资产配置的动态调整。当智能投顾接收到新的信息时，其根据市场变化对资产配置组合进行修正，实现资产配置的智能再平衡，充分提升组合资产收益率，更好地满足客户需求。在智能再平衡过程中，智能投顾需要统筹考虑预期收益和调整成本，合理提高客户的综合收益。

5. 更新用户画像

智能投顾能够随时根据客户认可情况，以及客户财务和非财务信息的变更，对最初设定的客户画像进行实时更新，新的客户画像会对智能投顾服务后续资产配置方案的生成产生影响，并最终在调整过程中实现动态平衡。

通过对智能投顾服务的运作流程分析，我们发现无论何种类型的智能投顾提供服务，其主要核心竞争力均体现在对于投资组合的配置方面。这种能力与智能投顾基于投资逻辑和过往经验累积遴选的基础资产库有着密切的关系。智能投顾服务通过分析市场信息，对各类可选择资产进行特征筛选，构建基础资产库，进而根据马科维茨提出的投资组合理论构建投资组合，满足客户对于资产配置的收益风险需求。因此，选择基础资产构建基础资产库成了智能投顾的核心。

8.3.2 基础资产库构建

在智能投顾运作中,核心理念是运用资产组合理论实现资产科学配置,其基础资产库构建是非常重要的一环。在预测市场和确定大类资产比例之后,智能投顾管理人需要对具体的基础资产进行选择,构建资产库,完成投资组合的构建。一个优秀的资产库,不仅可以使投资组合获得超额收益,还能降低投资风险,避免给组合收益带来冲击,保持整体投资组合收益的稳定性。在基金选择过程中,需要对不同风格、种类的基金进行考量,在风险可控的前提下,追求资产的保值和升值,因此对于智能投顾而言,资产库的构建是整体环节中重要的一步。在资产库构建中,每家智能投顾公司有着不同筛选流程,总体而言,遵循"初选—尽职调查—合作"三个阶段。

1) 初选阶段

在初选阶段,智能投顾公司通过数据收集和投顾筛选,建立指标分析体系,对大量基金进行筛选,对于初选出来的基金所在公司进行初步调研和现场拜访,并模拟投顾结果。

2) 尽职调查阶段

在尽职调查阶段,智能投顾公司需要对初选出的基金进行讨论,对于通过讨论的基金进行投资顾问尽职调查,而对于未通过讨论的基金则留待进一步投顾观察。

3) 合作阶段

将上一阶段完成尽职调查的基金纳入投顾备选资产库,通过与基金管理公司进行洽谈,实现基础资产库的初步构建。

在基础资产库初步构建完成后,需要智能投顾公司管理人通过基金评价体系分别对基金的各方面进行综合考察,密切关注资产库中基金的不同信息,持续对基金进行跟踪评价、调研和访谈,把握资本市场中的投资热点,根据资产库中基金的特点,在投资风格和配置比例上,适当将市场主线基金作为重点投资,同时结合相关信息对资产库中各基金进行维护及替换。

8.3.3 不同机构建立的智能投顾公司的特征比较

从智能投顾服务的市场竞争格局来看,基于传统金融机构、财经门户、金融科技公司以及互联网巨头的智能投顾公司(平台)存在互补、竞争以及联合运营的模式,对于资源(数据、产品以及技术)的拥有程度呈现出不同特征。

(1) 基于传统金融机构建立的智能投顾平台,核心优势在于其基于长期传统业务的经营沉淀获取大量用户数据,线下机构网点的现场核查能够使所获取的数据得到交叉验证,更好地识别投资者真实风险容忍度、收益偏好及其基础特征。同时,传统金融机构持有多种金融牌照,极大地丰富智能投顾服务的可选择基础资产,通过借助互联网及人工智能技术实现客户线上投资顾问服务。

(2) 基于财经门户建立的智能投顾平台，核心优势在于其长期运营中积累大量活跃核心投资分析人士及专业机构，通过分析向投资者传递交易信息和资讯，利用专业性提升用户凝聚力，将金融产品的配置纳入门户财富管理范畴，借助已有金融牌照实现可选基础资产的组合配置。

(3) 金融科技公司创立的智能投顾公司，核心优势在于其拥有金融业技术解决方案，借助技术优势对财富管理市场进行渗透，基于互联网的海量交易大数据和云计算等提供基于客户群体的投资顾问服务。

(4) 基于互联网巨头建立的智能投顾平台，核心优势在于其基于互联网业务发展积累了大量用户数据，拥有丰富的客户流量，同时，在技术创新和服务应答效率上占有绝对优势，能够提供较为成熟的技术服务，在客户数字化体验方面具有丰富的经验，以满足差异化智能投顾服务需求。

8.4 智能投顾在财富管理市场中的典型案例

8.4.1 日本智能投顾服务 THEO

1. THEO 简介

日本的金融业较为发达，有关智能投顾的业务起步较早，而 THEO 则是这批较早起步的业务中少数存活并成功发展起来，且又融合进传统金融机构的新生态业务。研究日本智能投顾对于中国有一定的价值，因为相比于欧美诸国，日本与中国同为东亚国家，有很多相似之处，例如在居民的资产结构中储蓄占了绝大部分的比重，再例如中日两国都面临着老龄化与少子化并存的人口结构等，而这两项因素对于投资的影响较为重要，因此研究日本智能投顾业务的状况将会给中国未来智能投顾的发展带来一定的启示。

THEO 的主要目标是要让广大群众可以享受到与被称为投资专家的机构投资者同等水平的资产管理服务，与传统投顾相比，具有如下特点。

(1) 根据算法分析每一位用户资产管理的目标需求。

(2) 通过超过 30 种 (ETF 背后的资产种类，非 ETF 数量) 以上的 ETF，实现"国际分散投资"。

(3) 该系统采用立足于定量分析的算法即"量化投资"，排除了人类的预测和情绪在投资过程中的干扰。

(4) 实时不断地对投资组合进行维护，即再平衡。

(5) 定期对投资组合内容进行重新评估，以便在市场出现重大变动或者投资者的风险承受能力出现较大变化时，使该组合能满足投资者的投资需求，即再配置策略。

2. 投资组合类型

THEO 主要由三大模块构成,即增长型组合、收入型组合和抗通胀型组合。THEO 可以通过用户对事先设置好的问卷的回答,判断其风险偏好,调整这三种组合的比例,从而构建适合该投资者的投资组合,以满足其需求。

1) 增长型组合

从长远来看,增长型投资组合的目的是获得可与全球股票市场增长相媲美的回报。因此,增长型投资组合投资于具有高长期回报率的资产,即股票。

根据芝加哥伊柏森咨询公司的数据,纵观 1926 年到 2013 年美国证券市场的长期收益(几何平均),大盘股的年回报率达到了 10.1%,明显高于公司债券的 6% 和长期国债的 5.5% 的回报率。即使是日本证券市场,从 1952 年到 2013 年,股市的回报率也有 10.3%,而债券的回报率仅有 5%。另一方面,股票价格的波动性要远大于债券,这也意味着投资股票的风险更高。

增长型组合的投资目的是满足用户资产增值的需求,主要面向有固定的劳动收入且当前收入大于支出的人群以及短期内没有大额支出的预定想要为将来购买住房或者养老需要储蓄资金的人群。

2) 收入型组合

以债券 ETF 为中心组成的收益型组合旨在提供相对稳定的收益,以保证整个投资组合不会发生重大损失。此外,当与增长型组合搭配时,可以产生多样化投资的效果。

债权类 ETF 主要包括主权债券、投资级债券和抵押债券。此外,虽然在组合中占比较小,收益型组合还会投资高收益债券以及新兴市场国家债券。这些债券类 ETF 的投资对象包括各个国家的债券。

收入型组合可以满足风险厌恶型投资者的需求,主要面向退休人群、没有定期收入或收入小于支出的人群、缺乏储蓄或者年金保障所以希望通过资产管理尽可能获取收入的人群。

3) 抗通胀型组合

抗通胀型组合在配置上会降低与世界股票市场的相关性,避免重大不确定事件所带来的风险。该组合中所包含的资产不仅有与进口物价指数直接相关的资产,还有原油、工业用金属、贵金属、房地产、美国短期国债等与物价相关的债券类 ETF。

该组合的参考指数是进口价格指数,满足投资者资产保值的需求,主要面向保有大额资产,在生活上没有资金忧虑,需要保证不会因通胀而使资产缩水的人群。

3. 操作分析

1) 投资组合诊断

THEO 首先向用户提出一些问题,以诊断用户对资产管理的要求,提出对用户来说最佳的资产管理策略，该诊断方法基于 THEO 自己的理论。在传统资产管理业务中，一般来说投资组合（个别资产的持有比例）是由风险（价格波动引起的收益波动）和预期收益（未来平均会产生多少利润）确定的。但是，如前面所述，THEO 为用户准备了三个功能型组合，结合用户希望通过资产管理来达到何种目的，用这三个功能型组合来为用户创建最佳的投资组合。因此，传统的方法，即只关注风险和收益的定量方法，是无法完成这一目标的。为了在多个客观条件下做出决策，THEO 使用一种称为层次分析法的分析技术。

这种分析方法需要客户提供以下三种信息。首先是年龄，越是年轻的客户，资产管理周期越长，因此可以接受风险并追求更高的收益；其次是金融资产额，金融资产越多，就越需要维持金融资产的实际价值免于通货膨胀。由于通货膨胀（即价格上涨）可能导致金融资产价值相对下降，因此，THEO 准备了以实物资产为中心的通货膨胀对冲投资组合，以保证金融资产的实际价值。最后是就业状况，如果用户有工作，那么与退休人员相比，能够承担的风险更高，因为即使出现损失，也有可以弥补现金流的固定收入。

基于这些问题，THEO 使用层次分析法推测哪种金融资产管理目标对用户更为重要，从而调整三种功能组合在用户投资组合中的比例。

第一步，设定预期收益、风险（收益的变动）、现金流量和通胀对冲四个要素。

第二步，根据用户的情报，以算法推测出各项要素的重要程度。用 k 来代表要素，以 W_k 表示权重（$k=1, 2, 3, 4$）。

第三步，根据每个投资组合的历史数据，估算三种功能型组合（增长型组合、收入型组合、抗通胀组合）对每个因素的影响。令 n 代表功能型组合，以 $W_{k,n}$ 表示 n 对 k 影响的权重（$n=1, 2, 3$），则有 $W_{k,n}=1$ ($k=1, 2, 3, 4$)。

第四步，三种最终功能型组合 n 的权重通过 $W_{AHP,n}$ 计算得出。

关于 AHP 的构建如图 8-4 所示。

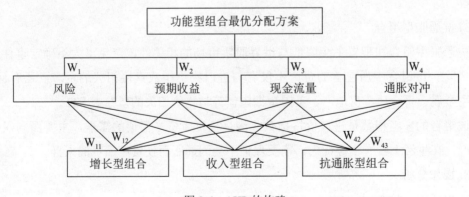

图 8-4 AHP 的构建

2) ETF 的选择标准

THEO 主要在美国上市的 ETF 中，选择符合其要求的品种，纳入功能型组合中。首先，在多达 6000 只以上的 ETF 中选择指数型 ETF，并按照三种功能进行划分，再根据地域和行业等在各功能型组合内部设定子类别，将纳入的 ETF 进行二次细分。

接着，排除流动性较低以及拥有相同投资主题的 ETF，具体要求主要有以下四点。

第一是 ETF 资产规模，通过设定被投资 ETF 资产规模 (ETF 市值) 的下限，确保 THEO 在该 ETF 中不会占据过高的比例。

第二是 ETF 的流动性，通过设定被投资 ETF 流动性 (交易频繁程度) 的下限，确保不会因为过度交易而耗费太多的成本。

第三是手续费率，交易 ETF 的手续费由各 ETF 运营公司规定，THEO 会选择手续费较低的品种。

第四是持有期限，根据投资主题以及市场环境等因素，设定 ETF 的持有期限。

如果某投资主题符合 THEO 的投资策略，但是市场上并没有相应合适的 ETF 时，THEO 会采用接近要求的 ETF 并限制对该 ETF 的配置比例。此外，THEO 定期 (至少每年一次) 对所有在美国上市的 ETF 进行审查，以便寻找交易费用更低，或者更加适合投资的 ETF，并且 THEO 也会对已纳入投资组合的 ETF 时刻进行监督，当该 ETF 不符合投资条件，比如流动性不足时，就会将其剔除。

3) 智能运作助手

THEO 搭载了名为智能运作助手 (THEO AI Assist) 的程序，通过该程序可以在一定程度上预测市场的走势。该程序的数据库主要来源于汤森路透的市场心理指数 (TRMI) 和市场相关数据，在经过不断的机械学习之后，可以辅助 THEO 对市场未来的运行方向进行基本的判断。假如 AI 判断市场有下落的可能，THEO 将会自动优化投资组合采取保守的投资品种来抵御下行风险。采用 THEO AI Assist 的目的是抑制资产价格下行风险，保证运行中的投资组合可以取得中长期的向上表现。

THEO 自 2018 年 5 月开始，将 TRMI 指数纳入了 AI Assist 的建模中，该指数以 MarketPsych 公司独自进行的市场心理学研究为基础，针对大量的语言信息，使用文本挖掘和评分技术，将各种与资产相关的心理变动进行指数化。其数据库涵盖 40000 个主要的全球新闻资源，7000 个博客以及社交媒体网站。传统的基金经理因为人类的固有极限不能够处理所有信息，所以必须要在主观上对信息进行筛选。AI Assist 采用量化分析方式，可以迅速处理大量的信息，排除了人类的情感等因素，彻彻底底地进行数据化分析，从而可以客观理性地执行交易程序。

4) 运作流程

首先是购买 ETF 组建投资组合，自用户汇入资金的时点开始，THEO 根据该用户所需的投资组合买入 ETF，过程可以概括如下。

第一步，将用户的资金（日元）汇入 Interactive Brokers LLC(IB 美国盈透证券)。

第二步，IB 证券把收到的款项（日元）兑换为美元。

第三步，（几乎与第二步同时完成）向 IB 证券下达 ETF 买入委托。

另外，如果汇入日期是美国和日本金融机构的营业日，将在当日完成上述事项（用户首次汇入资金则是在下一个交易日）。此外，THEO 通常会接受大量的用户资金，为了提高效率，这些用户的资金将会由系统进行批量处理。

随着 ETF 价格的变动，会改变该 ETF 占投资组合的比例。例如，某 ETF 在投资组合中占比 10%，当这只 ETF 价格上升 5% 而其他 ETF 价格并未变动时，该 ETF 的占比将会升至 10.4478%，即

$$\frac{ETF的价格}{投资组合的价格} = \frac{10\% \times (1+5\%)}{1+10\% \times 5\%} = 10.4478\%$$

此时，需要将该 ETF 的 0.4478% 卖出并买入其他的 ETF，以保证该 ETF 占比维持在 10%。同时，当 ETF 不符合投资要求，或者智能运作助手根据市场信息判断需要更改 ETF 以应对环境变化时，THEO 都会自动执行功能型投资组合的 ETF 再配置。原则上增长型与收入型功能组合每三个月进行一次再配置，抗通胀型投资组合每个月进行一次再配置。

用户的投资组合是由功能型组合构成的，ETF 价格的变动，会导致功能型组合价格的变动，也就必然导致投资组合中各功能型组合比例的变动。假定初始投资时投资组合中三种功能型组合的比例是增长型 40%、收入型 40%、抗通胀型 20%。如果一个月后成长型价格上升，收入型价格下降，其价值总额比例变为成长型 45%、收入型 35%、抗通胀型 20%。因为成长型的风险大于收入型，这将导致投资组合整体风险高于目标设定值。于是，THEO 将卖掉成长型多出的 5% 的 ETF，购入收入型相对应的 ETF，使投资组合重新变成 4：4：2 的比例，这就是再平衡。

8.4.2 广发证券"贝塔牛"

2016 年 6 月广发证券推出了"贝塔牛"智能投顾服务，该服务结合金融工程理论与生命周期理论，针对国内投资者的特点进行深度定制化，为投资者提供了"i 股票""i 配置""账户诊断"等功能。

1. 面向 A 股市场的"i 股票"服务

针对 A 股市场投资者散户众多、仓位控制和资产配置理念普及率低的现状，"贝塔牛"推出了"i 股票"服务。"i 股票"服务可以根据投资者的风险偏好和资金规模为客户定制 A 股市场的投资计划，并根据市场信号向投资者推送操作策略。"贝塔牛"投资策略

的生成通过以下几个组件来完成：选股模型、择时模型、组合构建模型和组合再平衡模型。其中，选股模型和择时模型是量化模型的核心，组合构建模型和组合再平衡模型则运行在 Apache Spark 集群之上，利用 Spark 提供的并行计算能力管理用户的投资计划。

1) 选股模型

选股模型负责筛选价值被低估的股票并形成备选股票池。"贝塔牛"所使用的选股模型为多因子模型，该模型对大量的个股风格数据进行跟踪测试，筛选出盈利、股价反转、换手率、市值以及估值等若干指标，并运用量化模型将指标进行有效整合，定期挑选综合得分最高的股票组合，作为智能选股的备选股票池。目前"i 股票"上线的选股策略包括短线智能策略、综合轮动策略、价值精选策略以及灵活反转策略。其中，短线智能策略擅长波段操作、智能调仓换股，追求弹性收益。综合轮动策略采用"相似性匹配"策略，每个月对行业板块进行轮动筛选，该策略通过观察近期行业之间的涨跌顺序，与历史样本进行相似性匹配，寻找"似曾相似"的样本时期，并以随后的强势行业作为当前配置的依据。价值精选策略则将选股的范围缩小至蓝筹股，通过大数据策略选择出各个行业内估值最具优势的个股，追求稳健收益。最后，灵活反转策略则主要偏向于布局抄底，筛选市值较低且具有相对超跌特征的个股，追求大幅反弹。

以综合轮动策略为例，该策略是一种基于时间序列的"相似性匹配"策略。其投资逻辑是，行业轮动是一定的驱动因素和传导逻辑的结果，且行业轮动具有一定的周期性及记忆性，往往出现与历史样本"似曾相识"的时期。该策略通过下列三个原则来定义一个行业是否"启动"：行业的区间累计超额收益最高；行业累计超额收益超过历史年度最大累计超额收益的最小值；上涨区间内，超额收益的最大回撤不超过区间最大涨幅的 50%。将各行业的启动时间对应的先后顺序记录下来（若区间内没有行业启动，则取值为 0），则可得到申万一级行业分类下全部 22 个行业的启动顺序序列，然后采用序列之间的相关距离刻画两个序列的相似度。

为了改善策略的稳定性，平滑策略收益，在寻找当前行业涨跌序列的最佳匹配样本时，策略会采纳最相似的前四个样本，并取这些相似期之后一期排名非常靠前的行业的并集构成行业超配组合。历史回测表明，通过量化工具刻画不同时期之间行业涨跌顺序的相似性，并以所匹配的历史序列下一期的强势行业作为当前配置的依据，这样的策略所选出的行业具有较好的稳定性，且收益也比较可观。

2) 择时模型

择时模型，负责控制仓位和输出股票的买入卖出信号。在"贝塔牛"中具体是指根据 GFTD（广发 Thomas Demark 模型）、LLT 等多个择时模型所给出信号的多空占比情况确定当前的持仓仓位，并给出对应的买入或卖出信号。以 GFTD 模型为例，为投资基金 Tudor 执行副总裁 Thomas Demark 所提出的 TD 模型经 A 股实证研究得出的版本，其预测过程由启动阶段、交叉条件和计数阶段三部分组成。当走势经过一系列的连续启动后，开始考虑交叉条件，自满足交叉条件处的 K 线开始进入计数阶段，当 TD 序列计数达到一定值时，预示市场原来的趋势已经处于衰竭的时刻，并有反转的倾向。模型的中心思想是做趋势跟随，并辅以止损机制。回测结果显示，以 GFTD 模型进行买卖，自 2000 年来只有 2003 年为负收益，其他年度都有较佳的正回测收益。

3) 组合构建模型和组合再平衡模型

选股模型根据各策略提供的选股因子，对所有的个股进行打分，然后将得分较高的股票放入备选股票池，用户输入组合金额等个性化参数后，组合构建模型则根据该参数从备选股票池中选取一定数量的个股构成用户的组合。为了避免大量客户操作过于集中，选股模型会采取一定的随机化策略，使每个客户生成的股票组合更具个性化。择时模型负责产生股票的买卖信号和仓位控制信号，提供合适的买卖时间点，并通过仓位控制信号控制投资计划的风险。组合再平衡模型则负责监控择时模型产生的信号，配合客户的投资计划形成操作策略。这些操作策略将通过信息推送发送到客户的手机终端，用以指导客户进行下单操作。客户可以通过手机证券"一键下单"功能批量处理操作策略，将组合复制到实盘账户。

"贝塔牛"的执行流程如图 8-5 所示。

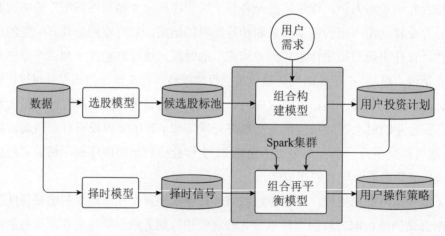

图 8-5 "贝塔牛"的执行流程

2. 满足多样化投资需求的"i 配置"服务

"i 配置"按照客户设置的风险偏好和投资期限定制不同的大类资产配置建议，将微观的生命周期理论与金融工程理论相结合，综合应用 MV 模型、B-L 模型、精算模型等现代投资学成果，以客户的个性化需求为着眼点，建立以个人的短期与长期投资需求、大宗购置投资需求、子女教育投资需求以及未来养老的投资需求为主体的智能投资顾问体系与策略算法。

从微观的生命周期理论来看，个人一生的投资决策主要包括以下几个方面。

一是个人的基本投资需求，这类需求仅以资产的增值保值为目标，一般与具体的人生规划无关，可以是短期的决策也可以是长期的投资决策。

二是大宗购置类的投资需求，包括青年的刚需型住房与中年的改善型住房需求。

三是中年的子女教育投资需求，这一投资是当前中国人必不可少的投资项目，可以是国内的大学学费投资管理，也可以是国外高校的学费投资管理。

四是退休前的养老金财富管理需求，需要在年轻时期缴费，退休后领取养老金，这就需要非常专业的团队对我国宏观经济与市场环境有非常敏锐的把握，能够以最优的策略在不同时期找到良好的资产配置方式，使得退休后的收入得到保障，这对于我国即将来临的老龄化时代而言十分重要。

"i 配置"正是立足于以上投资需求，旨在帮助缺乏专业投资知识与投资经验的客户。"i 配置"的基础功能是使用我国上市 ETF 基金等为中小投资者构建大类资产配置组合，其衍生功能有大宗购置投资的功能、子女教育投资功能以及退休后的养老保障功能等。

3. 基于用户画像的"持仓诊断"服务

智能投顾作为新兴技术，需要培育客户对智能投顾的信任，才能更好地开拓市场。运用大数据用户画像技术，"贝塔牛"的用户持仓诊断功能，通过生成专业化的投资分析报告，用数据和图像对比客户和智能投顾的投资能力，进而鼓励客户采用更为科学合理的投资策略。

用户持仓诊断功能利用大数据技术，以用户画像系统为依托，汇总客户在集团内各项资产账户，如期货子公司账户、基金公司账户等，并利用大数据技术深入分析客户的历史收益率、夏普比率、最大回撤等指标，然后根据客户的风险等级和投资偏好生成相应的智能投资计划，并以历史数据对该计划进行回测，从而对比分析客户的投资能力和"贝塔牛"的投资能力，揭示长期投资的魅力，转变客户的投资理念，实现投资者教育。客户不论是在营业部与投资顾问面对面，还是通过手机证券 App、"有问必答""淘金圈"等平台均可以使用"贝塔牛"的账号诊断功能，极速生成全面的资产账户诊断报告，了解自己的资产总体状况、历史收益，并能获取"贝塔牛"为其定制的投资建议。

8.5 智能投顾目前面临的法律问题

8.5.1 智能投顾的功能界定及运行模式

相较于传统人工投资顾问而言，智能投顾具有以下几个方面的特征或优势。

首先，相较于往日高成本的人工投资顾问，智能投顾降低了对普通金融消费者的门槛，扩大了适用范围。

其次,智能投顾依靠大量的数据信息,在繁杂的数据中进行归纳分析,最终通过投资组合理论得出的理财方案是清晰且便于操作的,是个性化定制的投资顾问。而传统人工投资顾问往往依据的是从业者的个人经验,无法对数据做出很好的整理分析,同时,也存在一定道德风险。

再次,智能投顾往往能够综合金融投资者的财务状况、风险承受能力、投资目标、欲投资项目回报率等多重因素给出合理的投资建议,对于不同客户的不同需求均可做出回应,并且可以根据市场的变化进行投资组合的再平衡。相比之下,传统人工投资顾问虽可以提供面对面一对一服务,但实质上人工分析得出的一般建议可能会略显粗糙,并且,不同的投资顾问对投资相关事项可能会有不同的理解和建议。

最后,从服务质量和效率来说,智能投顾明显略胜一筹。

基于上述不同模式的功能比较可以看出,智能投顾在功能上注重个性化设计、分散风险、理性决策,平衡调整。对金融投资者来说,这种专业性个性化定制并且可以根据市场变化进行调整的智能投资顾问模式将其客户投资目标的实现概率大大增加。

实践中的智能投顾核心流程较为类似,主要由以下几个步骤组成。首先,智能投顾与投资者建立投资服务协议,取得合同当事人的地位。其次,投资者线上填写投资相关信息,例如个人或家庭收入、年龄、风险偏好程度、投资经验等。智能投资顾问综合相关信息确定投资者的风险偏好,构建投资者画像。再次,智能投资顾问根据投资组合理论和设置的算法生成适合具体投资者的不同投资方案建议。如果是咨询型的智能投顾,将由投资者按照建议由本人发出交易指令,而如果是代理型的智能投顾,将自动选择最优的投资组合发出交易指令并交由平台或第三方证券公司执行。最后,智能投顾还会定期跟踪投资者的收益情况,调整完善投资策略,实现其投资组合的再平衡。

8.5.2 智能投顾开展的法律困境和风险

1. 市场准入困境

智能投顾的市场准入风险首先体现在相关牌照的短缺上。智能投顾在我国处于初步发展阶段,相关法律规定开展智能投顾业务应取得相关资质,这也给一些互联网科技公司和资产管理公司开发智能投顾带来了诸多困扰。牌照资源的稀缺导致其市场价值的水涨船高,不少公司趁机铤而走险,在市场上出现了不少证券投资咨询牌照转租、转让等的乱象,这对金融市场的安全来说是一大挑战,加大了社会监管成本。另一方面,由于金融工作的高风险特征,相比于传统人工投资顾问,服务人员需要经过严格的考试与注册制度及有工作年限要求,从而确保提供投资咨询业务的人员有足够的知识和经验把合适的理财产品推荐给有相应风险承担能力的金融投资者。而智能投顾中提供投资服务的机器人在专业资质的认定方面存在着巨大的空白,具有很大的不确定性,在法律上也不可避免地陷入无规可合的局面，如何在法律法规层面予以松绑也是值得考虑的问题。

2. 法律政策与技术限制

《中华人民共和国证券法》中有明文规定，证券投资咨询机构不得代理客户做出投资决策，这个规定等于在法律源头上禁止了投资咨询的全面委托。虽然这种规定有其历史原因，但是也致使前文中提到的代理型的智能投顾在我国实践中几乎无法实施，不能发挥其最大价值，只可以提供咨询鉴股这些初级投顾服务。在资本市场运作中机会和时间同样宝贵，稍纵即逝，而成功的金融投资在再平衡环节上对联动性有着极高的要求。在智能投顾运行模式中，交易指令的发出执行及后续的再平衡步骤是循环且联动的整体，而这种高联动性的投资指令只有可能在全面委托账户中得到实现，否则将有碍于其作为智能投顾自动化智能化投资优势功能的发挥。另外，由于此种制度设计，一些智能投顾平台采取引流的方式吸引投资者，再交由基金销售机构完成交易，这种引流方式在实践中极易被认定为是基金推介行为，而这些智能投顾平台有些并不具备基金销售资格，可能涉嫌违法。

这种立法上的全权委托禁止无法完全体现智能投顾智能化的这一特征，加之人工智能技术在实践上的运用尚未成熟，智能化程度不足，在我国金融市场上应用的场景也有相当的局限性，在法律政策和技术水平上制约了智能投顾更高程度的发展，导致了一定程度上的智能投顾运营困局。

3. 责任主体和义务体系不明

从传统的面对面人工投资顾问到无须人工介入的智能化投资顾问，人工智能的开展使得传统投资顾问业务的法律关系发生了很大变化。其中，在可见的法律关系中，金融投资者与金融机构订立合同，智能投资顾问代替人工投资顾问完成咨询行为，此外，在这个过程中，还存在着不可见的法律关系，比如，开发智能投资顾问的机构提供的算法前置在整个程序中。这种法律关系中主体的改变势必带来责任与义务承担的改变。问题在于，责任应当由谁来承担。

现有的法律和学界普遍都并不承认智能投资顾问这个机器人具有相应的民事主体资格，在没有人工投资顾问参与的情况下，之前的金融法律规制体系也就遭到了相应的冲击，这是由于之前的法律规制是以自然人为对象，其义务体系是针对投资机构中人工投资顾问所设置的义务。当人工投资顾问被智能投顾所代替时，现有的法律体系在适用上就存在困境。

智能投顾运行的核心在于算法，这不仅是最能体现其智能性特征之处，这种高深的技术壁垒对监管者而言无疑也是一大难题。这种算法风险如果缺乏相应的监管，就会给金融投资者乃至金融市场带来极大的风险。在表面简单的技术面纱之下，智能投资顾问实际上藏匿着复杂的法律关系。智能投顾一般被视作开发者的工具，但也拥有不同于一般工具定义的自主学习能力,在可以预见的将来,也许智能投顾技术会有更大的进步,那么原来由人工投资顾问承担的责任应该转嫁给何人?智能投顾的智能性决定了系统开发者或运营者不可能有意识地预见或控制所有的情形,如果算法失灵引发的法律责任统统由开发者或运营者承担,这样或会抑制智能投顾的开发与发展,其合理性也有待考量。任何法律关系中义务承担都不应当存在任何盲区。有权必有责,对于因算法风险引起的投资者损失由谁来承担何种责任,举证责任如何分配,这些都是法律亟待完善的内容。

4. 对传统投顾信义义务的挑战

从人工投资顾问到智能投资顾问的这个转变过程中,传统的针对投资机构工作人员的信义义务还有无遵守的必要呢?答案是肯定的。尽管智能投顾模式中并无自然人的直接参与,但是在法律上金融投资者和智能投顾形成了委托代理关系,本质仍然是投资顾问。另外,在提供服务的过程中,智能投顾能够在授权范围内控制投资者的资产,具有相对于投资者的优势地位。而绝大多数的投资者并无从知晓智能投顾具体运行的程序算法,就保护金融投资者角度而言,智能投顾在设计运行的过程中仍然应当遵守信义义务。但智能投顾毕竟在许多方面有别于传统的人工投资顾问,也对传统投资顾问信义义务体系带来了一定挑战。

1) 投资者画像简单

我国许多智能投顾平台在整个运行模式中较为重视投资组合的设计而忽略了整个模式运行的基础,投资者画像在收集金融投资者相关信息方面,不似传统人工投资顾问的面对面了解投资者信息,智能投顾宣称的大数据画像往往最终局限于风险测评问卷上的有限问题,而调查问卷中的问题大多比较笼统,缺乏针对性和全面性,无法全面感知金融投资者的财务状况和风险承受能力。

此外,对于投资者风险承受度的测评也往往是静态的,并非定期追踪投资者的相关信息,这样一来,投资者画像在收集信息方面是存在一定局限性的,缺少了多角度、弹性动态的投资者画像。对智能投顾来说,推荐投资组合的准确性不会如想象中的那般精准,由此,也就增加了投资风险。此外,如果出现投资者画像的偏差导致的投资失败,投资者利益受损的责任将如何划分的问题也值得重新思考。

2) 信息披露不到位

在传统的投资顾问信义义务体系中,信息不对称问题就已经存在,再加之智能投顾的智能性和复杂性特征,其算法程序、假设条件、收费信息等多种关键的信息不容易被一般投资者掌握和了解,算法质量的高低投资者更加无从知晓,法律对算法本身也缺乏明确的监管措施,这种信息披露的不充分和不透明可能会引发市场波动和风险。低质量的算法程序可能会致使金融投资者收益存在极大风险,在智能投顾违背信义义务的情况下,投资者的举证也会非常困难,可能会损害投资者对智能投顾业务的信任程度。

这种信息披露不充分的背后也隐藏着深层次的忠诚度风险。比如,智能投顾与开发者或者特定证券投资公司之间或许会存在利益输送、利益冲突的问题,在算法、程序等关键信息不对称的屏障下,极容易产生暗箱操作的可能性。投资者的保护将无从谈起,在智能投顾迅速发展的今天,信息的对称和透明是信义义务的最重要体现,应当从法律层面予以规范。

3) 投资者保护规范缺失

投资者因其专业性、经验等的相对弱势地位,对其的保护一直是金融法的重点研究对象,是金融法律中永恒的话题。信义义务的设置要求投资顾问一定要寻求对投资者的最佳利益保护,但是,实践中智能投顾的运营平台却往往通过客户协议中的一些格式条款侵害弱势金融投资者的权益。另外,在智能投顾合同关系订立的过程中,往往采取电子合同的形式,许多运营商往往会在合同中做出免责声明,而电子合同的形式也使得免责条款更加隐蔽。这种不平等条款也会损害金融投资者的合法权益,投资者在权利的救济上也会难上加难。

8.5.3 国外智能投顾法律监管经验

1. 美国智能投顾监管经验

美国针对智能投顾的监管已经出台了一系列规范性文件,其中一些经验是值得我们参考借鉴的。他们在相关规范中首先强调了对智能投顾运营者、开发者的有效监管,其次也对金融投资者保护做出了细致的规定,从两个方面来加强对智能投顾的监管,以此寻求智能投顾业务的良性发展。同时必须注意的是,美国的智能投顾发展模式实际上也并非完美的,存在原创能力不高的问题,切不可不加辨别一味照搬。

1) 对运营者的监管

首先,在信息披露方面,美国证监会对运营者提出了高于传统投资顾问的特殊要求,具体包括要求运营者披露适用于具体投资者的算法函数和算法假设、智能投顾工作开展的特殊风险、与智能投顾有利益冲突的第三方机构所有直接或间接产生的费用等。除此之外,也要求智能投顾在描述其服务范围时不得采取夸大的描述,避免误导性陈述,同时在生成投资组合建议时,注意考虑调查问卷之外的信息。还有一些州的证券监管部门还将对智能投顾运营者收取的费用的合理性进行审查。其次,法律规定任何对投资顾问信义义务逃避的免责条款全部或部分是无效的。最后,还对智能投顾在投资者画像这一步骤的线上调查问卷提出了建议,希望设计者更多地考虑到金融投资者的个性化问卷,并且根据不同类别的投资者提供补充问卷,以提高测评结果的清晰度。此外,建议设计者采取措施对投资者的矛盾回答采取准确识别并进行进一步审查,以提高测评结果的准确度。

2) 对投资者的保护

金融投资者在大多数情况下存在与智能投顾运营平台在实力、经验、信息上的不对称，为了一定程度上减少信息不对称情况的存在，美国证监会在对金融投资者的教育和风险警示上也做出了规定，警示金融投资者在使用智能投顾业务时对合同中相关条款和责任分担予以充分了解，明白投资尤其是使用数字化工具投资的局限性和风险性，并且应当在提供相关信息时保持必要的谨慎。

2. 澳大利亚智能投顾监管经验

在投资者适当性义务方面，澳大利亚于2016年发布的建议指南中包含了较为全面的监管建议。其规定在智能投顾提供服务时，应当明确解释重要的概念、条款，并对风险和服务的局限性予以详细说明，并且建立了实时弹窗机制，给出的投资建议模型会更加具有针对性。

在完善智能投顾内部治理机制方面，他们的做法也相当有特点。首先，保证智能投顾运营过程中至少需要配备一名专业的、工作经验丰富的经理人，要求经理人对提供服务的智能投顾算法、原理、风险等都有很高的熟悉程度，以缓解信息披露方面的不充分。在技术方面，还需要配备一名熟悉算法和程序运作的技术风控人员，要求其具有很好的应急处理能力。对于整个智能投顾运营者来说，他们也需要有严密可靠的技术以保证客户数据收集的完整性和秘密性。其次，为防范算法缺陷带来的技术性潜在风险，为避免运营者过度承担责任影响其创新性，可以构建责任保险制度，将这种损失纳入保险范围，也有利于投资者的利益保护。

参考文献

[1] 戴鹏杰，潘珂.基金业务的螺旋闭环：银行基金业务宝典[M].北京：经济日报出版社，2019.

[2] 曾祥霞.大额保单操作实务[M].北京：法律出版社，2017.

[3] 殷虎平.中国理财规划实战案例[M].深圳：海天出版社，2007.

[4] 孙晓宇，刘新良.理财规划与设计[M].北京：电子工业出版社，2010.

[5] 汤炀.做一个专业的理财规划师[M].北京：北京工业大学出版社，2014.

[6] 中国注册会计师协会.2011年度注册会计师全国统一考试辅导教材·税法[M].北京：经济科学出版社，2011.

[7] 胡顺义，邵天营，付强.税务会计[M].北京：中国市场出版社，2012.

[8] 丁力.主升浪擒牛战法[M].成都：四川人民出版社，2018.

[9] 金丹，曹小武，李晓昌，等.证券投资学[M].北京：中国金融出版社，2016.

[10] 丁鹏.量化投资与对冲基金入门[M].北京：电子工业出版社，2014.

[11] 丁鹏.量化投资策略与技术[M].北京：电子工业出版社，2016.

[12] 莫菲，赵大伟，侯西鸿，等.科技重塑金融 Fintech 实践与展望[M].北京：中国金融出版社，2017.

[13] 广州易玖年企业管理咨询有限公司.人身保险规划法律通识[M].北京：中国法制出版社，2017.

[14] 林华.中国REITs操作手册[M].北京：中信出版社，2018.

[15] 周峰，陆佳.从零开始学大宗商品交易(白金版)[M].北京：清华大学出版社，2019.

[16] THLDL.7个视角分析一家公司是否值得投资[J].中国连锁，2015，9.

[17] 赵春辉，康方向.数据驱动未来——招商银行数据驱动的互联网智能获客系统建设[J].中国金融电脑，2017，12.

[18] 范园园.养老理财规划案例分析[J].现代经济信息，2019，33.

[19] 张棪，曹健.面向大数据分析的决策树算法[J].计算机科学.2016，A1.

[20] 吴卫明.金用户画像的法律规制研究[J].金融科技时代，2018，9.

[21] 李中秋.黄金的性质与用途[N].中国证券报，2007-09-18.